LA TERRE

VUE DU CIEL

LA TERRE
VUE DU CIEL

par Yann Arthus-Bertrand

Avec le concours, pour les textes,
de la rédaction de *l'État du monde*
(Éditions La Découverte)

Éditions
de La Martinière

Pour Anne, Tom, Guillaume et Baptiste.
Tendresse.

Cette vision du monde n'aurait pu se faire
sans l'aide de l'Unesco, Fujifilm, Corbis et Air France,
des partenaires qui se sont investis particulièrement dans ce projet.
Merci de leur confiance et de leur amitié.

Yann Arthus-Bertrand m'accompagne dans ma vie d'éditeur depuis vingt ans. En 1979, je publiais son premier livre chez Hachette Réalités. Avec sa femme Anne ils rentraient du Kenya où ils avaient vécu deux ans, et ses photos de lions avaient fait sensation. Depuis, il ne s'est pas passé une année sans que nous publiions un ou plusieurs livres ensemble. J'ai vu ce monstre de travail et de talent évoluer, parcourir perpétuellement le monde à la recherche des hommes et de lui-même.

Je ne sais pas ce qu'est la maturité, mais je sais qu'avec ce livre il arrive au bout d'un chemin où il a mis tant de lui-même que cela mérite le respect. Dix ans de travail, des centaines de milliers de photographies et de kilomètres, passant d'un avion à l'autre, d'un pays à l'autre, jouant avec les fuseaux horaires.

Mais tout cela ne serait rien sans son regard, ce regard qui détecte toujours le détail qui rend la photo meilleure. Ce regard qui voit l'homme dans ce qu'il a de plus beau sans jamais faire de concession. Le regard dont la générosité ne peut que faire l'unanimité.

Qu'on ne s'y trompe pas, ce livre n'est pas qu'une succession d'images. C'est un témoignage, une œuvre. Le témoignage d'un citoyen du monde qui veut montrer à l'aube du troisième millénaire sa vision de la Terre, de sa beauté, comme de ses déviations.

Derrière l'enthousiasme, il y a l'inquiétude. L'inquiétude devant la transformation de cette planète coincée entre sa démographie et son industrialisation.

Les textes qui accompagnent ses images sont le contrepoint d'une vision de la Terre qu'il rend de façon éblouissante. Des textes réalistes qui sont un état de la planète aujourd'hui.

Mais attention, ce livre et les expositions qui l'accompagnent un peu partout dans le monde ne sont pas une fin en soi. Ce n'est que le début. Chaque thème qu'il a pu développer depuis vingt ans, Yann Arthus-Bertrand a toujours su l'approfondir, de ses *Lions* qu'il a traqués durant deux ans aux *Bestiaux* qu'il continue à suivre année après année. Ses thématiques s'inscrivent toujours dans la continuité.

Cette Terre qu'il a choisie, il ne la lâchera plus, et il poursuivra son témoignage jusqu'au bout. Jusqu'à ce qu'il doive photographier le Paradis. Mais là Dieu devra se méfier, car Yann aura l'éternité devant lui, et peut-être aura-t-il ainsi ce qu'il recherche.

En plus d'être un auteur, Yann est mon ami. Je le connais mieux que personne et je peux témoigner de son charisme. Car cette œuvre, puisque œuvre il y a, a nécessité l'adhésion d'un nombre incalculable de gens qu'il a sans cesse sollicités, et qui ont répondu, entraînés par sa volonté et sa force de persuasion.

Ce livre est aussi le plus beau remerciement qu'il pouvait leur donner.

Hervé de La Martinière

SOMMAIRE

*Les légendes des cahiers photo ont été rédigées
par Astrid Avundo et Frédéric Marchand.*

Page de titre
**GORGES DU BRAS DE CAVERNE,
île de la Réunion, France.**

De nombreuses gorges comparables à celles de la rivière du Bras de Caverne, qui creuse son lit dans les fractures volcaniques du cirque de Salazie, rendent difficile l'accès à la partie centrale de l'île de la Réunion. Certains sites n'ont été explorés que tardivement, comme le Trou de fer, un ravin de 250 m visité pour la première fois en 1989. Ainsi préservée de l'emprise humaine, la forêt tropicale, où abondent bruyères géantes, fougères et lichens, a conservé son état primaire sur les reliefs volcaniques de l'île. En revanche, la forêt de basse altitude, convertie en zones agricoles ou urbaines, a disparu. Plus de 30 espèces animales ou végétales, dont une vingtaine endémiques, se sont éteintes dans l'île depuis quatre cents ans. Dotés d'une grande diversité biologique, les systèmes insulaires sont généralement plus exposés au risque d'extinction d'espèces que les continents.

Pages précédentes
**BARQUE SUR LE NIL,
Égypte,**

Deuxième plus long fleuve du monde, le Nil traverse le Soudan et l'Égypte sur 6 671 km. Il est une voie de communication sur laquelle circulent aussi bien de luxueux hôtels flottants pour touristes que de modestes embarcations transportant notamment fourrage et céréales. Pourtant, il reste avant tout la principale ressource hydrique du pays, couvrant 90 % de la consommation d'eau des Égyptiens. Alors qu'autrefois les crues annuelles du Nil ne garantissaient une disponibilité en eau que pendant trois à quatre mois, la construction du barrage d'Assouan, dans les années 1960, a permis, en régulant le débit du fleuve, d'alimenter le pays en eau toute l'année. Cet aménagement engendre cependant des problèmes écologiques importants, puisqu'il prive le fleuve du limon qui fertilisait les terres et compensait l'érosion marine du delta dont le recul varie aujourd'hui de 30 à 200 m par an.

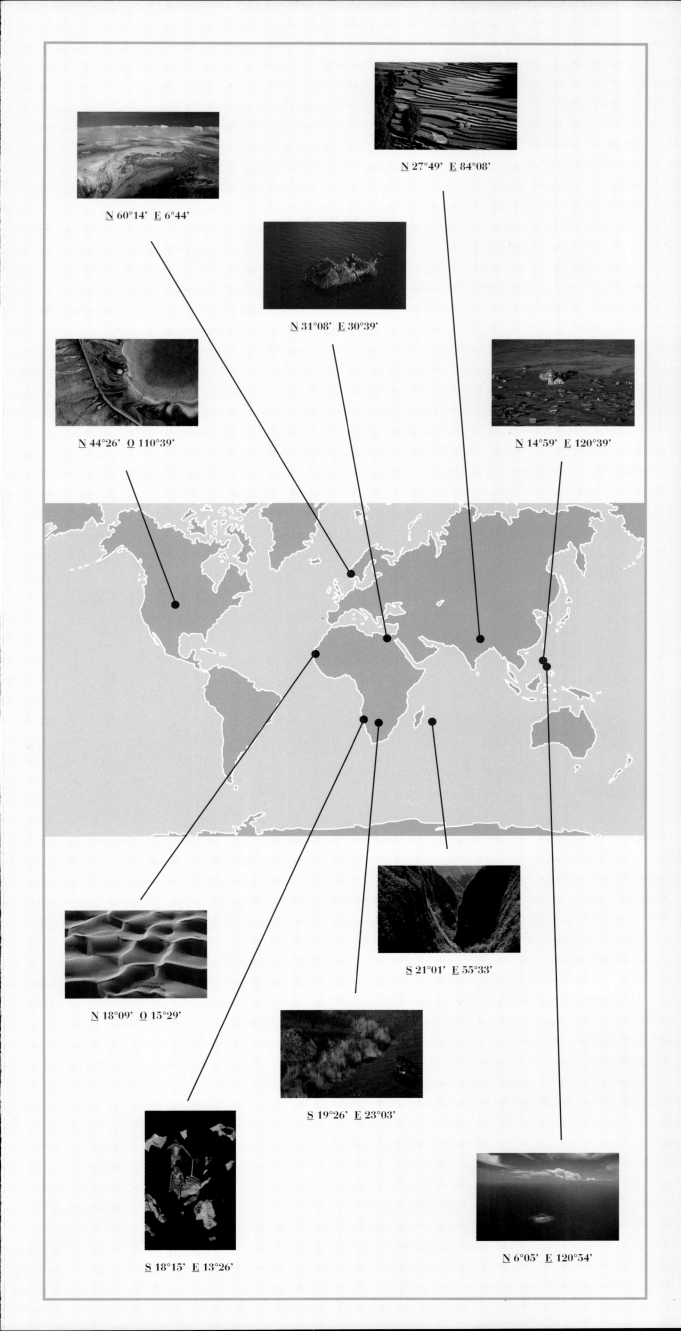

<u>N</u> 27°49' <u>E</u> 84°08'

<u>N</u> 60°14' <u>E</u> 6°44'

<u>N</u> 31°08' <u>E</u> 30°39'

<u>N</u> 44°26' <u>O</u> 110°39'

<u>N</u> 14°59' <u>E</u> 120°39'

<u>S</u> 21°01' <u>E</u> 55°33'

<u>N</u> 18°09' <u>O</u> 15°29'

<u>S</u> 19°26' <u>E</u> 23°03'

<u>S</u> 18°15' <u>E</u> 13°26'

<u>N</u> 6°05' <u>E</u> 120°54'

**Pages 18-19
GEYSER DU
GRAND PRISMATIC,
parc national
de Yellowstone,
Wyoming,
États-Unis.**

Situé sur un plateau volcanique qui chevauche les États du Montana, de l'Idaho et du Wyoming, Yellowstone est le plus ancien des parcs nationaux. Créé en 1872, il s'étend sur 9 000 km² et présente la plus grande concentration de sites géothermiques du monde, avec plus de 3 000 geysers, fumerolles et sources chaudes. D'un diamètre de 112 m, le Grand Prismatic Spring est le bassin thermal le plus vaste du parc, et le troisième au monde par sa taille. Le spectre de couleurs qui lui a valu son nom est dû à la présence d'algues microscopiques dont la croissance dans l'eau chaude, au cœur de la vasque, diffère de celle de la périphérie où la température est moins élevée. Inscrit sur la Liste du patrimoine mondial de l'Unesco depuis 1978, le parc national de Yellowstone accueille en moyenne 3 millions de visiteurs par an. C'est d'ailleurs aux États-Unis et au Canada que sont situés les cinq sites naturels les plus fréquentés du monde, le continent américain accueillant annuellement plus de 100 millions de touristes, toutes activités confondues, soit plus de 1/5 du tourisme mondial.

**Pages 20-21
ÎLOT
DANS L'ARCHIPEL
DE SULU,
Philippines.**

Plus de 6 000 des 7 100 îles que comptent les Philippines sont inhabitées et plus de la moitié ne portent aucun nom. C'est le cas de cet îlot de l'archipel de Sulu, ensemble de 500 îles qui forme au sud du pays une frontière naturelle entre la mer des Célèbes et la mer de Sulu. Selon la légende, ces terres disséminées seraient des perles éparpillées par un couple de géants après une querelle. Plus prosaïquement, les îles sont d'origine volcanique et corallienne, et leur peuplement en flore et faune s'est effectué progressivement, comme dans la plupart des systèmes insulaires, grâce aux apports des courants marins, des vents, des oiseaux migrateurs et, parfois, de l'homme. Perdu dans l'immensité bleue, cet îlot nous rappelle en outre que près de 70 % de la surface de notre planète sont recouverts d'eau.

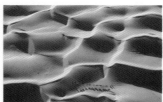

**Pages 22-23
CARAVANE DE
DROMADAIRES DANS
LES DUNES PRÈS
DE NOUAKCHOTT,
Mauritanie.**

Dans ce pays situé en bordure du Sahara (le plus grand désert de sable du monde, avec quelque 7 770 000 km²), les dromadaires, animaux adaptés aux conditions extrêmes du milieu, représentent une partie importante du cheptel domestique. Occupée pour l'essentiel par le désert, qui couvre 90 % de son territoire, la Mauritanie est particulièrement touchée par les conséquences de l'action de l'homme sur l'environnement. En effet, le pourtour des grands massifs dunaires est souvent fixé par une végétation naturelle adaptée à l'aridité, en particulier à proximité des zones un peu moins arides où les populations humaines peuvent s'installer. Il suffit d'une légère oscillation climatique dans ces franges désertiques, ou bien d'une exploitation excessive de la végétation pour que le sable se mette en mouvement, donnant l'impression que le désert avance. Le sable menace un certain nombre de villes importantes, notamment la capitale, Nouakchott.

**Pages 24-25
ÉLÉPHANTS
DANS LE DELTA
DE L'OKAVANGO,
Botswana.**

Le delta de l'Okavango, vaste zone humide au cœur du Botswana, abrite une faune riche et diversifiée, en particulier plusieurs dizaines de milliers d'éléphants. Intensément chassé pour son ivoire, l'éléphant d'Afrique *(Loxodonta africana)*, le plus gros des mammifères terrestres, a bien failli disparaître. Entre 1945 et la fin des années 1980, le nombre d'éléphants du continent est en effet passé de 2,5 millions à moins de 500 000. Face à ce déclin dramatique, l'interdiction totale du commerce international de l'ivoire fut décidée en 1989 dans le cadre de la CITES (Convention sur le commerce international des espèces de faune et de flore sauvage, menacées d'extinction). En 1997, une autorisation d'exportation vers le Japon a cependant été accordée à trois

pays : le Botswana, la Namibie et le Zimbabwe. Les avis des experts restent partagés quant à l'impact de cette reprise partielle du commerce de l'ivoire sur l'avenir d'une espèce toujours menacée.

**Pages 26-27
VILLAGE
DE BACOLOR
SOUS UNE COULÉE
DE BOUE,
île de Luçon,
Philippines.**

En 1991, le volcan Pinatubo, sur l'île de Luçon aux Philippines, entre en éruption après plus de six siècles de sommeil, projetant jusqu'à 30 000 m d'altitude un nuage de 18 millions de m³ de gaz sulfureux et de cendres qui anéantit toute vie dans un rayon de 14 km. Dans les jours qui suivent, des pluies diluviennes se mêlent aux cendres éparpillées sur plusieurs milliers de km², provoquant d'importantes coulées de boue, les *lahars*, qui engloutissent des villages entiers. Même plusieurs années après l'éruption, ce phénomène se reproduit à chaque tempête tropicale, et de nouveaux villages, comme Bacolor en 1995, sont dévastés par des *lahars*. Le bilan des pertes liées à l'éruption du Pinatubo a été estimé à 875 morts et 1 million de sinistrés. Près de 600 millions d'habitants de notre planète vivent sous la menace de volcans et, chaque année, en moyenne, plus de 700 personnes sont tuées lors d'éruptions volcaniques.

**Pages 28-29
RIZIÈRES AU SUD
DE POKHARA,
région du Pahar,
Népal.**

Parcourue par un réseau de cours d'eau, la vallée de Pokhara, dans la région du Pahar au centre du Népal, abonde en terres fertiles d'origine alluviale. Les flancs des collines sont couverts d'une mosaïque de rizières en terrasses retenues par de petits talus de terre. Au Népal, où 80 % de la population vit de l'agriculture, le riz, cultivé en famille, constitue la première production agricole du pays (3,7 millions de tonnes en 1997). À la fin des années 1970, les paysans disposaient d'un petit excédent qui permettait d'exporter une partie des récoltes, en particulier vers le Tibet. Aujourd'hui, les investissements qui permettraient notamment de développer l'irrigation sont insuffisants. En dépit des efforts d'expansion des surfaces cultivées et de l'utilisation d'engrais et de semences performantes, les rendements ne suffisent pas à combler les besoins de la population népalaise, ce qui contraint le pays à importer cette céréale.

**Pages 30-31
GLACIER FOLGEFONN
SUR LES HAUTS
PLATEAUX
DE SORFJORDEN,
Norvège.**

Enclavé entre les fjords Hardangerfjord et Sorfjord, au sud de la Norvège, le Folgefonn est, par sa superficie (212 km²), le troisième des 1 500 glaciers du pays. Glacier de plateau caractéristique des régions à influence climatique tempérée, cette coupole neigeuse aplatie glisse sur un film d'eau formé entre la roche et la glace. En été, la fonte partielle des glaces alimente l'eau des fjords en limon et argile, leur donnant une couleur verte tout à fait particulière. Indépendamment des variations saisonnières, la surface et l'épaisseur des glaciers s'amenuiseraient constamment en raison du réchauffement de la planète, notamment dû à l'accroissement de l'effet de serre provoqué par les activités humaines, industrielles et agricoles. En fondant, la glace augmente le niveau des mers. Cette hypothèse de réchauffement du climat, prise en compte par un nombre croissant d'experts, était au cœur de la conférence de Kyoto, les 1-12 décembre 1997.

Les légendes concernant les photographies
32 à 47 sont placées sur le rabat de droite
du cahier de texte suivant

légendes 18 à 31   légendes 32 à 47
↓   ↓

L'ÉTAT DU MONDE EN L'AN 2000

Que retiendra l'Histoire de l'an 2000 ? Les échéances calendaires ne correspondent pas toujours, loin s'en faut, à des tournants de l'histoire mondiale. Il est cependant à la mode de considérer que ce changement de siècle correspond à l'entrée dans l'ère de la mondialisation. Est-ce pertinent ? Certes, les flux financiers ont connu depuis le début des années 1980 une déréglementation très rapide, aboutissant à la formation d'un marché des capitaux unique et très puissant. Il est vrai aussi que le commerce international voit le triomphe progressif du libre-échange. Enfin, l'internationalisation de la production, phénomène beaucoup plus ancien, s'est intensifiée. Les grandes entreprises, engagées dans des fusions et des restructurations géantes, multiplient leurs établissements à l'étranger, et l'investissement direct connaît un essor sans précédent entre les trois pôles de la triade que sont l'Amérique du Nord, l'Europe et le Japon.

Cette internationalisation s'est vue dynamisée par l'apparition de « marchés émergents » nés du décollage économique de l'Asie orientale, et, plus récemment, de l'effondrement du bloc soviétique et de la conversion, à marche forcée, de l'économie chinoise au capitalisme. Elle est également confortée par la constitution des grands ensembles régionaux, marchés communs comme l'Union européenne ou le Mercosur (au sud des Amériques), ou bien zones de libre-échange comme l'ALENA (en Amérique du Nord).

Ces évolutions économiques se conjuguent avec une accélération du métissage des cultures et avec la multiplication des flux qui parcourent le monde : informations et images en temps réel, transactions transfrontières, etc.

Pour autant, il n'est pas certain que nos descendants se souviendront de ces phénomènes comme ayant marqué une rupture significative dans l'histoire longue du monde. D'autres processus sont à l'œuvre, notamment dans les sciences et les techniques, qui pourront peut-être sembler plus décisifs, sans parler de possibles bouleversements géopolitiques de grande ampleur. Par ailleurs, si les temps que nous vivons semblent marqués par le « global » (les phénomènes transnationaux et supranationaux), les pouvoirs locaux gagnent en puissance et sont l'objet d'enjeux politiques nouveaux.

La planète de l'an 2000 compte environ 6 milliards d'humains, dont 20 % habitent les pays développés et 80 % les pays en développement. L'Asie réunit à elle seule 60 % de la population mondiale. Si la croissance démographique se poursuit encore aujourd'hui à un rythme soutenu, la fécondité a commencé de décroître sensiblement sur tous les continents. En moyenne mondiale, elle est passée en vingt ans de 3,92 enfants par femme à 2,79 (5,31 en Afrique, 2,65 en Asie et en Amérique latine et 1,45 en Europe). La population humaine est de plus en plus urbaine. Selon le Fonds des Nations unies pour la population (FNUAP), 45 % de la population vit en ville (cette proportion étant de 75 % dans les pays développés et de seulement de 22 % dans les pays les moins avancés, les PMA). Quarante et une métropoles comptent plus de 5 millions d'habitants (dont la moitié, plus de 10 millions). Les 3/4 sont situées dans les pays en développement. La population du monde est jeune : 30 % a moins de 15 ans et seulement 6,8 % plus de 65 ans.

DROITS DES PEUPLES, DROITS DE L'HOMME, DROITS DES FEMMES

Les 6 milliards d'humains se répartissent sur le territoire de 193 États souverains. Il y a cent ans, les empires – ottoman, russe, austro-hongrois, allemand, britannique, français, néerlandais, belge… – couvraient encore la majeure partie de la planète. Le XXe siècle aura été celui des décolonisations, sinon celui de l'émancipation des peuples, chaque nation aspirant à s'autogouverner et, généralement, à disposer de son propre État. La disparition des empires n'a cependant pas mis fin aux prétentions hégémoniques des puissances (grandes ou petites). De même, les conflits n'ont pas disparu en même temps que la « guerre froide », même si la fin de la confrontation Est/Ouest a profondément modifié le sens que prenaient souvent ces conflits. Ceux-ci continuent de « fabriquer » des déracinés. On estime à environ 50 millions le nombre de réfugiés dans le monde, victimes de déplacements forcés du fait de guerres, persécutions, discriminations et autres actes de violence.

Au cours des deux dernières décennies, nombre de dictatures et de pouvoirs autoritaires sont tombés – surtout en Amérique latine et dans le bloc soviétique, mais aussi en Asie et en Afrique. Pour autant, trop de pays vivent encore sous le joug de la tyrannie. La lutte pour la conquête des libertés et pour le respect des droits humains a encore un bel avenir devant elle.

Le monde reste globalement dominé par le genre masculin. Les cadres responsables, au plan économique comme au plan politique, sont en écrasante majorité des hommes. Cependant, malgré l'ampleur des discriminations dont sont encore victimes les femmes à l'échelle planétaire, certaines inégalités parmi les plus criantes tendent à se réduire, dans le domaine de l'éducation et de la santé notamment. Entre 1970 et 1990, l'écart entre les populations féminine et masculine en matière d'alphabétisation a ainsi été divisé par deux et, dans l'enseignement primaire, le taux moyen de scolarisation des filles atteint désormais 90 % de celui des garçons, selon les statistiques de l'Unesco (Organisation des Nations unies pour l'éducation, la science et la culture). Dans certains pays ou régions du monde, le phénomène de mise à l'écart des filles de l'éducation s'est en revanche accentué.

En vingt ans, l'espérance de vie de la population féminine dans le monde a augmenté 20 % plus vite que celle des hommes. Cependant, le nombre de décès maternels pour 100 000 naissances vivantes reste dramatiquement élevé en Afrique (878), en Asie du Sud (562), en Asie du Sud-Est (443) et dans les Caraïbes (408). L'écart est considérable avec les pays développés, puisque ce taux est de 11 pour l'Europe du Nord, le Canada ou les États-Unis. La maîtrise croissante des femmes sur leur propre fécondité apparaît malgré tout comme un acquis irréversible. La possibilité de contrôler les naissances en recourant aux méthodes de contraception a permis de distinguer sexualité et procréation. Encore faut-il que certains États renoncent, en matière de planification des naissances, à l'emploi de méthodes particulièrement coercitives ou mettant en péril la vie des femmes.

RICHESSE ET PAUVRETÉ, LES GRANDS ÉCARTS

La violente crise asiatique déclenchée à l'été 1997 ne doit pas faire oublier les reclassements économiques à l'œuvre depuis plus de vingt ans à l'échelle mondiale. En 1997, le produit intérieur brut (PIB) mondial, qui est une mesure de la richesse produite dans l'année, s'est établi à 32 735 milliards de dollars (après corrections pour tenir compte des différences de pouvoirs d'achat entre pays). La moitié exactement de cette richesse est produite par l'Amérique du Nord (surtout les États-Unis : 25 %), l'Union européenne (l'Allemagne, la France, le Royaume-Uni et l'Italie pesant à eux seuls pour 13 %) et l'Asie orientale (avant tout le Japon : 9 %).

Pour cette même année 1997, les exportations mondiales ont représenté 5 400 milliards de dollars. La part des pays industrialisés comptait dans ce total pour exactement les deux tiers, en recul par rapport à 1970 (76,2 %). Celle des pays en développement a globalement progressé entre ces deux dates (33,5 % contre 23,8 %), mais si l'Asie est passée de 5,8 % à 19,1 %, l'Afrique est tombée de 4,4 % à 2,3 % et l'Amérique latine de 5,6 % à 4,3 %. Parmi les pays développés, le Japon a gagné des parts de marché, à la différence des nations européennes et des États-Unis.

La hiérarchie entre pays industrialisés s'est en effet sensiblement modifiée en vingt ans. Entre 1977 et 1997, selon l'OCDE (Organisation de coopération et de développement économiques), le rapport en terme de PIB par habitant entre le Japon et les États-Unis est en effet passé de 62,8 % à 81,2 %, en progression de vingt points. Le rapport Union européenne/États-Unis a lui aussi augmenté, mais seulement de cinq points.

Sur le plan des avancées technologiques, le XXᵉ siècle a connu une révolution permanente. Les États-Unis, les pays d'Europe occidentale et le Japon se partagent l'essentiel des capacités d'innovation, puisqu'ils sont à l'origine, selon l'Unesco, respectivement de 55,6 %, 15,3 % et 21 % des brevets aux États-Unis (chiffre 1996). Ces mêmes pays assurent l'essentiel des efforts de recherche-développement (plus de 80 %), la Chine, Taïwan, Singapour et la Corée du Sud comptant pour 10 %.

En 1960, le cinquième le plus riche de la population mondiale avait un revenu trente fois supérieur au cinquième le plus pauvre ; en 1995, selon un calcul comparable, leur revenu était quatre-vingt-deux fois supérieur. En moyenne, en 1998, le PIB annuel par habitant des quinze pays les plus riches du monde dépassait 20 000 dollars, alors que celui des quinze pays les plus pauvres était inférieur à 1 000 dollars. Entre le Luxembourg (plus de 30 000 dollars) et le Mozambique (500 dollars), l'écart était de plus de soixante pour un. Encore faut-il évoquer la question de l'endettement extérieur : pour l'ensemble des pays en développement, il représentait en 1997 plus de 2 000 milliards de dollars.

Il serait cependant erroné de croire que les inégalités se réduisent à l'opposition entre pays riches (en majorité situés dans l'hémisphère nord) et pays pauvres (surtout dans l'hémisphère sud). Le Nord a ses pauvres et le Sud, ses riches. Le Programme des Nations unies pour le développement (PNUD), dans son rapport annuel (1998), estime que les 225 plus grosses fortunes du monde représentent un total de plus de 1 000 milliards de dollars...

BESOINS FONDAMENTAUX ET DÉVELOPPEMENT HUMAIN

Le degré de satisfaction de certains besoins de base (besoins alimentaires, accès à l'eau potable, santé, éducation, logement...) est hautement indicatif de l'état des populations et des sociétés, de leur « développement humain », pour reprendre une notion vulgarisée par le PNUD.

Il y a trois cents ans, l'âge moyen au moment de la mort était à peu près le même partout. On mourait vers 30 ans et seulement deux enfants sur trois vivaient jusqu'à 5 ans. Aujourd'hui, le nombre d'années que l'on peut espérer vivre sur la Terre a plus que doublé (65,6 années en moyenne mondiale), mais les écarts restent immenses : plus de 75 ans aux États-Unis, au Canada et en Europe occidentale, contre seulement 53,8 ans en Afrique. En trente-six ans, l'espérance de vie dans les pays en développement est malgré tout passée de 46 à 62 ans (presque 70 ans en Asie de l'Est et en Amérique latine, mais seulement 50 ans en Afrique subsaharienne).

Globalement, la mortalité infantile, mesurée comme le rapport des décès d'enfants de moins d'un an pour mille enfants nés vivants, continue de décroître. La moyenne mondiale est passée en vingt ans de 87 ‰ à 57 ‰. Dans les pays en développement, la moyenne a diminué de plus de moitié en quarante ans, mais les inégalités demeurent considérables et la situation reste dramatique dans de nombreux pays : le taux est de 86 ‰ en Afrique, à rapprocher des niveaux environ huit fois moindres prévalant en Amérique du Nord et en Europe occidentale. Pour une large part, la persistance d'une forte mortalité infantile (9 millions d'enfants de moins d'un an meurent encore chaque année dans les pays pauvres) tient aux mauvaises conditions d'hygiène, et notamment à l'absence d'infrastructures sanitaires de base et à la carence en eau potable (environ 30 % de la population des pays en développement en est encore privée). Or, dans les pays en développement, en matière de santé, quatre affections sur cinq des maladies sont liées à l'eau. Dans les pays industrialisés, la situation est tout autre : deux morts sur cinq sont imputables aux maladies cardio-vasculaires et aux cancers, réputés caractéristiques des sociétés d'abondance.

Dans le domaine de la consommation, les contrastes sont également considérables. Quelque 800 millions de personnes souffrent toujours de la faim, notamment en Afrique et en Asie. Pour leur part, les pays les plus développés consomment plus de 50 % de l'énergie primaire alors qu'ils ne représentent que 20 % de la population mondiale.

En matière d'éducation, des progrès indéniables ont été enregistrés, du moins si l'on considère les moyennes globales qui masquent aussi dans ce domaine de fortes disparités. Entre 1970 et 1995, le taux d'alphabétisation des adultes a progressé dans les pays en développement de 48 % à 70 % (il n'est cependant que de 51 % en Asie du Sud). Le nombre des étudiants continue de s'accroître. Dans les années 1990, selon l'Unesco, les pays les plus développés (États-Unis, Canada, Europe occidentale, Japon) concentraient environ 45 % des effectifs (24 % pour les seuls États-Unis et Canada). Environ 2 % du total des étudiants effectuent leurs études (ou une partie de leurs études) dans un pays étranger.

QUELLE TERRE LAISSERONS-NOUS AUX GÉNÉRATIONS FUTURES ?

Depuis les années 1980, les problèmes d'environnement, qui jusqu'alors faisaient l'objet de préoccupations locales, ont pris une dimension planétaire, et suscitent débats, mobilisations, conférences et négociations internationales. L'enjeu est considérable : il s'agit de préserver le patrimoine commun de l'humanité.

Des millénaires durant, les hommes ont en effet agi sur la nature et l'ont transformée, mais sans bouleverser fondamentalement les grands équilibres de la planète. Ce n'est qu'au XXᵉ siècle, et plus particulièrement au cours des cinquante dernières années, que sont apparues les premières ruptures dangereuses. Celles-ci sont nées de deux vertigineuses accélérations : celle de la croissance démographique et celle du changement technique. Ces accélérations ont engendré un accroissement des inégalités entre les hommes, d'innombrables pollutions, un gaspillage de certaines ressources et une réduction de la diversité des espèces. Par ailleurs, avec les connaissances acquises dans le domaine de la génétique et des biotechnologies, l'homme peut désormais prétendre – non sans risques – « réinventer la nature » et bouleverser une partie des écosystèmes terrestres.

Devant pareille situation, il ne suffit pas de se réfugier dans la contemplation des lieux où la nature « naturelle » paraît avoir été préservée. Les paysages de notre époque sont aussi ceux que l'humanité a façonnés au fil du temps en habitant et en aménageant l'espace. Il nous faut comprendre comment les différentes civilisations se sont approprié leur environnement. Un tel détour est un préalable pour prendre la mesure des principaux défis à relever au prochain siècle. Qu'il s'agisse de l'explosion démographique, de la sécurité alimentaire ou plus largement de la répartition des richesses, des enjeux climatiques ou de l'avenir de la civilisation urbaine, seule une prise de conscience planétaire rendra possible un développement véritablement durable.

Cette conviction anime les auteurs des textes de cet ouvrage. Spécialistes reconnus dans leur domaine – géographie, histoire des sciences, écologie, sociologie, démographie, économie, philosophie… –, ils ont mis leurs compétences au service d'une lecture de l'avenir nourrie de leurs savoirs respectifs et des enseignements de l'Histoire. Ils contribuent ainsi à dresser l'état du monde en l'an 2000. Ce tableau très contrasté vient compléter les magnifiques photographies de Yann Arthus-Bertrand qui donnent, avec une distance tout aérienne, un autre « état des lieux » de la planète, entremêlant, selon les sites, des vues d'une nature semblant avoir été épargnée de tout outrage et des spectacles de constructions et d'activités humaines. Une manière émouvante de prendre date.

Serge Cordellier
Directeur de la rédaction de l'annuaire
L'état du monde (Éditions La Découverte)

Ci-contre : COUPLE D'HIMBAS, région du Kaokoland, Namibie. La région du Kaokoland, au nord de la Namibie, abrite 3 000 à 5 000 Himbas, éleveurs nomades de vaches et de chèvres répartis le long du fleuve Cunene. Ce peuple, qui a conservé ses traditions et vit en marge du modernisme, a subi durant les années 1980 à la fois une longue sécheresse qui a fait périr les 3/4 de son bétail et les effets de la guerre entre l'armée sud-africaine et la SWAPO (South West Africa People's Organization). Aujourd'hui, les Himbas doivent affronter une menace tout aussi importante : le projet de construction d'un barrage hydroélectrique sur les chutes d'Epupa. Cette réalisation, qui permettrait d'alimenter en énergie une usine de dessalement d'eau dans un pays qui importe près de 50 % de son électricité et manque cruellement de ressources hydriques, aurait également pour conséquence d'inonder des centaines de kilomètres carrés de pâturages, contraignant les pasteurs Himbas à migrer.

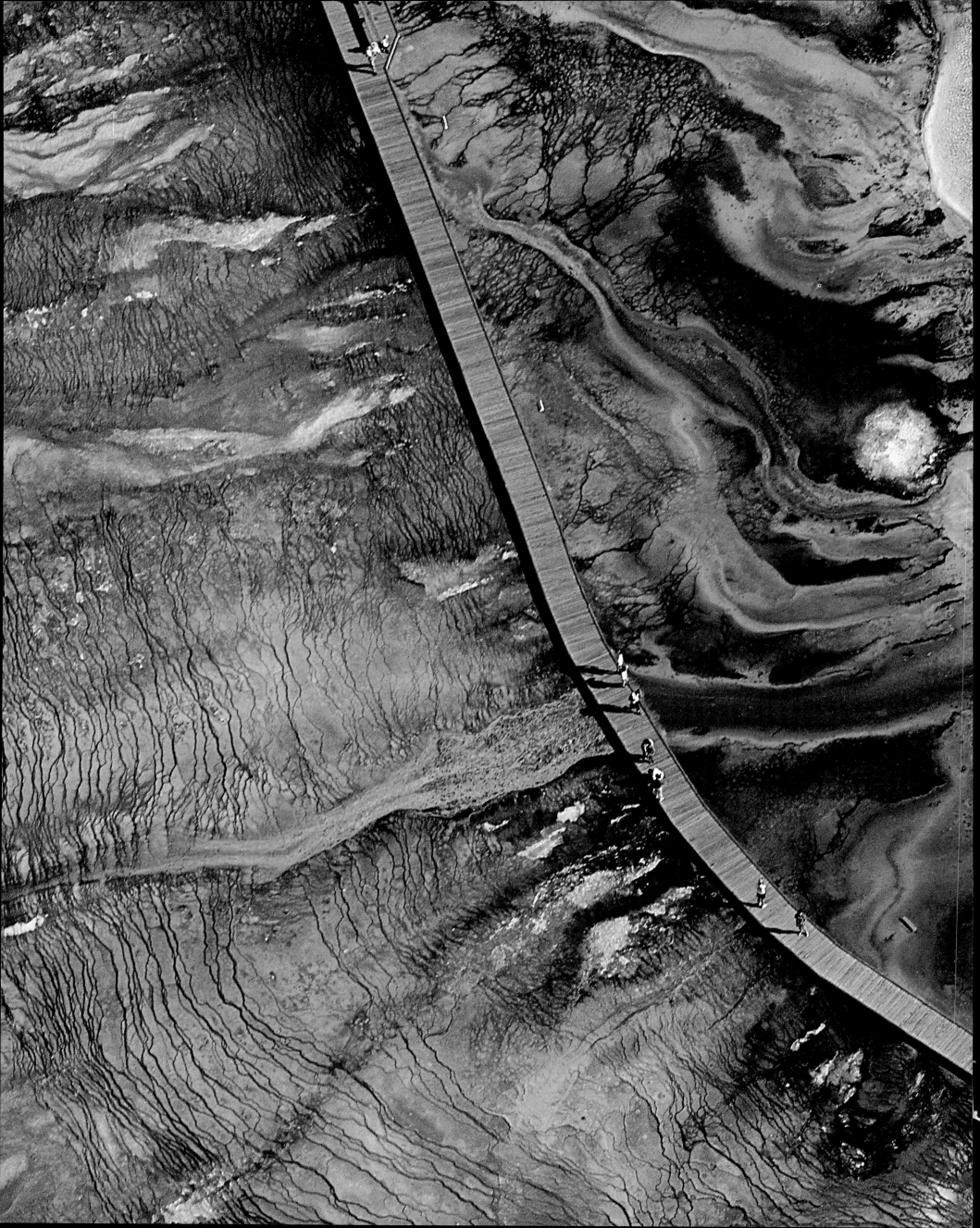

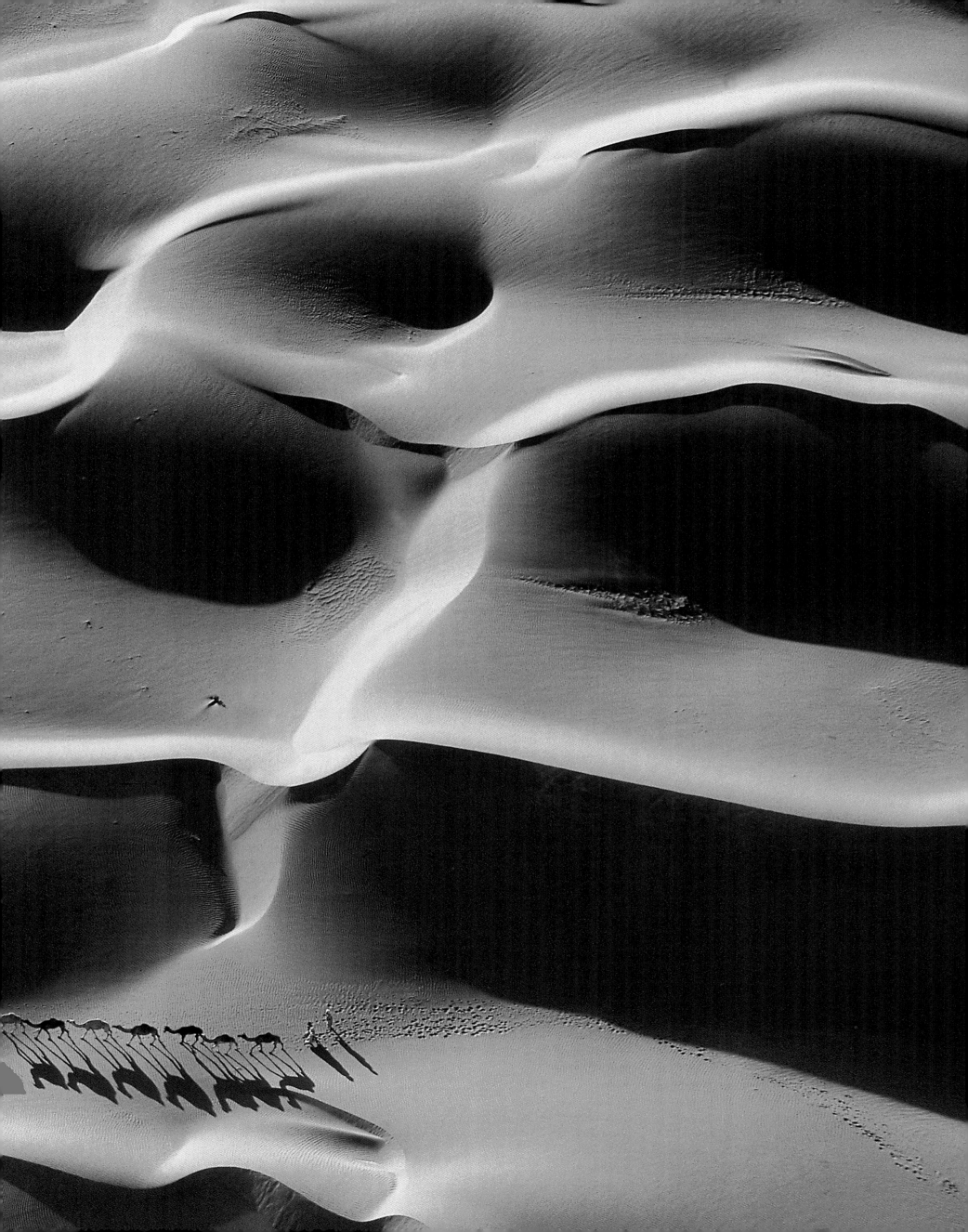

Pages 58-59
PAYSAGE DE GLACE,
Territoire Nunavut,
Canada.

Le Nunavut, à l'extrême nord du Canada, couvre une superficie de 1,9 million de km² d'archipels, d'eau et de glace. En hiver, alors que les températures peuvent atteindre des minima de -37 °C, la banquise permanente du centre de l'Arctique et la banquise côtière formée par le gel des eaux des estuaires et des baies se rejoignent, offrant un paysage continu de glace praticable par les attelages de chiens et les scooters des neiges. En été, la glace fond et se fracture sous l'action des courants marins et des vents, créant des plates-formes dérivantes appelées *pack*. Cette libération saisonnière des eaux permet la réouverture des routes de migration des baleines et autres mammifères marins. Occupé par plus de 20 000 Inuits, qui représentent 85 % de la population locale, le Nunavut (dont le nom signifie « notre terre » dans la langue des Inuits, l'inuktitut) a accédé au statut de territoire en 1999. Le peuple inuit est présent sur trois continents dans l'ensemble de la zone située au-delà du cercle polaire arctique, à raison de 55 000 individus en Amérique du nord (Alaska et Canada), plus de 42 000 au Groenland, et 2 000 en Sibérie.

Pages 60-61
TRAVAUX
DES CHAMPS
ENTRE CHIANG MAÏ
ET CHIANG RAÏ,
Thaïlande.

Occupant près de 15 % du territoire thaïlandais, les plantations de riz dominent les paysages du pays jusque dans les vallées du Nord, autour des villes de Chiang Maï et Chiang Raï. Le plus souvent récolté de façon traditionnelle dans de petites exploitations familiales, le riz est battu manuellement au milieu des champs avant d'être emporté dans les villages où il est stocké, puis vendu. Bien qu'elle n'occupe que le 7ᵉ rang des producteurs mondiaux, la Thaïlande demeure néanmoins le 1ᵉʳ exportateur de riz au monde ; elle en vend aujourd'hui chaque année à l'étranger 5 millions de tonnes, soit 1/4 de sa production annuelle. Cette céréale, dont il existe près de 120 000 variétés, est consommée dans tous les pays du monde ; denrée traditionnelle des populations asiatiques, elle constitue également la base alimentaire vitale de nombreux pays du tiers-monde.

Pages 62-63
SÉCHAGE
DE DATTES,
palmeraie au sud
du Caire, vallée du Nil,
Égypte.

Les palmiers-dattiers ne se développent que dans les milieux arides et chauds disposant de quelques ressources hydriques, comme les oasis. La production mondiale de dattes atteint 4 millions de tonnes par an. L'essentiel de la récolte du Moyen-Orient et du Maghreb est destiné au marché intérieur de chaque pays, l'exportation ne représentant qu'une proportion de 5 %. L'Égypte, 2ᵉ producteur mondial, récolte chaque année près de 650 000 t de dattes, consommées localement à raison de 10 kg par personne et par an. Ces dattes sont habituellement conservées de façon artisanale : triées par variétés, elles sèchent au soleil, protégées du vent et de l'eau par un muret de terre et de branches, puis confinées dans des paniers tressés de palmes. Bien que la consommation directe soit majoritaire, un certain nombre de produits dérivés (sirop, farine, pâte, vinaigre, sucre, alcool, pâtisseries…) est fabriqué de façon artisanale ou industrielle à partir de ce fruit.

Pages 64-65
CHAÎNE DE VOLCANS
DE LAKAGIGAR,
Islande.

La région de Lakagigar, au sud de l'Islande, porte encore les stigmates d'une des plus violentes éruptions volcaniques des temps historiques. En 1783, deux fissures éruptives d'une longueur totale de 25 km s'ouvrent de part et d'autre du volcan Laki, vomissant 12 km³ de lave qui recouvrent 565 km² du territoire. Un nuage de gaz carbonique, d'anhydride sulfureux et de cendres s'étend sur l'ensemble de l'île et contamine pâturages et eaux de surface. Les 3/4 du bétail sont anéantis, au terme d'une nouvelle éruption, en 1785, une terrible famine décime un quart de la population (plus de 10 000 personnes). Couronnées par 115 cratères volcaniques, les fissures du Lakagi-

gar sont aujourd'hui refermées et les coulées de laves recouvertes d'un épais tapis de mousse. Avec plus de 200 volcans actifs, l'Islande a produit à elle seule au cours des cinq cents dernières années le tiers des émanations de lave du monde.

Pages 66-67
PIROGUE
SUR LE FLEUVE
NIGER DANS LA
RÉGION DE GAO,
Mali.

Le fleuve Niger, qui prend sa source dans le massif du Fouta Djalon, en Guinée, est, avec 4 184 km, le troisième plus long cours d'eau du continent africain. Traversant le Mali sur une distance de 1 700 km, il forme une large boucle qui atteint la limite sud du Sahara, alimentant en eau des agglomérations importantes comme Tombouctou et Gao. La courte saison des pluies stimule la régénération des végétaux aquatiques parmi lesquels circulent des pirogues, moyens usuels de déplacement, de transport et d'échange entre les populations riveraines du fleuve. Soumis à un mouvement de crues saisonnières, le Niger permet par ailleurs d'irriguer près de 5 000 km² de terres, sur lesquelles sont pratiqués la riziculture et le maraîchage. Il constitue la principale ressource hydrique pour près de 80 % de la population malienne, qui vit d'agriculture et d'élevage.

Pages 68-69
SEBKHET ARIDAL
PRÈS DU
CAP BOUJDOUR,
Sahara occidental,
Maroc.

En se retirant, les eaux de l'oued Lemnaider, qui alimentent cette *sebkha* (lac salé temporaire) en période de pluie, ont creusé des rigoles dans le sable où affleurent des dépôts de sel. Caractéristique de zones arides du Maghreb, la *sebkha* se trouve dans le sud du Maroc, au cœur du Sahara occidental. Autrefois colonie espagnole, cette portion de désert, qui s'étire sur 2 500 km le long de l'Atlantique et couvre 252 000 km², a été revendiquée par le Maroc lors du départ des Espagnols, en 1975. Cependant, soutenu par l'Algérie, le Front Polisario (Front populaire pour la libération de la Saguia al-Hamra et du Rio de Oro) a proclamé l'indépendance du Sahara occidental et pris les armes. Une République arabe sahraouie démocratique (RASD) a même été créée et admise au sein de l'Organisation de l'unité africaine (OUA) ; reconnue par plus de 70 États africains et asiatiques, elle n'est pourtant pas considérée comme administrateur officiel de ce territoire par les instances internationales.

Pages 70-71
LE YANKEE STADIUM
À NEW YORK,
États-Unis.

Situé au cœur du Bronx, quartier pauvre de New York, le Yankee Stadium dispose d'un terrain en gazon soigneusement entretenu, alors que de plus en plus de stades américains adoptent des revêtements synthétiques ; il offre une capacité d'accueil de 55 000 places. Ce stade de base-ball est celui des New York Yankees, équipe la plus titrée – avec 23 victoires en finale depuis la création de cette compétition en 1905 – parmi les 26 que compte le championnat nord-américain. Né aux États-Unis peu avant 1850, le base-ball s'est très tôt professionnalisé tout en restant le loisir favori d'une majorité d'Américains qui le qualifient volontiers de *national passtime* (passe-temps national). Représenté par 80 fédérations dans le monde et pratiqué par plus de 150 millions de licenciés – ce qui en fait le deuxième sport le plus pratiqué après le volley-ball (210 fédérations et 180 millions de licenciés) –, le base-ball a été reconnu discipline olympique en 1986.

Les légendes concernant les photographies
72 à 87 sont placées sur le rabat de droite
du cahier de texte suivant

légendes 58 à 71   légendes 72 à 87
↓   ↓

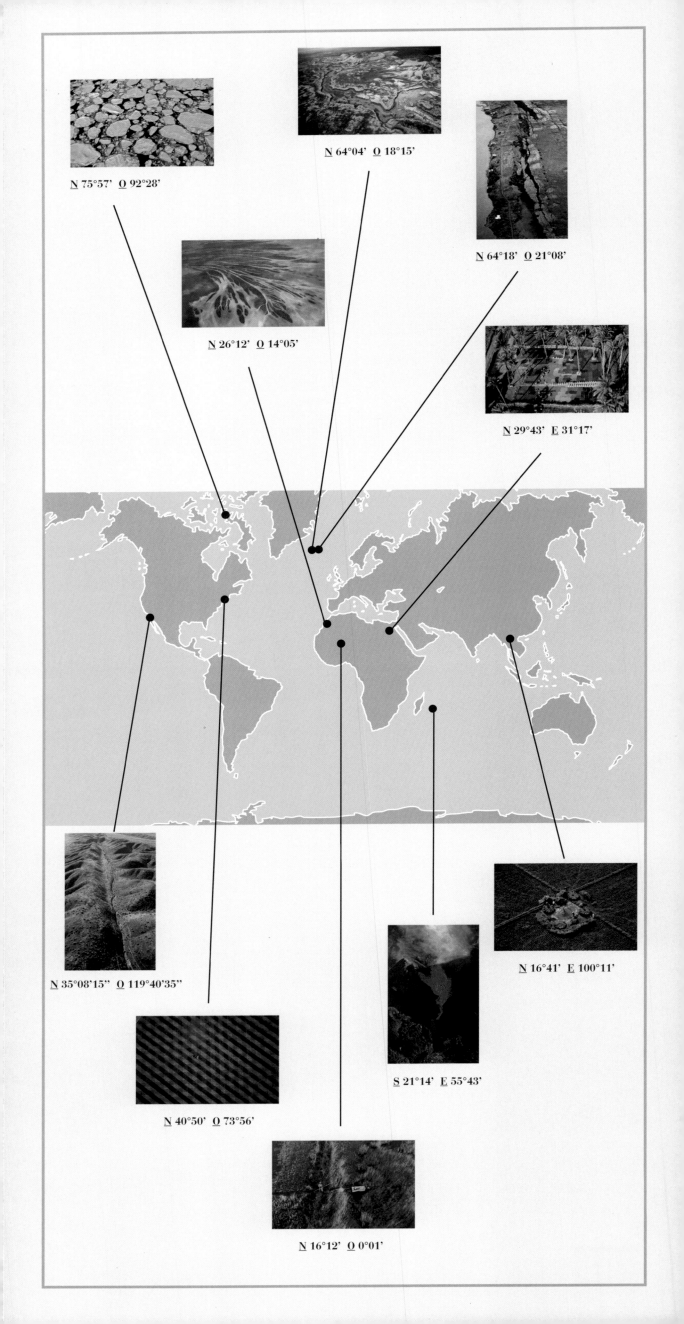

N 75°57' O 92°28'

N 64°04' O 18°15'

N 64°18' O 21°08'

N 26°12' O 14°05'

N 29°43' E 31°17'

N 35°08'15" O 119°40'35"

N 40°50' O 73°56'

S 21°14' E 55°43'

N 16°41' E 100°11'

N 16°12' O 0°01'

FAILLE DE PINGVELLIR À L'EST DE REYKJAVIK, Islande.
La roche brisée par d'énormes tensions tectoniques devrait apprendre aux riverains que l'écartement va se poursuivre bien plus longtemps que la durée de vie de dix générations. Notre Terre est ainsi faite que l'échelle de ses mouvements est fondamentalement différente de celle des actions humaines. La petite route qui frôle les craquelures, tout comme les maisons au bord de l'eau, révèle une hardiesse dont les sociétés humaines sont coutumières et, paradoxalement, leur confiance dans la nature. Chaque nuit de sommeil tranquille est le résultat d'un pari gagné contre les craquements sinistres, jusqu'au jour où…

pu montrer que d'autres fourmis ont inventé le principe de l'élevage bien avant que l'humanité ne s'y consacre, en créant des lieux spécifiques où peut se reproduire à loisir certaine famille de pucerons, que viennent traire, pour leur plus grand plaisir, des individus gourmands mais attentifs à ne pas épuiser les ressources dont ils ont su se procurer la jouissance.

L'humanité conserve cependant la faculté – d'importance sans égale – de construire des langues et d'appliquer son génie à communiquer. Faculté merveilleuse qui dérive principalement, avec le développement du cerveau, de la station debout et de la position du larynx. C'est du langage que toute histoire humaine paraît procéder, mais il ne faut pas oublier qu'un cerveau doit d'abord se maintenir en vie, être reproduit et « amélioré », reproduction qui continue de dépendre de l'environnement.

L'espèce humaine, quoique définitivement immergée dans l'environnement, semble avoir eu très tôt conscience de pouvoir s'en extraire. On peut ainsi estimer que la décision très précoce d'enterrer les morts, il y a cent mille ans, est une manière de dire que les humains échappent à la loi commune, puisque les vivants créent ainsi, pour leurs ancêtres, la possibilité d'une autre vie. Le fait, plus tard, d'enterrer des animaux domestiques (chats, chameaux…) montre en revanche que l'animal est conçu comme un compagnon de l'humanité, mais qu'il demeure d'une autre « nature » : ce n'est pas le chat qui enterre le chat et l'honore. Cette conception paraît avérée dans des empreintes et dessins d'animaux des grottes paléolithiques datant d'il y a trente mille ans, dans lesquels le chamane classe l'animal du côté du cosmos, un cosmos que l'humain doit se rendre favorable.

DE L'INDIVIDU À L'ŒKOUMÈNE

C'est l'humanité qui a créé l'œkoumène, c'est-à-dire le milieu dans lequel elle vit. Aujourd'hui, l'œkoumène s'étend à toute la planète et peut être défini comme l'ensemble des territoires habités ou parcourus par des êtres humains, si ténue soit leur présence. On distingue certes des localisations préférentielles, reconnaissables aux densités de population qu'elles engendrent, ou bien, au contraire, des espaces qu'il est possible de qualifier de peu attractifs en raison des « vides » qui les caractérisent.

Nous n'avons que récemment pris conscience de deux faits très importants. Tout d'abord, si l'espace qui sert de fondement à cet œkoumène s'est constitué indépendamment de l'humanité, cette dernière, en modifiant certains équilibres écologiques, est désormais capable de le modifier au point de le rendre invivable. Seconde prise de conscience fondamentale qui intervient au moment où, dans certaines sociétés hypertechniques, on pensait être sur le chemin de la maîtrise des relations entre individu, collectivité et territoire : cet œkoumène ne possède que le sens que nous lui attribuons, à la fois par nos constructions intellectuelles et par nos techniques. Autrement dit, le monde peut tout à fait continuer

DU PALÉOLITHIQUE
À LA MONDIALISATION

L'être humain est un produit de la nature parce qu'il en est issu physiquement. Or, l'espèce humaine ne pouvant pas créer *sa* vie – elle ne fait, au mieux, que reproduire un modèle qui lui échappe –, elle demeure entièrement naturelle, profondément enracinée dans le monde animal par plus de 90 % de ses gènes et indissolublement liée à son environnement, quelque conscience qu'elle puisse avoir de sa supériorité sur les autres espèces animales. Néanmoins, elle peut penser à juste titre qu'elle se trouve hors de la nature en raison de sa capacité de transformer cet environnement.

Cette faculté de transformation a longtemps été considérée comme un don de l'espèce humaine, qui lui laissait une sorte de liberté d'usage de la nature sans contrainte, sans contrepartie, sans conséquences en retour. Or, c'est précisément l'usage de cette liberté, pratiquée depuis le paléolithique, qui fait apparaître, en ce tournant de siècle, des limites imprévues, sinon imprévisibles. Dans un nombre de cas croissant, l'usage s'est mué en abus. Ce qui était don de l'espèce, quand celle-ci était peu nombreuse, vulnérable aux maladies, mal armée, dotée d'outils de faible capacité et surtout engagée dans une pensée magique qui l'empêchait de rationaliser sa présence dans le monde, est devenu une menace pour l'espèce.

Cette menace est paradoxale. En effet l'espèce humaine a su, dans nombre de domaines, s'extraire de la nature en multipliant extraordinairement ses savoir-faire, à tel point qu'elle se trouve aujourd'hui dans une étape nouvelle qui menace les bases mêmes de la vie, attaque l'environnement et peut devenir à terme mortelle. D'un côté, l'humanité comprend de mieux en mieux comment elle fait partie intégrante de la nature et se trouve donc dépendante de son environnement. De l'autre, elle mesure qu'elle est moins que jamais libre de faire ce qui lui plaît, alors qu'elle a acquis des moyens si puissants qu'ils lui permettent d'aller voir ce qui se passe sur les plus proches planètes.

LA SPÉCIFICITÉ HUMAINE

La spécificité humaine a longtemps été attribuée à la faculté de penser et de disposer d'une conscience de soi. On en sait un peu plus de nos jours sur cette intelligence. En fait, on a récemment découvert que le chimpanzé lui aussi disposait de cette conscience, faisant ainsi partie du même ensemble – dirons-nous humanoïde ? – que les humains. Voilà qui rapproche plus encore l'humain de l'animal, mais seulement sous un aspect, car il fait aussi mieux saisir une particularité humaine : la *faculté d'échapper à l'emprise de l'environnement naturel*. La science des années à venir fournira bien d'autres observations à notre réflexion d'êtres humains, dans des domaines qui, aujourd'hui, confinent à l'improbable. Qui aurait cru, il y a seulement quelques années, que l'on pourrait montrer que certaines espèces de fourmis, insectes vivant en sociétés organisées et connaissant déjà des différenciations sociales, auraient inventé le principe de l'agriculture il y a 50 millions d'années, en cultivant, sur des sols sélectionnés, des champignons qui leur fournissent, bon an mal an, des récoltes renouvelables ? On a aussi

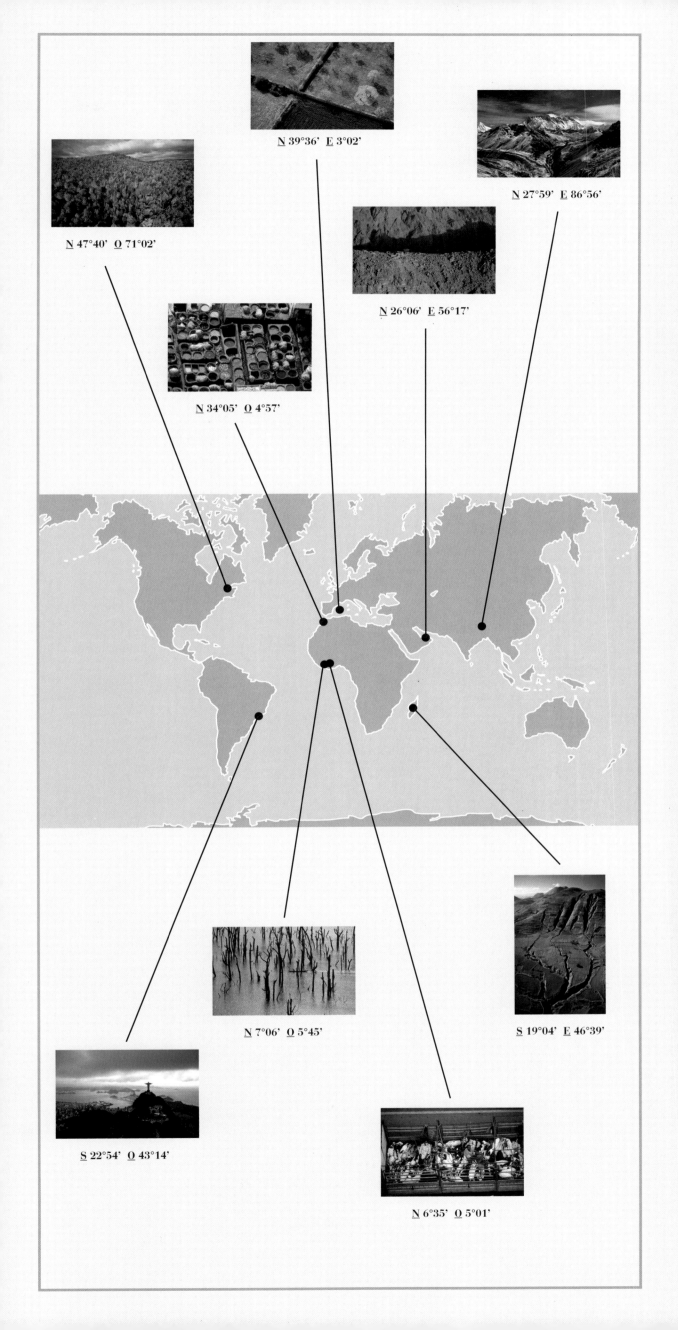

N 39°36' E 3°02'

N 27°59' E 86°56'

N 47°40' O 71°02'

N 26°06' E 56°17'

N 34°05' O 4°57'

N 7°06' O 5°45'

S 19°04' E 46°39'

S 22°54' O 43°14'

N 6°35' O 5°01'

Pages 32-33
ATELIERS ET CUVES
DES TEINTURIERS
À FÈS,
Maroc.

Le quartier des teinturiers de Fès, au Maroc, a gardé son authenticité : depuis des siècles sont employées les mêmes techniques ancestrales de coloration, transmises de manière héréditaire. Les fibres textiles de laine ou de coton et les peaux tannées de mouton, de chèvre, de vache ou de dromadaire, sont immergées dans des cuves de teintures aux parois de céramique, les foulons, où elles sont piétinées par les artisans. Les colorants sont élaborés dans les moulins de l'oued Fès à partir de pigments naturels : coquelicot, indigo, safran, noyau de datte et antimoine sont respectivement utilisés pour obtenir les couleurs rouge, bleu, jaune, beige et noir. Les matières teintées serviront à confectionner les fameux tapis et objets de cuir, de renommée internationale, qui constituent les deux principaux produits artisanaux d'exportation du Maroc.

Pages 34-35
MONT EVEREST,
Himalaya,
Népal.

Dans le massif de l'Himalaya, qui forme la frontière entre le Népal et la Chine, le mont Everest est le plus haut sommet de la planète, avec une altitude de 8 848 m. Si les Occidentaux lui ont donné le nom du colonel britannique George Everest, chargé en 1852 d'établir le relevé cartographique de l'Inde, les Népalais, en revanche, l'appellent Sagarmatha, « celui dont la tête touche le ciel », et les Chinois Chomolongma, nom dérivé du tibétain. Conquis pour la première fois le 29 mai 1953 par l'alpiniste néo-zélandais Edmund Hillary et le sherpa népalais Norkay Tensing, l'Everest a, depuis, connu plus de 300 ascensions victorieuses ; cependant, une centaine d'alpinistes, dont près de la moitié étaient des porteurs sherpas, y ont perdu la vie. Chaque année, ils sont entre 600 et 900 à venir au Népal gravir l'un des 15 sommets himalayens de plus de 8 000 m ; cette affluence pose des problèmes de pollution, près de 30 t de déchets ayant été abandonnées sur les flancs de l'Everest par les diverses expéditions au cours des cinquante dernières années.

Pages 36-37
FORÊT D'AUTOMNE
DANS LA RÉGION
DE CHARLEVOIX,
Québec,
Canada.

Les collines de la région de Charlevoix, en bordure du fleuve Saint-Laurent, au Québec, sont dominées par une forêt mixte de feuillus et de conifères, dont 4 600 km² ont été classés comme Réserve de la Biosphère par l'Unesco en 1988. Couvrant près des 2/3 de la province, la forêt québécoise, boréale au nord et tempérée au sud, est exploitée depuis la fin du XVIIe siècle. Aujourd'hui, elle contribue à la prospérité économique du Canada qui occupe les 1er, 2e et 3e rangs mondiaux pour les productions de papier journal, de pâte à papier et de bois d'œuvre. Longtemps surexploitée mais également rongée par des insectes parasites et par les pluies acides, la forêt canadienne a vu sa superficie diminuer de manière considérable. Cependant, elle couvre encore aujourd'hui 3,4 millions de km² et bénéficie de programmes de reboisement destinés à la préserver.

Pages 38-39
PÊCHEUR
SUR LE LAC
DE KOSSOU
PRÈS DE BOUAFLÉ,
Côte-d'Ivoire.

Le lac de Kossou, qui couvre 1 500 km² au centre de la Côte-d'Ivoire, est une retenue d'eau artificielle conçue pour réguler le débit du fleuve Bandama et permettre la construction, en aval, d'un barrage hydroélectrique. La mise en eau de cette zone, réalisée entre 1969 et 1971, s'est faite au prix de l'engloutissement de 200 villages et du déplacement de 75 000 personnes. Parallèlement, un vaste programme de réhabilitation et de développement a été mis en place en périphérie de ce lac : construction de 63 villages pour reloger les populations évacuées, introduction de nouveaux types de cultures, aménagement de centres piscicoles et formation de 3 000 paysans de la région aux techniques de pêche. À l'aube de l'an 2000, on compte plus de 36 000 barrages dans le monde, dont plus de la moitié en Chine, et c'est au Ghana, pays voisin de la Côte-d'Ivoire, que se trouve le plus grand lac artificiel de retenue de la planète : le lac Volta (8 482 km²), en amont du barrage d'Akosombo.

Pages 40-41
LE CORCOVADO
SURPLOMBANT
LA VILLE DE RIO
DE JANEIRO,
Brésil.

Perchée sur un piton rocheux de 704 m appelé Corcovado (« bossu »), la statue du Christ rédempteur domine la baie de Guanabara et son célèbre « Pain de sucre », ainsi que l'ensemble de l'agglomération de Rio de Janeiro. C'est à une méprise des premiers navigateurs portugais qui jetèrent l'ancre dans la baie, en janvier 1502, que la ville doit son nom de « fleuve de janvier », ces derniers croyant pénétrer dans l'embouchure d'un cours d'eau. Capitale du Brésil de 1763 à 1960, Rio de Janeiro est aujourd'hui devenue une mégalopole qui s'étend sur 50 km et abrite plus de 10 millions d'habitants. Le Christ rédempteur du Corcovado rappelle que le Brésil est le premier pays catholique de la planète, avec environ 121 millions de baptisés. Dans le monde, le catholicisme (près d'un milliard de fidèles) est lui-même majoritaire au sein de la religion chrétienne qui, avec presque 2 milliards d'adeptes, est la plus pratiquée dans le monde.

Pages 42-43
TRANSPORT
DE CHÈVRES
PRÈS DE TOUMODI,
région de
Yamoussoukro,
Côte-d'Ivoire.

Dans la région de Yamoussoukro, capitale politique de la Côte-d'Ivoire depuis 1983, ces éleveurs voyagent dans la remorque d'un camion en compagnie de leur troupeau de chèvres, sans doute pour les vendre sur l'un des nombreux marchés du pays. Dans toute l'Afrique de l'Ouest, ce sont traditionnellement les peuples nomades des pays sahéliens, plus particulièrement les Peuls, qui se consacrent à l'élevage extensif du bétail, exportant une partie importante de celui-ci vers les pays côtiers. Depuis une trentaine d'années, l'amélioration des infrastructures routières en Afrique de l'Ouest a largement contribué au développement des échanges commerciaux, notamment en ce qui concerne le bétail. C'est en particulier le cas en Côte-d'Ivoire qui, depuis les années 1970, a plus que triplé la superficie de ses routes bitumées et dispose désormais du meilleur réseau routier de la région après le Nigeria.

Pages 44-45
RÉCOLTES
DES AMANDES SUR
L'ÎLE DE MAJORQUE,
îles Baléares,
Espagne.

Très ancienne, comme dans tous les pays méditerranéens, la culture des amandes dans l'archipel espagnol des Baléares est restée traditionnelle. Les amandes sont généralement récoltées après gaulage manuel dans des bâches étendues sous les arbres. La faible productivité des amandiers (2 à 5 kg de fruits par arbre) est généralement compensée par l'importance des surfaces plantées ; cependant celle-ci a considérablement diminué, les vieux arbres ayant rarement été remplacés. La production d'amandes de ces îles, qui jadis constituait l'essentiel de la production espagnole, n'en représente plus guère que 3 % aujourd'hui, avec une récolte de 7 000 t par an. L'Espagne est néanmoins le 2e producteur d'amandes au monde, avec une production annuelle d'environ 227 000 t consommées à près de 80 % par l'ensemble des pays européens.

Pages 46-47
MAISON ISOLÉE
DANS LES
MONTAGNES
DE LA PÉNINSULE
DE MUSANDAM,
Oman.

Construite avec les pierres de la montagne, cette maison qui se fond dans le paysage semble surveiller la vallée, à l'image de la péninsule de Musandam qui veille sur le détroit d'Ormuz. Occupant une position stratégique sur la route commerciale entre le golfe Persique et l'océan Indien, Musandam a longtemps été un refuge de pirates et a fait l'objet des convoitises perses et arabes. Aujourd'hui rattachée au sultanat d'Oman, dont elle est pourtant éloignée de 50 km, cette péninsule contribue à la puissance du pays en lui permettant de contrôler le trafic maritime, plus particulièrement le transit pétrolier, et en renforçant sa position de gardien du golfe. Le détroit d'Ormuz est au cœur des enjeux diplomatiques entre états de la région, comme ce fut le cas lors du conflit Iran-Irak (1980-1988) et de la guerre du Golfe (1991).

sans nous, mais l'œkoumène dans lequel nous vivons n'existe que pour nous et par nous.

À l'aube du XXIe siècle, la présence de l'humanité sur la Terre touche à la fois au cosmique et à l'infinitésimal. Il ne saurait s'agir partout de présence directe : cela rend subtile, faute d'être puissante, l'action involontaire des sociétés humaines sur leur environnement. Si le monde de l'infiniment grand peut être, à grands frais, effleuré par des engins emportant quelques spécimens d'êtres humains dans le champ gravitationnel de la planète Terre, les autres grands voyages sont le fait de sondes bourrées d'émetteurs automatiques. Les sols de notre planète commencent, quant à eux, à être altérés sur quelques mètres d'épaisseur par les productions humaines, tandis que des instruments et des processus techniques de plus en plus puissants rendent le monde de l'infiniment petit

accessible à notre inextinguible désir d'appropriation. La Terre entière, océans et déserts compris, fait l'objet depuis peu d'une utilisation par l'espèce humaine qui tend à devenir massive, mais il se trouve que cette utilisation est le résultat d'inégalités croissantes : ce sont les pays les plus riches qui en sont, grâce notamment à leurs capitaux et à leurs techniques, les premiers bénéficiaires.

Cela pose à l'humanité un problème nouveau. Notre planète risquait, depuis l'invention d'un usage militaire de l'atome, d'être profondément ravagée, sinon foudroyée, par la dissémination des moyens de mort massive. Avec la prolifération multiforme des moyens d'une production et d'une consommation massives, avec la sophistication sans fin des moyens de satisfaire les besoins toujours neufs d'une vie insouciante et toujours plus confortable, avec la dissémination mondiale des modèles des riches par le réseau toujours agrandi des médias, tandis que la croissance démographique continue de peser de tout son poids sur les plus démunis, quelles conséquences faut-il prévoir pour l'environnement, base de l'œkoumène, si les habitants des cent pays les plus pauvres de la planète acquéraient un niveau de vie équivalent à ceux des dix pays les plus riches ?

UN MOMENT CHARNIÈRE

La science actuelle met en avant l'idée selon laquelle toute réalité est constituée de particules élémentaires inscrites dans des champs de forces et organisées en systèmes. Certains d'entre eux sont vivants et, parmi eux, un très petit nombre de systèmes nerveux de haute complexité, comme le cerveau humain, ont évolué en états de conscience. La continuité nécessaire, des faits physiques aux faits biologiques, puis aux faits mentaux, implique que l'imagination peut être considérée comme un prolongement concevable de la matière. Ces découvertes sont d'une importance capitale pour les sociétés tout autant que pour l'environnement. En effet, il n'est plus besoin de faire référence au religieux pour les gérer.

FAILLE DE SAN ANDREAS, Carrizo Plain, Californie, États-Unis.
D'une longueur totale estimée à plus de 1 000 km et d'une largeur variant entre 1 et 100 km, cette faille témoigne du déplacement vers le nord de la plaque pacifique le long de la plaque américaine, sous la pression de l'East Pacific Rise, chaîne de volcans située au centre de l'océan Pacifique. Les agglomérations de Los Angeles et de San Francisco sont directement menacées par les séismes qui accompagnent ce mouvement tectonique. Ponts suspendus et gratte-ciel fournissent la preuve qu'il est possible de vivre dans l'insouciance, alors qu'à quelques kilomètres les bourrelets alignés des collines et la trace du sol fendu montrent qu'un sursaut brutal peut, en quelques secondes, annuler un siècle de constructions.

Pour le moment, seule une petite partie des sociétés est parvenue, non sans difficulté, à la conclusion que les croyances doivent demeurer dans la sphère privée et que, par conséquent, la gestion des sociétés tout autant que la gestion de l'environnement doivent être du ressort attentif de la sphère publique. Cela n'empêche nullement que les croyances, individuelles et collectives, ou bien la symbolique en général, participent à cette gestion, puisqu'elles produisent incontestablement, comme faits sociaux résultant d'un accord entre certains acteurs de sociétés humaines particulières, une réalité qui leur demeure propre.

Tout cela pour dire que nous vivons une époque charnière. Des droits nouveaux sont à créer, qui ne concernent plus tel groupe humain installé sur son territoire, mais l'ensemble de la population humaine dans l'ensemble de la nature. Pour les individus appartenant aux diverses sociétés, l'œkoumène devient progressivement l'horizon de référence, alors que, jusque-là, il était encore loisible à de grandes civilisations, comme à de plus petites, de se bâtir les unes aux dépens des autres, par la guerre et par les annexions. L'idéologie pacifiste tend à figer les grandes distributions de la population mondiale et à interdire, avec des échecs, l'absorption de peuples par d'autres peuples.

L'USAGE DE L'ENVIRONNEMENT

Les équilibres planétaires sont aujourd'hui en jeu. La prise de conscience de ce risque, récemment manifestée, se traduit parfois dans le domaine de l'environnement par le regret d'un passé perçu comme désirable parce que le présent est devenu une menace pour l'avenir. Cette sensation vécue est plus sensible chez les nouveaux venus dans la ville, réceptacle d'une part croissante de l'humanité, où est ressentie la « minéralisation » d'un environnement jusqu'alors majoritairement végétal. Autant cette sensation peut être profondément vraie et certainement légitime, autant il serait dommage qu'elle fasse oublier que la nature

elle-même a depuis toujours été transformée par les humains en paysages culturels.

La tendance, développée ici et là, à la reconstitution de paysages disparus, qui sont pris pour des paysages naturels, n'est pas la moindre des ambiguïtés que suscitent les réactions négatives au monde moderne. Elle peut conduire à des impasses dans la recherche de solutions aux problèmes et défis de notre temps. Chez les individus, les objets et les techniques occupent une part croissante du champ intellectuel, modifiant puissamment, en quelques décennies, la constitution même des cultures. Ces dernières continuent – et continueront longtemps – de conserver leurs particularités, dans les manières de connaître, de penser et de sentir, marquées par l'époque et les circonstances, alors que les critères qui définissent la connaissance scientifique sont les mêmes pour l'ensemble de l'humanité.

C'est très probablement dans cette voie, le maintien de la diversité des cultures et la poursuite de la recherche de l'unité de la science, qu'il faut aujourd'hui espérer trouver le meilleur de ce que peut apporter la mondialisation/globalisation.

Pierre Gentelle

**Ci-contre : CÔNE ÉRUPTIF DU PITON DE LA FOURNAISE,
île de la Réunion, France.**

Le piton de la Fournaise, qui culmine à 2 631 m au sud-est de l'île de la Réunion, est le volcan le plus actif de la planète après le Kilauea à Hawaï. En activité depuis quatre cent mille ans, il entre en éruption en moyenne tous les quatorze mois ; cependant, dans la grande majorité des cas, les projections de magma ne dépassent pas les trois zones de dépressions, ou *caldeiras*, qui l'entourent. Exceptionnellement, comme en 1977 et 1986, surviennent des éruptions plus violentes au cours desquelles des coulées de lave dévastatrices envahissent les pentes boisées et les zones habitées de l'île. Aujourd'hui, sur les 500 volcans actifs de la planète situés au-dessus du niveau de la mer, 140 sont surveillés en permanence ; c'est le cas du piton de la Fournaise qui, depuis l'installation d'un observatoire volcanique en 1979, est certainement l'un des plus contrôlés au monde.

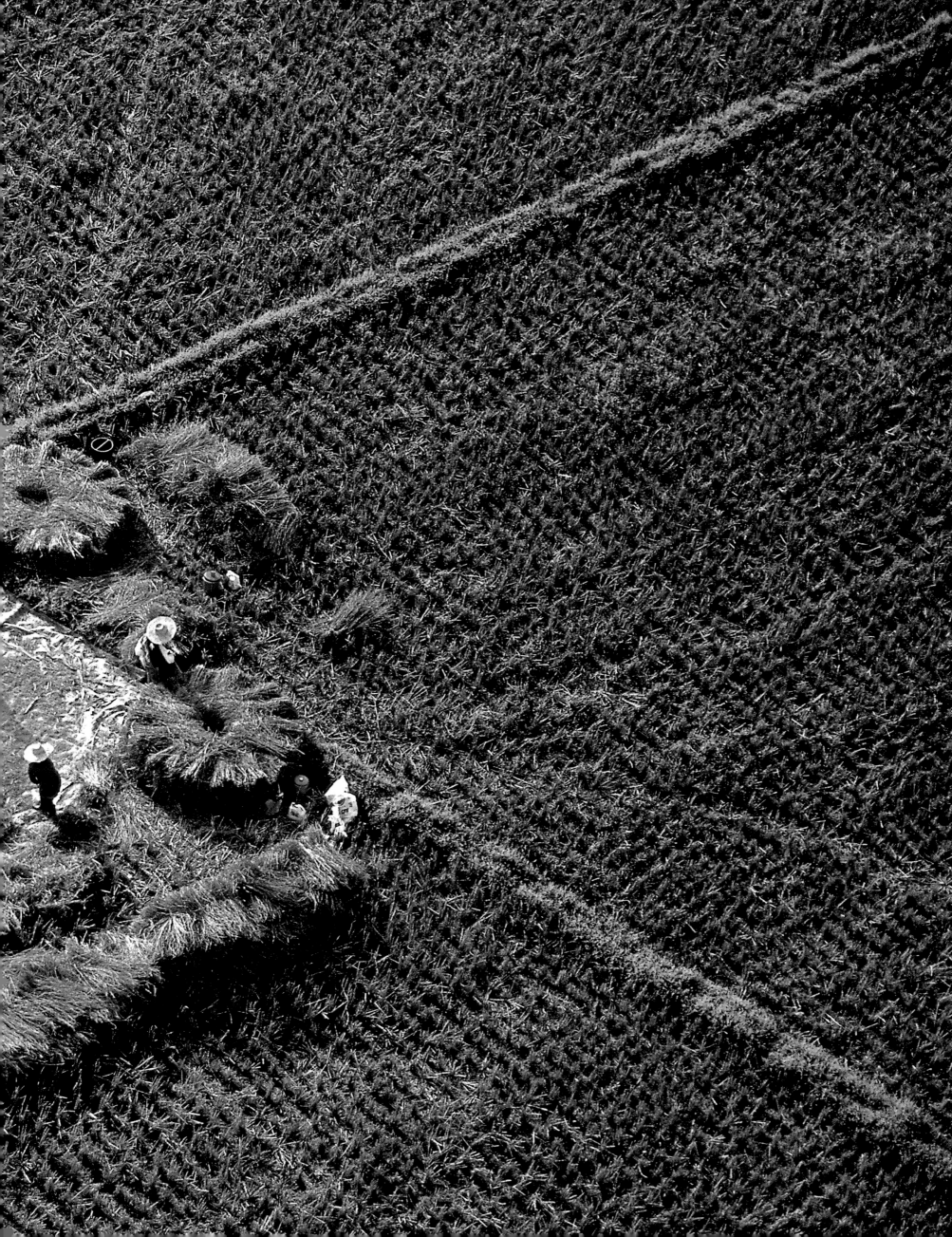

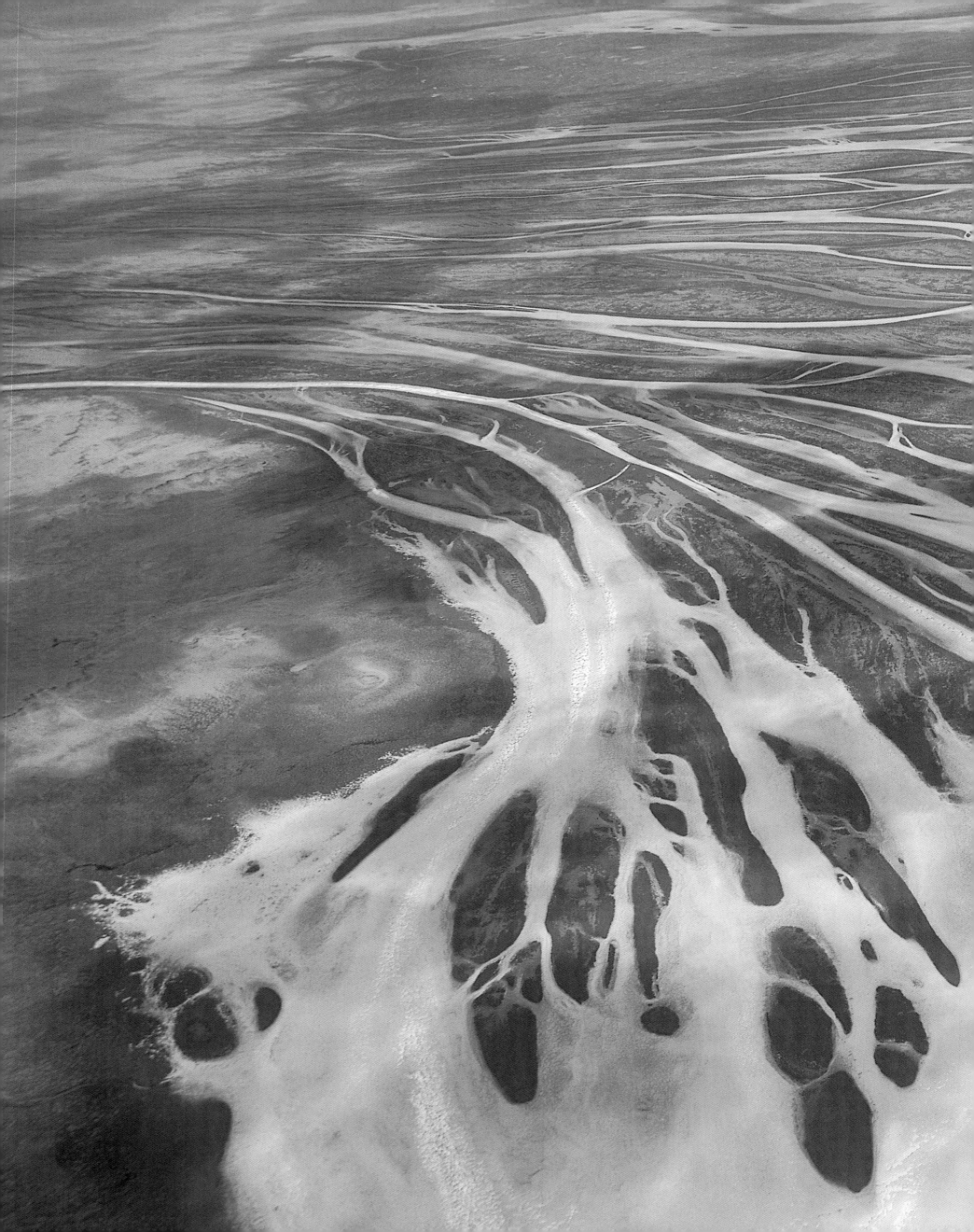

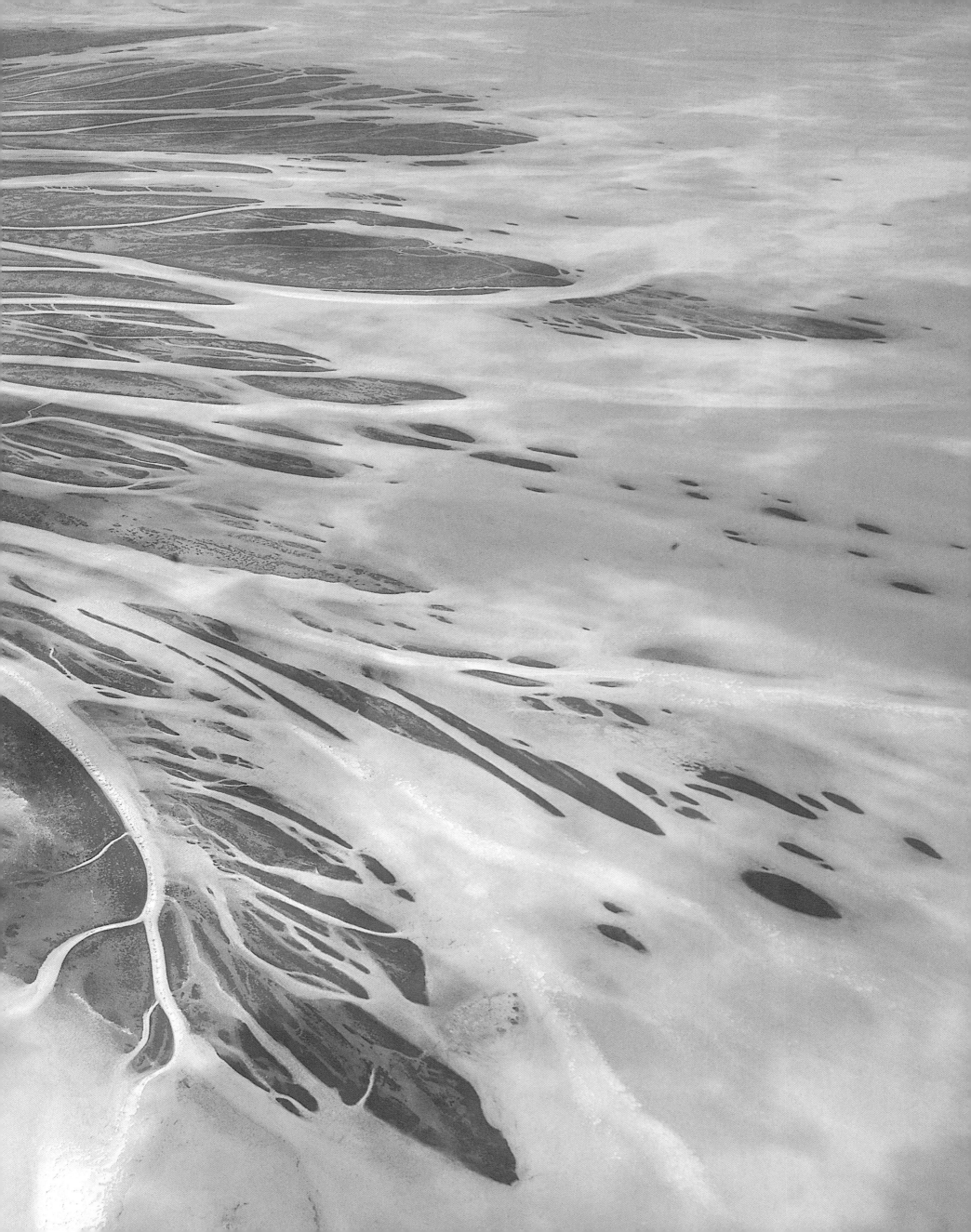

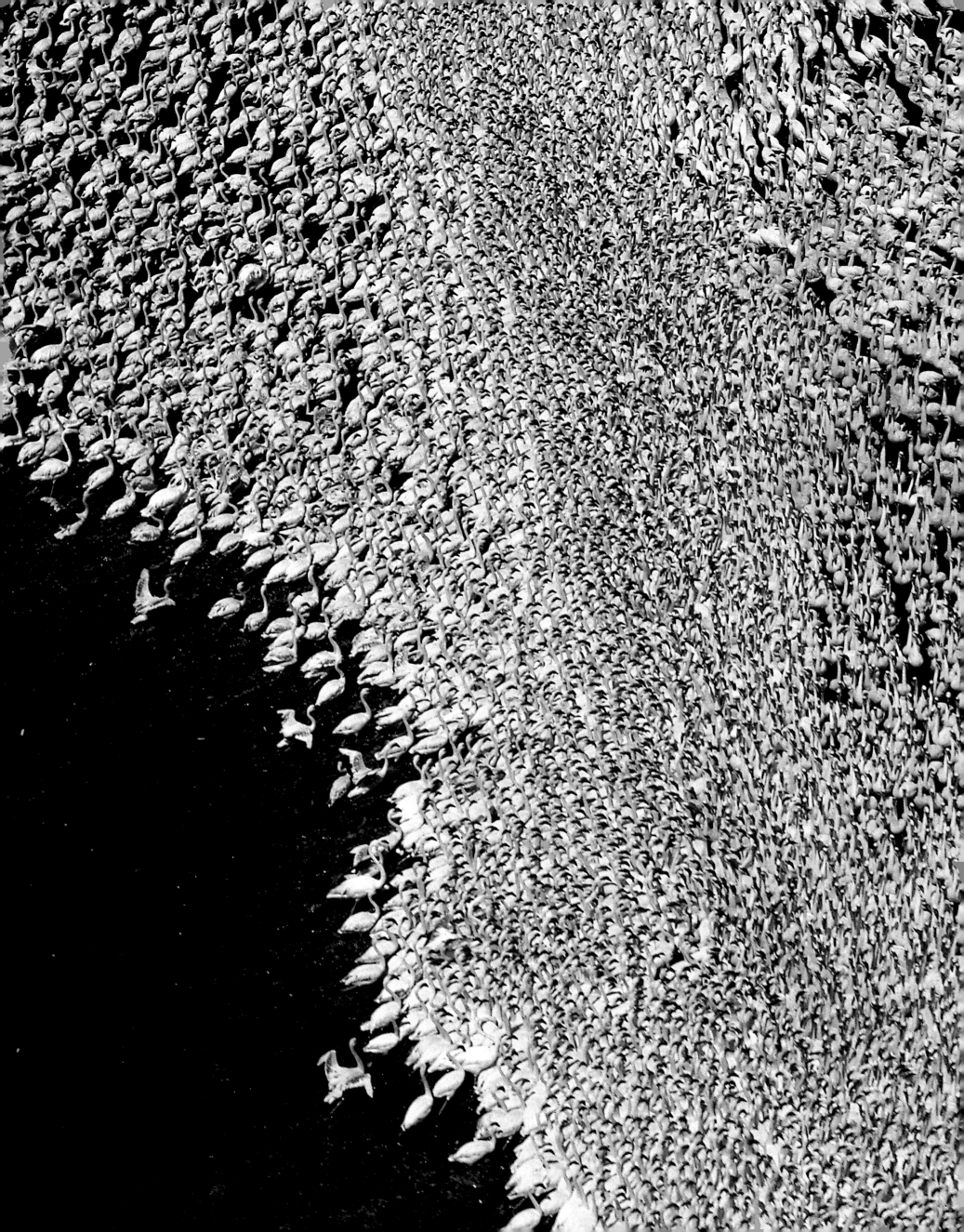

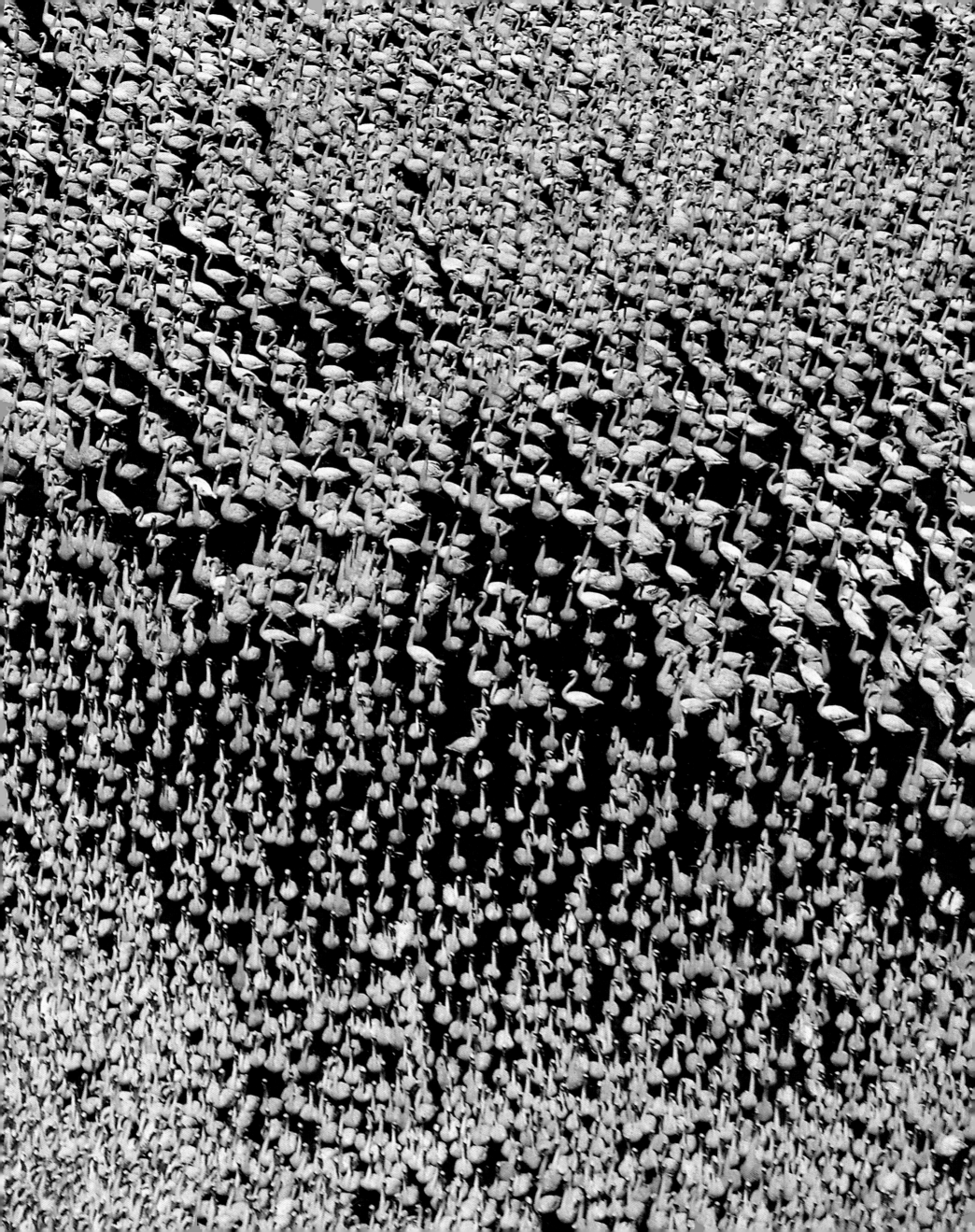

Pages 98-99
BALLOTS DE COTON,
Thonakaha,
Korhogo,
Côte-d'Ivoire.

Au XIXᵉ siècle furent introduites en Afrique de l'Ouest les premières semences de la variété de cotonniers *Gossypium hirsutum*, originaire des Antilles britanniques, qui est encore la plus cultivée dans le monde. La production de coton, originellement destinée aux seuls besoins locaux, fut encouragée par les puissances coloniales européennes au début du XXᵉ siècle afin de contrer le monopole d'exportation des États-Unis et de l'Égypte, à une époque où cette matière première représentait 80 % du marché mondial du textile. Récolté manuellement à raison de 15 à 40 kg par jour et par ouvrier en Afrique tropicale, le coton-graine est ensuite passé dans des égreneuses afin de séparer fibres, graines et déchets. Une tonne de coton-graine produit 400 kg de fibres et 560 kg de graines, qui sont transformées pour la consommation humaine (huile) ou animale (tourteaux). La ville de Korhogo, située au nord de la Côte-d'Ivoire, au cœur de la zone de production cotonnière, compte l'une des neuf usines d'égrenage du pays ; elle est par ailleurs connue pour son artisanat sénoufo de peintures traditionnelles sur toiles de coton. Aujourd'hui, en dépit du développement des matières synthétiques, le coton représente encore 47 % du marché mondial du textile. La Côte-d'Ivoire se place au 18ᵉ rang mondial des producteurs de fibre.

Pages 100-101
**FALAISES
D'INISHMORE,**
îles d'Aran,
comté de Clare,
Irlande.

Au large des côtes irlandaises, les îles d'Aran – Inishmore, Inishmaan et Inisheer –, dont les falaises atteignent 90 m de hauteur, protègent la baie de Galway des vents et des courants violents de l'Atlantique. Inishmore, la plus grande (14,5 km sur 4 km), est aussi la plus peuplée, avec près d'un millier d'habitants. Depuis des siècles, les populations ont elles-mêmes contribué à fertiliser le sol de ces îles en épandant régulièrement sur la roche un mélange de sable et d'algues destiné à constituer la mince couche d'humus nécessaire à l'agriculture. Afin de protéger leurs parcelles de l'érosion éolienne, les îliens ont construit un vaste réseau de murets brise-vent, représentant au total près de 12 000 km, qui donne à ces terres l'apparence d'une gigantesque mosaïque. Tirant l'essentiel de leurs ressources de la pêche, de l'agriculture et de l'élevage, les îles d'Aran accueillent un nombre croissant de touristes, attirés notamment par de nombreux vestiges archéologiques.

Pages 102-103
**VOL D'IBIS ROUGES
PRÈS DE
PEDERNALES,**
delta Amacuro,
Venezuela.

Depuis la région des Llanos jusqu'au delta Amacuro qui constitue l'embouchure du fleuve Orénoque, plus d'un tiers de la superficie du Venezuela est formé de zones humides, habitat favori des ibis rouges *(Eudocimus ruber)*. Ces échassiers nichent en colonies importantes dans les palétuviers des mangroves et ne se déplacent que de quelques kilomètres pour se nourrir. Le carotène issu des crevettes, crabes et autres crustacés qu'ils consomment contribue à donner à l'espèce sa pigmentation caractéristique. Les plumes d'ibis rouges, naguère utilisées par les populations autochtones pour confectionner des manteaux et des parures, entrent désormais dans la fabrication artisanale de fleurs artificielles. Convoité tant pour ses plumes que pour sa chair, cet oiseau est aujourd'hui menacé ; il resterait actuellement moins de 200 000 représentants de l'espèce dans l'ensemble de son aire de répartition, en Amérique centrale et en Amérique du Sud.

Pages 104-105
**CULTURES
MARAÎCHÈRES
AUX ENVIRONS
DE TOMBOUCTOU,**
Mali.

Dans la région aride de Tombouctou, au cœur du Mali, la culture maraîchère est rendue difficile par un sol sableux peu fertile et par les conditions climatiques : les températures diurnes peuvent atteindre 50 °C et les précipitations n'excèdent guère 150 mm par an. Constitués d'une juxtaposition de parcelles d'environ un mètre de côté dans lesquelles l'eau est utilisée avec parcimonie, ces jardins des sables produisent des légumes (pois, fèves, lentilles, haricots, choux, salades, arachides…) principa-

lement destinés à la consommation locale. Le développement croissant du maraîchage au Mali est une conséquence des grandes sécheresses des années 1973-1975 et 1983-1985 qui, en décimant le cheptel des éleveurs nomades du nord du pays, ont contraint une partie d'entre eux à se sédentariser pour se reconvertir dans l'agriculture.

Pages 106-107
**CRATÈRE
MÉTÉORIQUE
GOSSES BLUFF,**
territoire du Nord,
Australie.

Il y a environ 135 millions d'années, la chute d'une météorite sur le sol australien a dévasté plus de 20 km² dans l'actuel territoire du Nord. Il en reste aujourd'hui un cratère de 5 km de diamètre et 150 m de haut, le Gosses Bluff, aussi appelé Tnorala par les Aborigènes. Les chutes de météorites de petite taille sur terre sont des phénomènes fréquents, qui se produisent des milliers de fois chaque année. Généralement d'un diamètre inférieur à 1 m, elles ne provoquent pas de dégâts puisqu'elles se fragmentent et brûlent lors de leur entrée dans l'atmosphère et atteignent le sol sous forme de poussière. En revanche, bien que rare et aléatoire, l'arrivée de météorites d'un diamètre supérieur à 10 m peut provoquer des dégâts importants. La chute la plus récente a eu lieu en 1977 à Madagascar, où le sol a été marqué de deux cratères dont un de 40 m de diamètre.

Pages 108-109
**CIMETIÈRE DE
CHARS IRAKIENS
DANS LE DÉSERT
PRÈS DE JAHRA,**
Koweït.

Après l'invasion du Koweït par l'Irak le 2 août 1990, une coalition de 28 pays dirigée par les États-Unis (Royaume-Uni, France, Arabie Saoudite, Émirats arabes unis, Égypte…), forte de près de 760 000 hommes, déclenche le 17 janvier 1991 l'opération baptisée « Tempête du désert » afin de contraindre les forces d'occupation à quitter l'émirat. D'intenses bombardements aériens pilonnent d'innombrables cibles irakiennes en Irak et au Koweït pendant quarante-deux jours, préparant une offensive terrestre qui, déclenchée le 24 février, ne durera que cent heures. L'Irak se retire du Koweït. La guerre du Golfe, suivie par toutes les télévisions bien que sans images réelles, a frappé les esprits. Le coût global de ce conflit aurait été d'un milliard de dollars par jour de guerre. À l'aube de l'an 2000, le budget mondial des dépenses militaires dépasse la somme de 4 000 milliards de dollars par an, montant deux fois supérieur à la dette extérieure de l'ensemble des pays en développement.

Pages 110-111
**PAYSAGE
ENTRE SAFAWI
ET QASR BURQU,**
près de Mafraq,
Jordanie.

Bénéficiant de 500 à 600 mm de précipitations annuelles, le Nord de la Jordanie présente un paysage de steppes où sable et végétation s'entremêlent – comme ici entre Safawi et Qasr Burqu –, contrairement à la majorité du pays qui est désertique à 80 %. Dans ce territoire de fait presque enclavé, la principale ressource hydrique est constituée par le Jourdain, fleuve qui a donné son nom au pays. L'utilisation de ce cours d'eau, qui forme frontière avec Israël et la Cisjordanie, à l'ouest, est un enjeu géopolitique régional. Les problèmes d'accès aux ressources en eau se posent dans l'ensemble des pays du Proche et du Moyen-Orient, en particulier pour ceux qui ne contrôlent pas l'intégralité du cours d'un fleuve, de sa source à son embouchure. De tels enjeux concernent notamment les eaux du Tigre et de l'Euphrate (Turquie, Syrie, Irak), et celles du Nil (Soudan, Égypte).

Les légendes concernant les photographies
112 à 127 sont placées sur le rabat de droite
du cahier de texte suivant

légendes 98 à 111   légendes 112 à 127

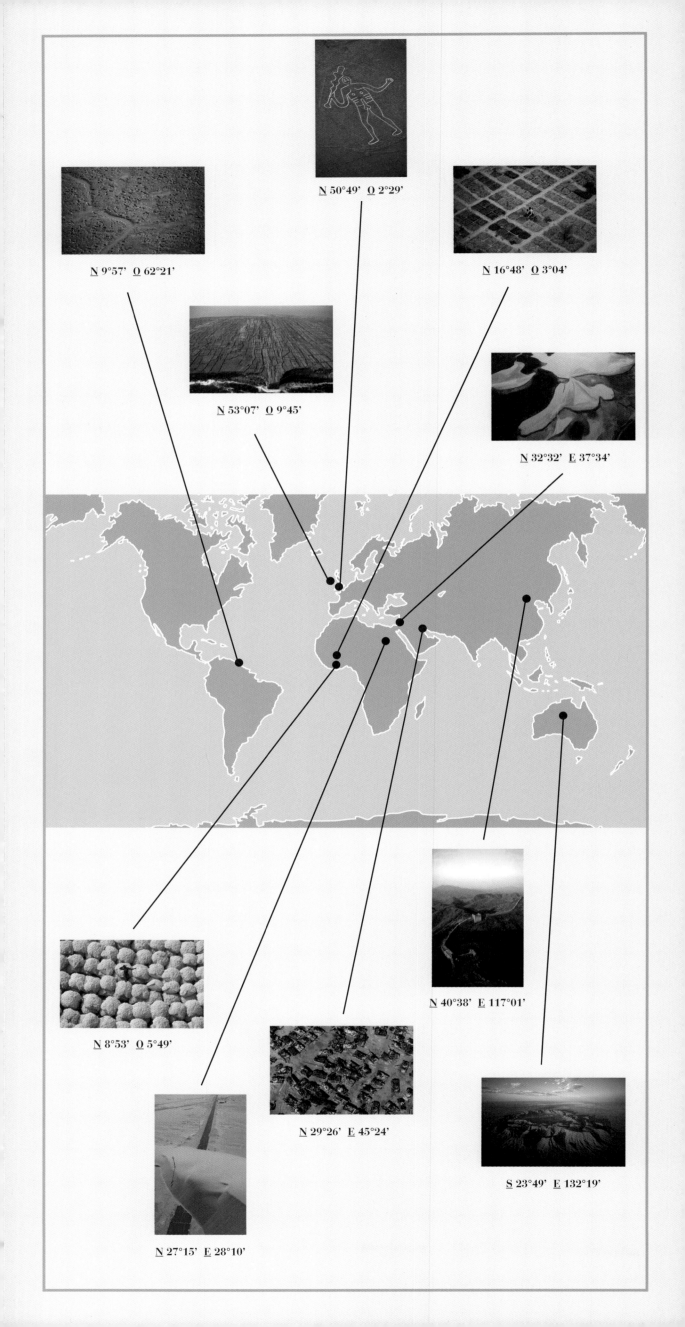

<u>N</u> 50°49' <u>O</u> 2°29'

<u>N</u> 9°57' <u>O</u> 62°21'

<u>N</u> 16°48' <u>O</u> 3°04'

<u>N</u> 53°07' <u>O</u> 9°45'

<u>N</u> 32°32' <u>E</u> 37°34'

<u>N</u> 8°53' <u>O</u> 5°49'

<u>N</u> 40°38' <u>E</u> 117°01'

<u>N</u> 29°26' <u>E</u> 45°24'

<u>N</u> 27°15' <u>E</u> 28°10'

<u>S</u> 23°49' <u>E</u> 132°19'

GÉANT DE CERNE ABBAS, Dorset, Angleterre.
Ce géant armé d'une massue casse-tête et long de 55 m paraît bien moderne, avec ses yeux ronds, ses sourcils, sa bouche et son absence de nez, les cinq doigts de ses mains bien alignés, ses seins marqués comme ses côtes, son étui pénien retenu par une ficelle et ses mollets galbés. Il pourrait aussi s'agir d'un hermaphrodite en érection. Son image fut publiée pour la première fois en 1764 et attribuée malicieusement aux papistes. D'autres interprétations voient en lui soit un dieu de la fécondité antérieur à notre ère, soit un Hercule mi-romain, mi-celtique du début de notre ère. Ce dessin témoigne du désir de représentation du guerrier. C'est également une invite adressée à des puissances extérieures, selon un schéma mental qui continue de marquer l'esprit de bon nombre d'êtres humains.

Le système des valeurs qui organise la civilisation hindoue accorde pour sa part la première place au tout que constituent la société et son environnement. Dans ce tout, chaque individu a une place déterminée et les types de relations avec les autres sont fixes, fondées sur un mode de vie qui implique des purifications rituelles constantes, elles-mêmes dépendantes de l'environnement naturel. Cette croyance qui promet à tous l'éternité ou un éternel renouvellement : l'être humain, dès le départ, a été conçu comme n'ayant d'autre obligation sur Terre que de maintenir l'ordre socio-cosmique. C'est pourquoi les textes fondateurs sont radicalement indifférents à l'Inde réelle, à sa géographie naturelle comme à celle de ses populations.

La nature – l'environnement – n'est considérée que pour les valeurs dont elle est chargée, à partir d'événements purement mythiques, sans fondements historiques : le paysage mental l'emporte toujours sur le paysage réel. Seul compte le respect de la pureté rituelle, qui organise le maintien de tel ou tel à sa place, dans une hiérarchie sociale pré-déterminée, les castes. Pureté qu'il est presque impossible d'accroître, puisqu'elle est liée dès la naissance à une spécialisation très minutieuse des fonctions et des activités qui qualifient chaque individu. Le système des castes, aujourd'hui officiellement aboli, a si fortement marqué la société que l'on a pu prétendre, sur la base de recherches approfondies, qu'à force de répétition il pouvait entraîner des mutations génétiques dans des familles qui lui ont été soumises depuis des millénaires. Système humain si prégnant, si « total », que la stratification sociale finirait par se refléter dans les gènes ! Autrement dit, que la « culture », l'histoire de la société, finit par modifier un morceau de la « nature » !

L'Inde aryenne apparaît ainsi comme un cas extrême d'interrelation entre la nature et les sociétés, qui dépasse largement la marque laissée par celles-ci sur les paysages. C'est pourquoi il est si difficile de distinguer, sauf en des lieux bien précis du rituel, des espaces spécifiques, réservés à une caste et interdits à l'autre. La rigidité du couple pur/impur impose ainsi une cohabitation où l'on se frôle sans jamais se toucher,

chacun vaquant à ses tâches spécifiques et assurant par là même la survie de l'autre. En chaque unité territoriale se retrouve ainsi la totalité de la structure socio-religieuse hindoue et de ses valeurs, fixée une fois pour toutes. L'extraordinaire cohésion sociale du monde hindou dans l'espace et dans le temps y trouve son fondement.

HUMANITÉ ET COSMOS EN ASIE ORIENTALE

Pendant longtemps, le monde chinois comme l'ensemble du monde sinisé, dont font partie la Corée, le Japon et le Vietnam, a prétendu qu'il suffisait aux humains de se conformer à la loi du cosmos pour agir, loi fondée sur le respect des proportions, des liens entre les choses, de l'harmonie dans le

NATURE ET SENTIMENT

Pendant les derniers cent mille ans de son existence, à l'exclusion du dernier siècle qui a connu un développement sans précédent de la science, l'espèce humaine – *homo sapiens sapiens* – a construit le monde dans lequel elle vivait, dans une nébuleuse de croyances destinées d'abord à donner du sens à l'incompréhensible. Dans la construction de l'humanité, la grande étape qui a suivi la prise de conscience de soi a été l'apparition de cultes, rendus soit à la « nature » (l'environnement) dans son tout ou dans quelques-unes de ses parties – soleil, ciel, pluie… –, soit à l'être humain lui-même, en commençant probablement par les morts. Et bientôt sont apparues les règles auxquelles se conformer pour vivre, puis les lois et, très tard, l'État de droit. Il en est ainsi dans les deux hémisphères, nord et sud, et dans les différentes parties des continents. Avec l'Afrique, l'Eurasie a fourni des civilisations très structurées qui ont bâti, chacune pour son compte, un univers tentant d'expliquer la place de l'homme dans la nature. Ainsi sont apparues les grandes religions et cosmogonies, dans le monde sinisé, dans celui de l'hindouisme ou du bouddhisme, dans l'univers de l'islam, dans la sphère du christianisme dont est issue la pensée occidentale qui, par l'Amérique, a gagné l'ensemble des terres habitées, mais aussi là où les rites et croyances d'Afrique noire aussi bien que le chamanisme constituent de fortes entités. Les civilisations actuelles, produits de bien puissantes métamorphoses, naviguent encore entre ces héritages.

CULTURE ET NATURE EN INDE ET EN ASIE DU SUD-EST

Les anciennes croyances disaient aux peuples de l'Asie du Sud-Est, dans leur fonds commun, que pour prélever des ressources dans la nature, il était nécessaire que les humains agissent en permanence pour se rendre favorables les dieux qui préexistaient dans le lieu à défricher, puis à cultiver. Les anciens étaient persuadés que l'espace naturel n'est jamais vierge. Sous peine de catastrophes, d'incendies, d'invasions ou d'épidémies, l'espace exigeait d'eux que la relation d'alliance avec les dieux ou « esprits », qui en étaient les premiers habitants, soit constamment renouvelée. Encore cette appropriation rituelle ne valait-elle que pour le centre où la cérémonie avait eu lieu, ainsi que pour les endroits que signalaient différentes marques tangibles (tas de pierres) à la lisière des lieux habités. Il fallait donc ménager la susceptibilité des esprits mécontents qui campent juste au-delà des limites, les reloger, les effrayer au besoin en leur rappelant que les humains, détenteurs du feu, sont les aînés et les plus forts : les esprits doivent comprendre que les bonnes terres défrichées par brûlis ne sont pas pour eux, qu'ils doivent se contenter de celles que les humains considèrent comme les plus ingrates. Alors l'alliance pouvait fonctionner, qui faisait des esprits les participants d'un ordre nouveau créé par l'espèce humaine. Seule exception, très récente à l'échelle de l'histoire de l'humanité et de lourde conséquence, tous ces nouveaux venus qui se disaient d'Europe, terre inconnue, assez puissants pour défricher, sans la moindre peur des dieux cachés, mille lieux à mille lieues de leur habitat propre.

Ci-contre : LESSIVE DANS UN MARIGOT,
quartier d'Adjamé à Abidjan, Côte-d'Ivoire.

Dans le quartier d'Adjamé, au nord d'Abidjan, des centaines de laveurs de linge professionnels, les *fanicos*, font chaque jour la lessive dans le marigot situé à l'entrée de la forêt du Banco (classée parc national en 1953). Utilisant les rochers et des pneus remplis de sable pour frotter et essorer le linge, ils lavent à la main les milliers de vêtements qui leur sont confiés. Quartier populaire dépourvu d'eau courante et d'électricité, Adjamé, qui était naguère un petit village de pêcheurs, a été englobé peu à peu dans l'agglomération abidjanaise. Dans cette ville de 3,5 millions d'habitants, qui a connu une des plus fortes croissances urbaines d'Afrique de l'Ouest (elle a été multipliée par trente en quarante ans), se sont développés des dizaines de petits métiers du secteur informel, comme ces *fanicos*, qui constituent l'unique moyen de subsistance des couches les moins favorisées de la population.

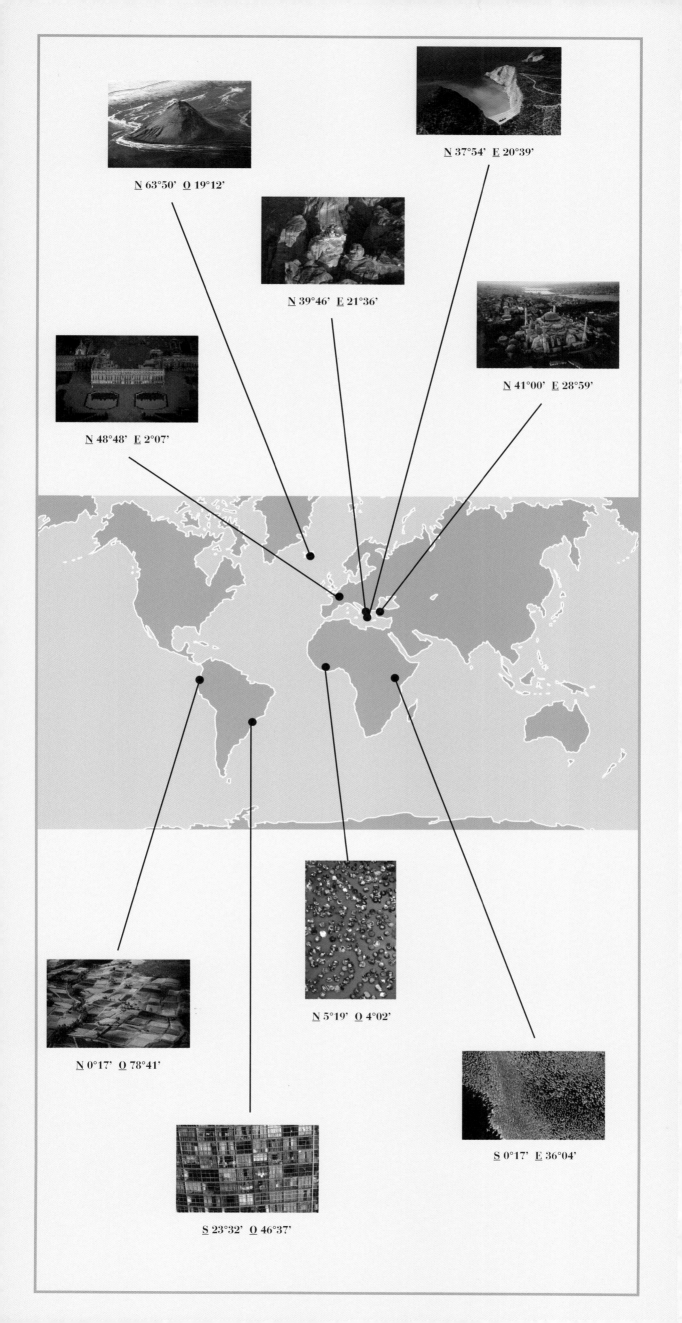

<u>N</u> 63°50' <u>O</u> 19°12'

<u>N</u> 37°54' <u>E</u> 20°39'

<u>N</u> 39°46' <u>E</u> 21°36'

<u>N</u> 41°00' <u>E</u> 28°59'

<u>N</u> 48°48' <u>E</u> 2°07'

<u>N</u> 0°17' <u>O</u> 78°41'

<u>N</u> 5°19' <u>O</u> 4°02'

<u>S</u> 23°32' <u>O</u> 46°37'

<u>S</u> 0°17' <u>E</u> 36°04'

**Pages 72-73
DÉTAIL
D'UN IMMEUBLE
DE SÃO PAULO,
Brésil.**

Plus de 5 millions de Paulistanos – habitants de São Paulo – vivent au sein de banlieues ouvrières sous-équipées, dans des immeubles au confort précaire appelés *cortiços*. Mégalopole de 18 millions d'habitants qui s'accroît chaque année de 600 000 nouveaux venus, São Paulo est la plus grande agglomération du Brésil et de toute l'Amérique du Sud. Ville industrielle et véritable moteur de l'économie nationale, elle compte plus de 36 000 entreprises, fournit la moitié des produits manufacturés du pays et abrite près de 45 % de la main-d'œuvre ouvrière brésilienne. Dans cette ville, pourtant la plus prospère du pays, près d'un million d'enfants vivraient dans la rue (soit un sur cinq), livrés à la mendicité, la petite délinquance et la prostitution. Dans tout le Brésil, on estime que 7 à 9 millions de mineurs sont abandonnés à eux-mêmes dans les rues des grands centres urbains.

**Pages 74-75
FLAMANTS ROSES
SUR LE LAC NAKURU,
Kenya.**

D'une superficie de 62 km², le lac Nakuru, au cœur du parc national du même nom, accueille près de 370 espèces d'oiseaux, parmi lesquelles les petits flamants *(Phoeniconaias minor)* et les flamants roses *(Phoenicopterus ruber)* sont sans doute les plus nombreux. La haute teneur en sel de ce plan d'eau favorise la prolifération d'algues, de plancton et de crevettes qui constituent l'essentiel de l'alimentation de ces oiseaux. Cependant, les produits chimiques utilisés dans les cultures riveraines ont peu à peu pollué les eaux du lac, limitant le développement des végétaux et animalcules. Les flamants, qui étaient au nombre de 2 millions sur ce site dans les années 1970, l'ont peu à peu déserté, et plus des 2/3 ont migré vers d'autres lacs. On estime que c'est dans cette région d'Afrique orientale, la Rift Valley, que vivent plus de la moitié des flamants du monde.

**Pages 76-77
MONASTÈRE
DES MÉTÉORES,
Thessalie,
Grèce.**

Dans la plaine de Thessalie, en Grèce, s'élèvent les Météores, pitons de calcaire et de grès sculptés par l'érosion fluviale au cours de l'ère tertiaire. Sur ces éminences rocheuses, des moines anachorètes ont construit, du XIVe au XVIe siècle, 24 monastères surplombant la vallée du Pénée, perchés entre 200 m et 600 m de hauteur. Longtemps ces édifices sont restés difficilement accessibles, treuils et cordages étant les seuls moyens d'y pénétrer ; ce n'est qu'à partir de 1920 que furent installés des escaliers et des passerelles permettant aux touristes de visiter ces sites qui sont inscrits sur la Liste du patrimoine mondial de l'Unesco depuis 1988. La plupart de ces *Meteorisa monastiria* (monastères suspendus) sont aujourd'hui en ruine, et seuls quatre d'entre eux sont toujours occupés par des communautés chrétiennes orthodoxes.

**Pages 78-79
LE MAELIFELL
EN BORDURE
DU GLACIER
MYRDALSJÖKULL,
Islande.**

Né de l'une des nombreuses éruptions survenues sous la calotte du glacier Myrdalsjökull, au sud de l'Islande, le Maelifell est un tuf volcanique, c'est-à-dire un cône constitué d'une accumulation de cendres et autres projections volcaniques solidifiées. Peu à peu, cette butte s'est recouverte de *Grimmia*, une mousse qui prolifère sur les laves refroidies et dont la couleur varie du gris argent au vert lumineux selon le taux d'humidité du sol. Cette mousse fait partie des rares plantes qui ont pu se développer sur le territoire islandais, pays qui se caractérise par une certaine pauvreté botanique, avec moins de 400 espèces végétales répertoriées et seulement 25 % des terres couvertes de végétation permanente. Géologiquement très jeune, avec 23 millions d'années d'existence, l'Islande compte plus de 200 volcans actifs et de nombreux glaciers qui occupent près de 1/8 de la superficie de l'île.

**Pages 80-81
CHÂTEAU
DE VERSAILLES
AU COUCHER
DU SOLEIL,
Yvelines,
France.**

En 1661, le roi de France Louis XIV ordonne la construction à Versailles, près de Paris, d'un palais dont l'édification, sur une zone marécageuse, nécessitera cinquante années de travaux. Bâti au cœur d'un domaine de 800 ha agrémenté de somptueux jardins, de 34 bassins et 600 jeux d'eau, le château couvre une superficie au sol de 55 000 m². Pendant plusieurs années, il abrita un millier de nobles et 4 000 serviteurs, avant d'être pillé lors de la Révolution de 1789 et laissé à l'abandon. À partir de la fin du XIXe siècle, il est peu à peu remis en état et remeublé, notamment grâce aux dons de 400 mécènes et aux subventions de l'État. Inscrit sur la Liste du patrimoine mondial de l'Unesco en 1979, le château de Versailles est aujourd'hui en majeure partie restauré et accueille chaque année plus de 2,5 millions de visiteurs.

**Pages 82-83
CHAMPS
PRÈS DE QUITO,
région de la Sierra,
Équateur.**

Entre les cordillères Occidentale et Royale, les plateaux de la région de Quito bénéficient du climat humide et doux de la sierra qui permet la culture de céréales (maïs, blé, orge) et de pommes de terre. Majoritairement vivrière et destinée au marché intérieur, l'agriculture domine en grande partie l'économie, employant près d'un million de personnes (30 % du PNB). Elle modèle également le paysage : 1/3 de la superficie de l'Équateur est couvert de terres arables, de terrains cultivés et de pâturages. L'expansion de la surface agricole qui, dans certaines régions, a plus que doublé au cours des années 1990, se fait au détriment du couvert forestier qui représente actuellement près de la moitié du territoire national. Les 3/5 des forêts tropicales humides du monde sont d'ailleurs localisés en Amérique latine. Menacées par le développement agricole et la surexploitation, les forêts tropicales disparaissent partout dans le monde au rythme de 1 % par an.

**Pages 84-85
BATEAU ÉCHOUÉ
AU NORD DE L'ÎLE
DE ZAKINTHOS
(ZANTE),
îles Ioniennes,
Grèce.**

À 16 km au large des côtes du Péloponnèse, Zante, la plus méridionale des îles Ioniennes et la deuxième par sa superficie, doit son nom à l'abondance des jacinthes sauvages qui s'y développent. Une partie de l'île présente d'imposantes falaises calcaires veinées de gypse blanc qui, sous l'effet de l'érosion et de plusieurs tremblements de terre, dont le plus important eut lieu en 1953, se sont effritées pour donner naissance à des plages de sable fin. Ces dernières sont les sites de ponte des tortues marines caouannes *(Caretta caretta)*, aujourd'hui menacées par les hélices des bateaux, la pollution, l'urbanisation des côtes et les dérangements occasionnés par les touristes. Pour ces diverses raisons, les effectifs de tortues marines venant se reproduire sur l'île de Zakinthos ont diminué, passant de près de 2 000 individus à la fin des années 1980 à moins d'un millier à la fin des années 1990.

**Pages 86-87
LA BASILIQUE
SAINTE-SOPHIE
À ISTANBUL,
Turquie.**

À Istanbul, l'ancienne Constantinople ou Byzance, sur la rive occidentale du détroit du Bosphore qui sépare l'Europe et l'Asie, s'élève la basilique Sainte-Sophie, construite de 532 à 537 sous le règne de l'empereur byzantin Justinien. Longtemps considéré comme le monument sacré le plus important de la Chrétienté, ce bâtiment est couronné d'une majestueuse coupole de plus de 30 m de diamètre culminant à 56 m au-dessus du sol, dont l'édification constitue une prouesse technique pour l'époque. Après la prise de Constantinople par les Turcs en 1453, Sainte-Sophie est transformée en mosquée ; quatre minarets et plusieurs contreforts sont ajoutés à sa structure initiale. En 1934, le gouvernement de la République turque laïque décide d'en faire un musée, permettant ainsi au public d'y admirer, entre autres, de remarquables mosaïques byzantines.

mouvement. Pour vivre heureux, il suffirait donc à l'être humain de maintenir en état de fonctionnement *les relations* que les « objets du cosmos » – espèce humaine comprise – entretiennent entre eux. C'est cela que les néo-confucéens, au XIᵉ siècle, ont appelé la « pensée correcte ». Encore fallait-il quelqu'un pour interpréter les signes qui permettraient d'agir en conformité avec les règles.

De siècle en siècle la civilisation chinoise a ainsi construit une codification complexe des actions humaines, lesquelles devaient de manière absolue entrer dans les catégories préexistantes du cosmos. On nommera, sans s'y attarder, le taoïsme, la théorie des correspondances et, pour partie, le confucianisme. Cette activité sociale se déroulait dans un cadre environnemental qui finit par prendre la désignation de montagne-eau et qui est reconnu depuis comme étant, par

excellence, le paysage naturel, parce que la montagne *shan* est un émetteur d'énergie *yang* et parce que l'eau qui coule *shui* – rivière, cascade – est le récepteur *yin* de cette énergie. Mais il faut prendre garde que le paysage, *shan-shui*, même s'il s'impose avec force, n'est nullement le fondement de l'organisation des activités humaines : la base en est la relation entre le *yin* et le *yang*, elle-même explicative de tout mouvement dans le cosmos. Le paysage naturel ne serait que l'expression, dans l'ordre du visible, de la part « environnementale » de l'ordre cosmique. Il est bien évident que cette interprétation est un récit, une reconstruction par des humains, à l'usage des humains, de la manière dont fonctionnerait, pour eux, le cosmos.

Dans le système de pensée de l'Antiquité japonaise, celui de la religion indigène *shinto*, les forces de la Terre habitent encore le monde actuel et veillent sur les entreprises des humains. Les renards en pierre, messagers du dieu du riz, ou les portiques de bois vermillon sur les toits des immeubles les plus récents témoignent toujours d'une croyance dans l'existence d'une même énergie tellurique au sein des dieux, des morts, des vivants et du monde inerte. Cette énergie peut être, aujourd'hui, appelée « environnement ». Elle implique une imbrication constante des liens du sol et des liens du sang, ce qui place dans le *même* monde la nature et la société : dieux du territoire et ancêtres défricheurs, héros de l'agriculture et dieux locaux des profondeurs, dieux du sol et dieux du ciel.

Comme les dieux du ciel sont censés être arrivés sur Terre après les dieux issus de la Terre qui ont donné, par exemple, naissance aux îles, ces derniers sont considérés comme les vrais géniteurs du sol. Ils en sont les propriétaires. Tout défrichement par les humains implique donc une *pacification*, sans laquelle les dieux ne pourraient tolérer leur présence. C'est pourquoi la société humaine doit leur rendre hommage, par un culte. En échange, ceux-ci accepteront de demeurer dans les montagnes, au-dessus des sources (partie évidente du domaine humain, à la frontière) et cesseront de faire bruire arbres et rochers, rendant concret le silence de la nature sauvage, pour que seule puisse désormais s'entendre la parole

LA GRANDE MURAILLE PRÈS DE GUBEIKOU, région de Pékin, Chine.
Dès les origines, la Grande Muraille fit partie, avec la soie et les alliances matrimoniales, des moyens qu'utilisa – à des époques différentes – la diplomatie chinoise dans ses rapports frontaliers avec les cavaliers nomades venus des steppes du Nord. Les fortifications que l'on visite aujourd'hui datent du XVIᵉ siècle, lorsque les empereurs Ming décidèrent de construire un dispositif de défense statique sur une longue distance (plus de 2 000 km) contre les fédérations mongoles. Celui-ci a mobilisé à certaines époques (de 550 à 577, de 1410 à 1430, par exemple) jusqu'à 100 000 hommes. La Grande Muraille est devenue, depuis trois siècles, un mythe aux significations imaginaires que le gouvernement actuel de la Chine a transformé en emblème national, ce qui n'empêche nullement certains Chinois d'y voir un long dragon couché protégeant malgré tout le pays des aventuriers continentaux.

du souverain des humains. Parole rituelle, certes, mais de ce fait acte de gouvernement requérant une obéissance absolue.

On ne s'étonnera donc pas que, dans un tel cadre, les Japonais qui croient encore aux anciens mythes aient peuplé l'archipel nippon de dieux du sol qui subsistent par millions : arbres remarquables, cailloux cachés sous un fourré ou dans un recoin de jardin, roches aux formes bizarres posées sur les autels domestiques, papier blanc découpé, sans parler des bornes aux carrefours, des stèles au bord des rizières et des pierres tombales. À ces dieux s'ajoutent évidemment le dieu du riz et celui du commerce, eux-mêmes portant le nom de leur lieu de résidence et, pour cette raison, se trouvant être tout autant des dieux locaux appartenant à la nature que des dieux ancestraux relevant de la société. Ainsi l'humanité japonaise peut-elle en paix baigner dans la nature ? À la condition d'ignorer l'altérité, de tenir à l'écart tous ceux qui ne sont pas issus du territoire protégé par les rites du sol et les liens du sang. Il faudrait le développement d'une autre histoire et celui d'autres croyances pour que, aujourd'hui, l'archipel nippon soit intégré au reste du monde.

NATURE ET RAISON DANS LA PENSÉE OCCIDENTALE

À l'origine d'une pensée en cours de mondialisation se trouve un système de valeurs issu de l'Antiquité grecque et proche-orientale, ainsi que des religions du Livre (judaïsme, christianisme et islam des origines), système que l'Europe a fait sien durant tout le « long Moyen Âge » (du IIᵉ au XVIIᵉ siècle), pour aboutir à l'explosion « libératrice » du siècle des Lumières (XVIIIᵉ siècle) et à la diffusion mondiale d'une civilisation technicienne (XIXᵉ et XXᵉ siècles) qui vise à l'universalité. Cette pensée donne la primauté à l'individu sur le groupe, sans qu'il s'agisse d'un absolu : en Europe même, les proportions entre « ensemble » et « individu » forment un continuum plutôt qu'une opposition tranchée. Néanmoins, cette histoire est véritablement l'aventure de l'individu, devenu

libre dans le cadre des droits et des devoirs issus de la volonté populaire. Ce système apparaît de plus en plus marqué, en ce tournant de l'an 2000, par la sécularisation, qui a instauré une séparation entre le religieux et la sphère publique. Séparation qui ne signifie aucunement disparition des croyances, mais au contraire leur libre évolution, dans le respect du droit, à l'intérieur d'un cadre aussi neutre que possible, qui seul permet la tolérance comme la prise en compte de l'altérité et apparaît aujourd'hui comme un garant essentiel du fonctionnement harmonieux d'une Terre « mondialisée ».

Le système européen de domination de la nature, devenu progressivement mondial, a souvent permis de dire que les civilisations d'Occident ont un rapport de face-à-face avec elle. « Sauvage », la nature serait menaçante, mais jardinée, donc « humanisée », elle servirait inépuisablement de matière première pour l'enrichissement général. Cette conception cartésienne de la modernité, fondée sur la raison, a depuis révélé ses limites. Mais il ne serait pas bien avisé d'en rejeter les mérites. C'est bien parce qu'il participait déjà d'un monde où émergeait une pensée moderne que Christophe Colomb osa persévérer vers l'ouest, voguant droit dans un océan chaque jour plus vide qu'il supputait fini, faisant ainsi confiance, contre les semblants d'évidences, à la seule raison. À notre époque, de raffinements en précisions, la raison évolutive apporte presque chaque jour des réponses toujours nouvelles à des questions pour le moment sans fin.

Pierre Gentelle

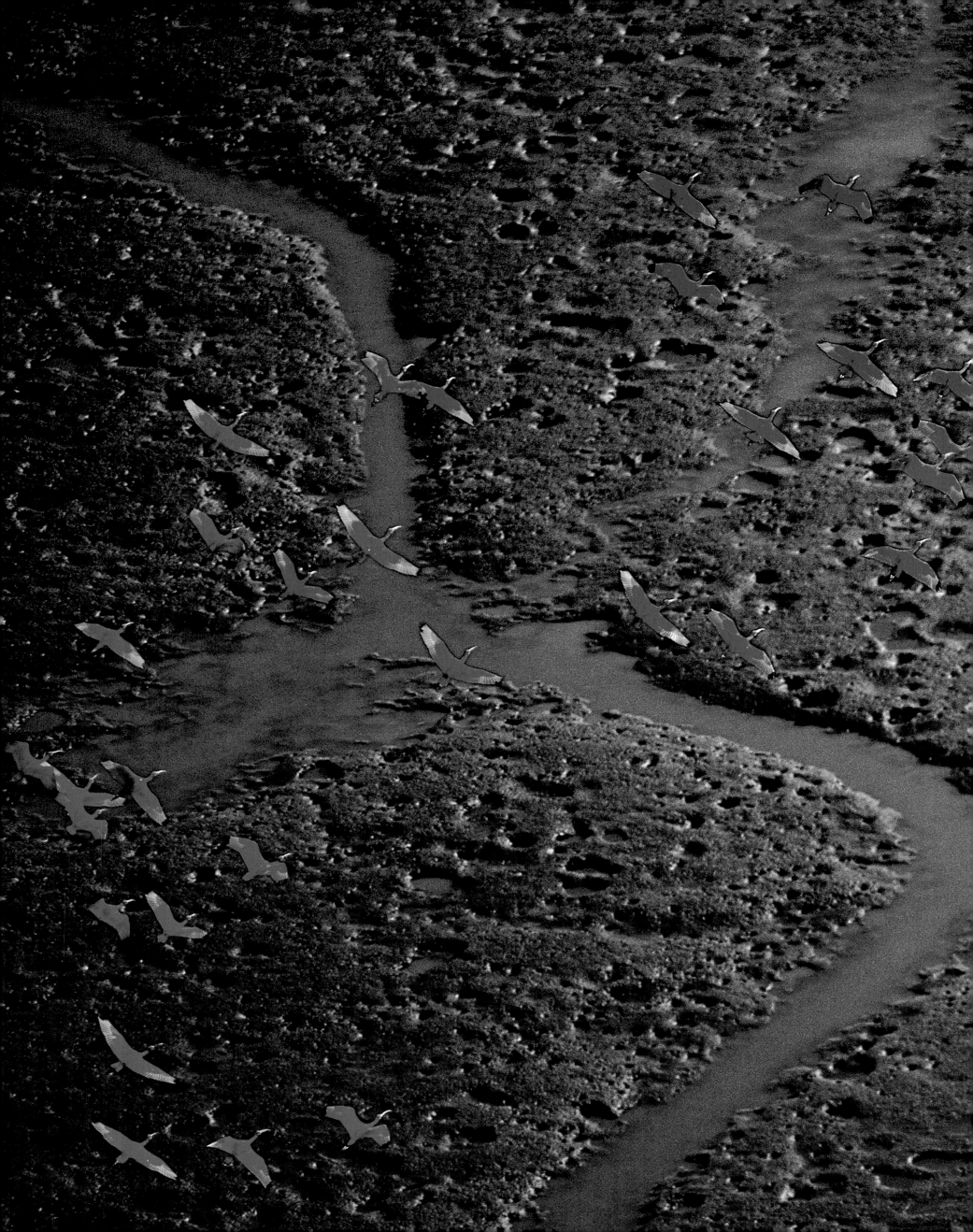

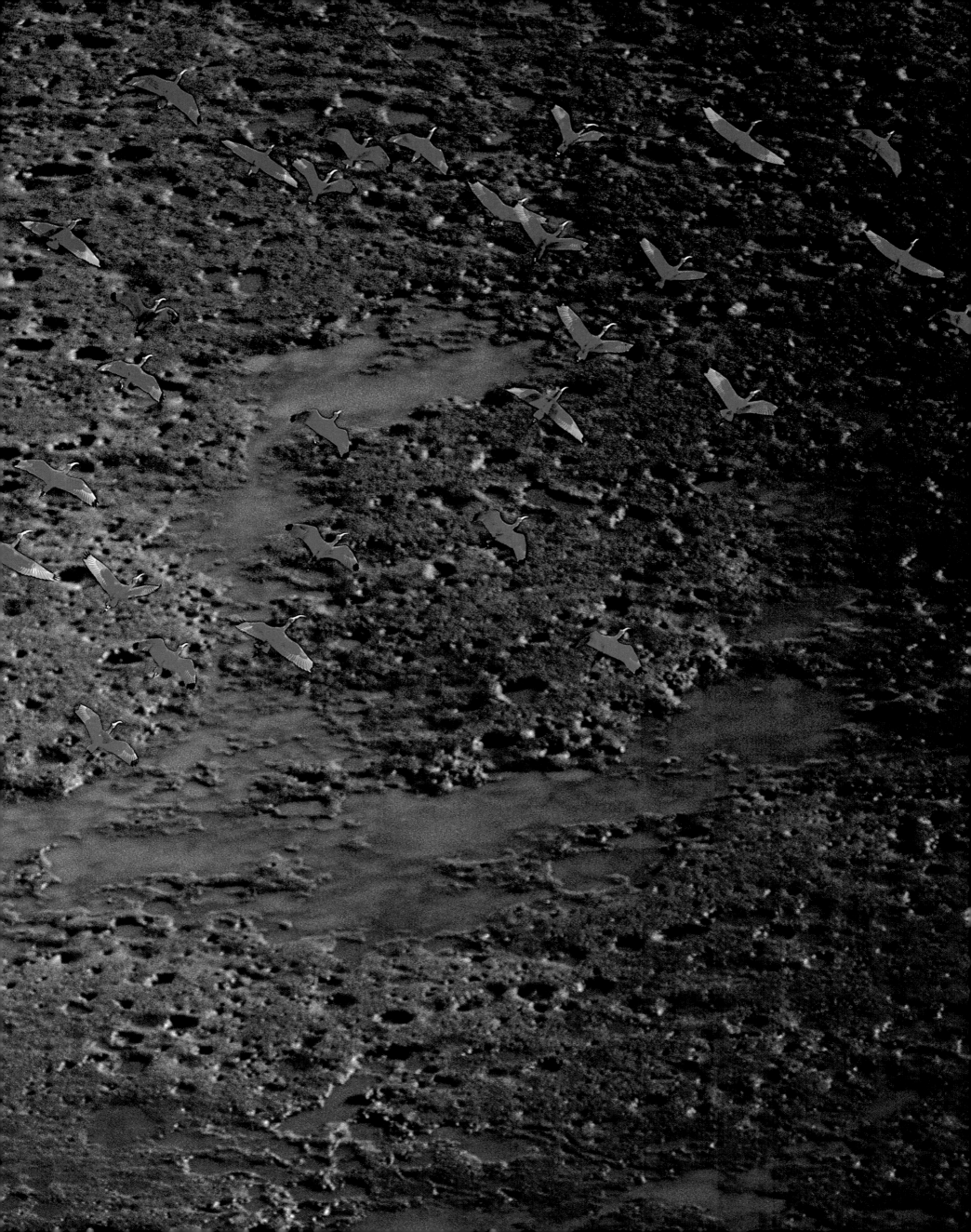

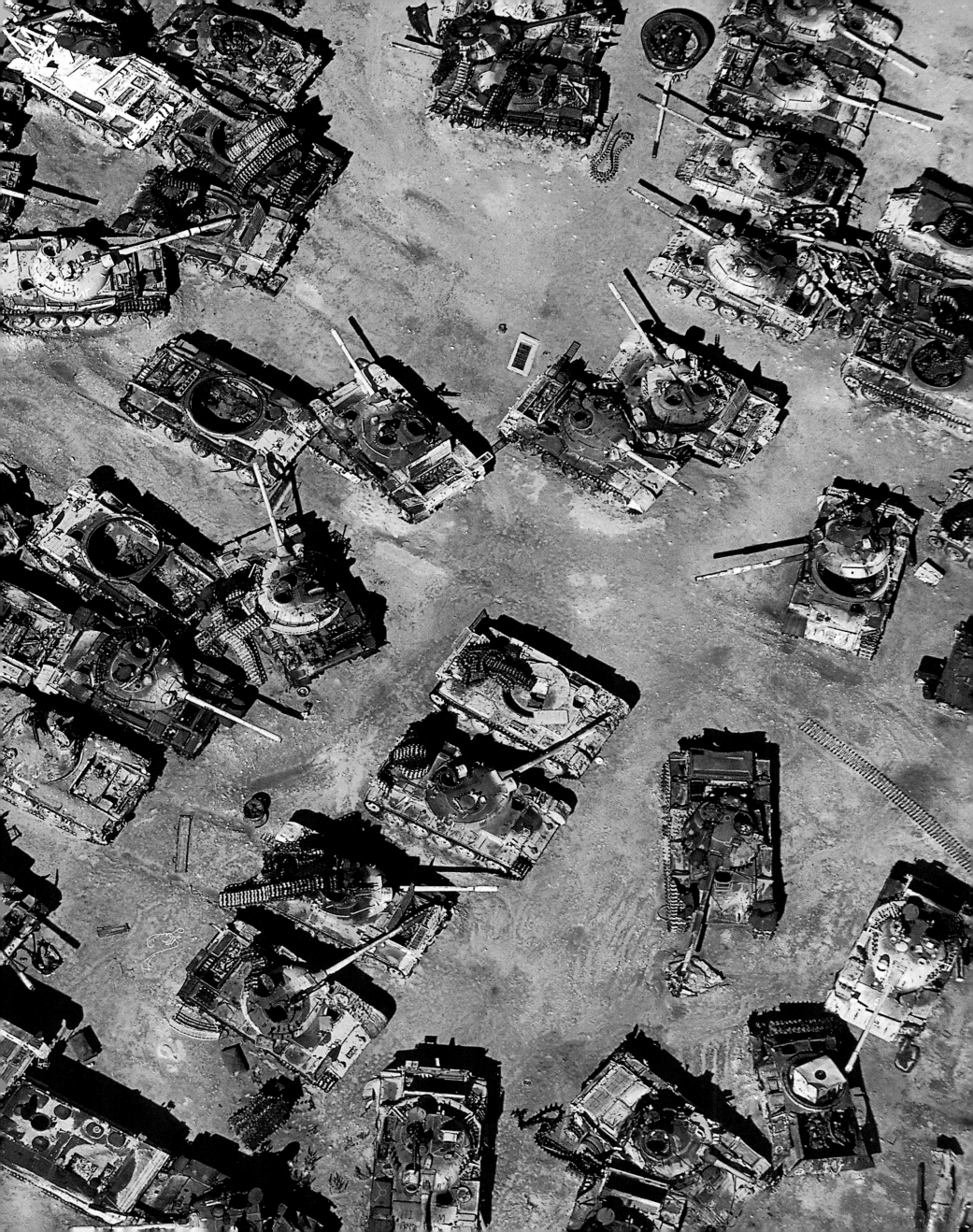

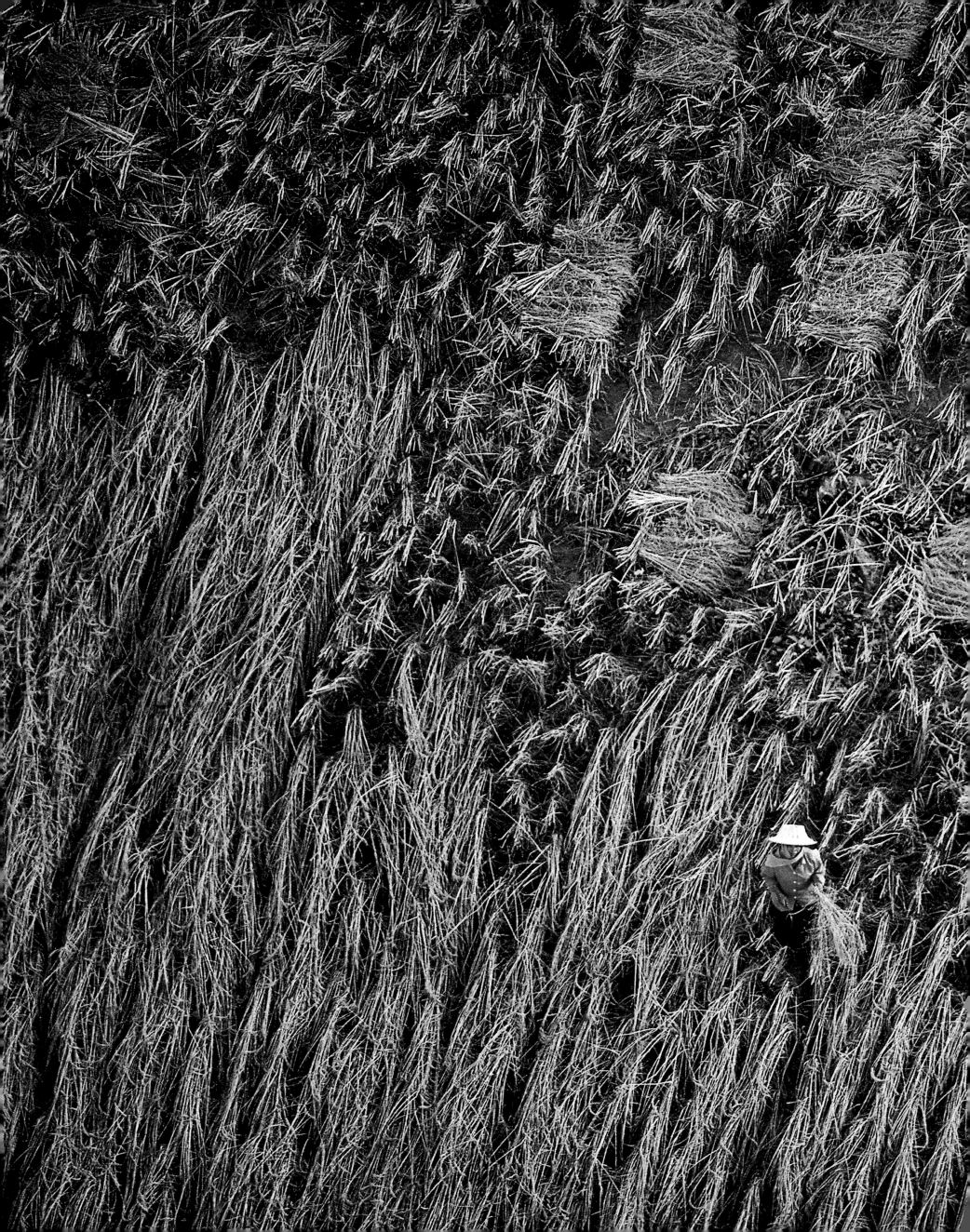

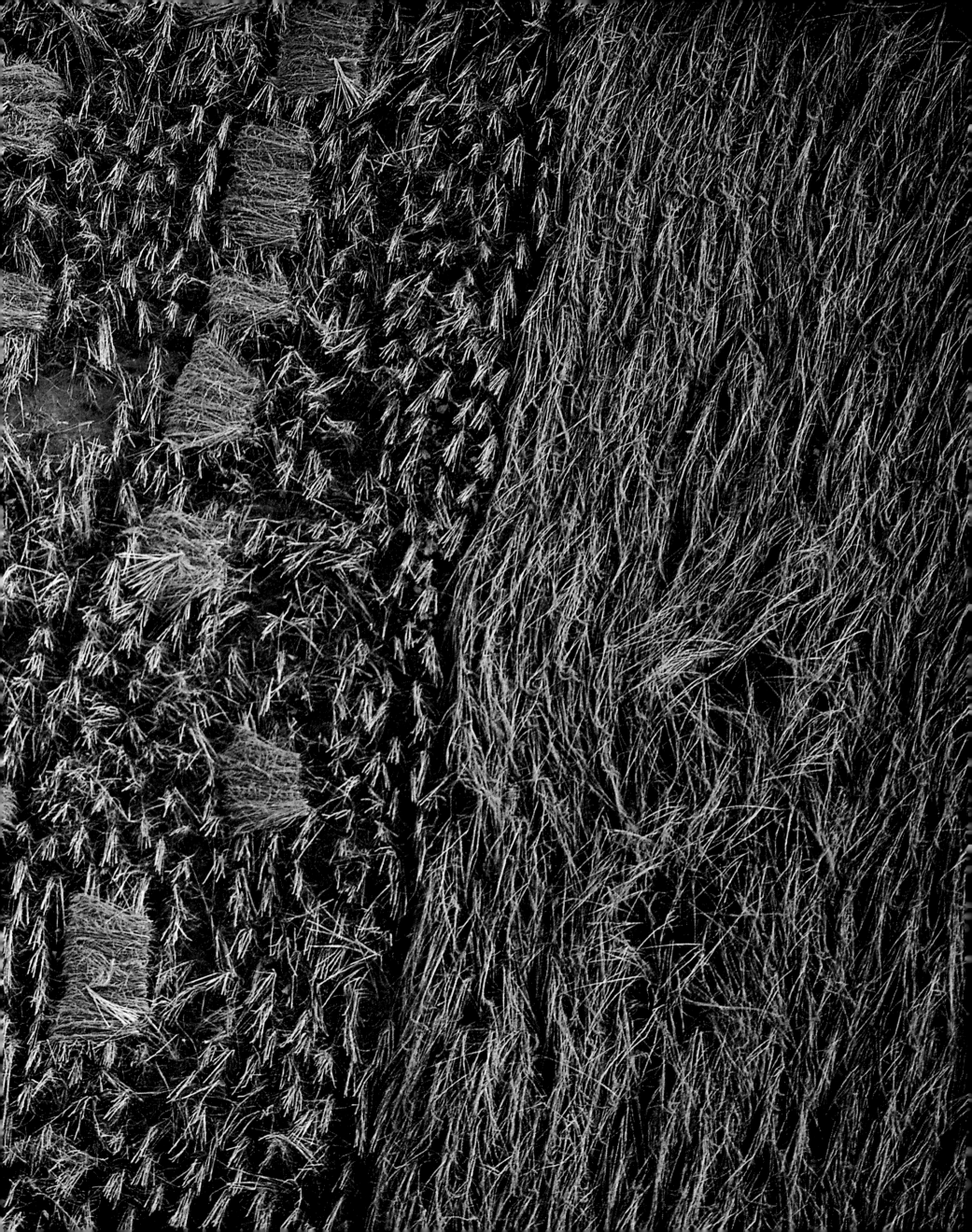

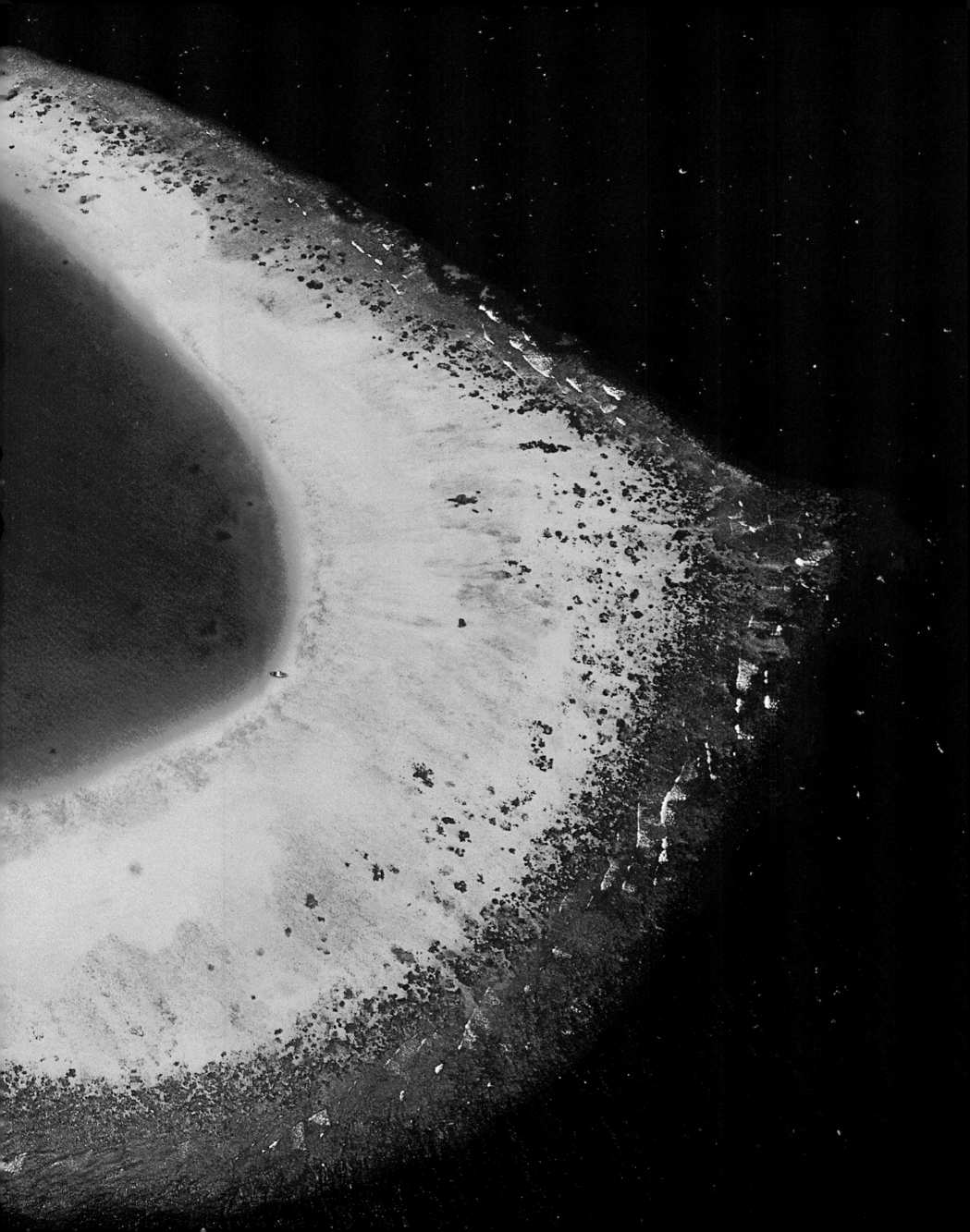

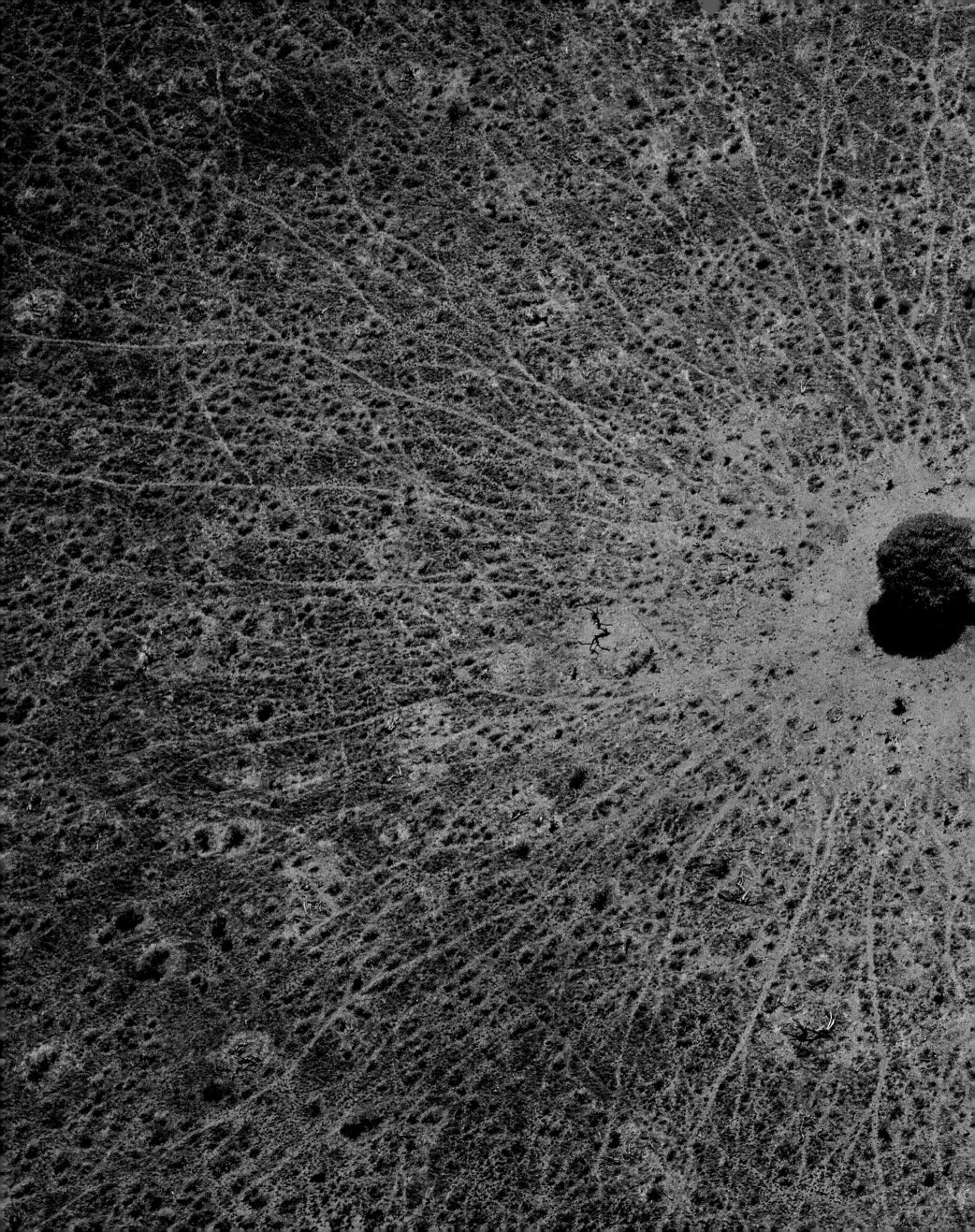

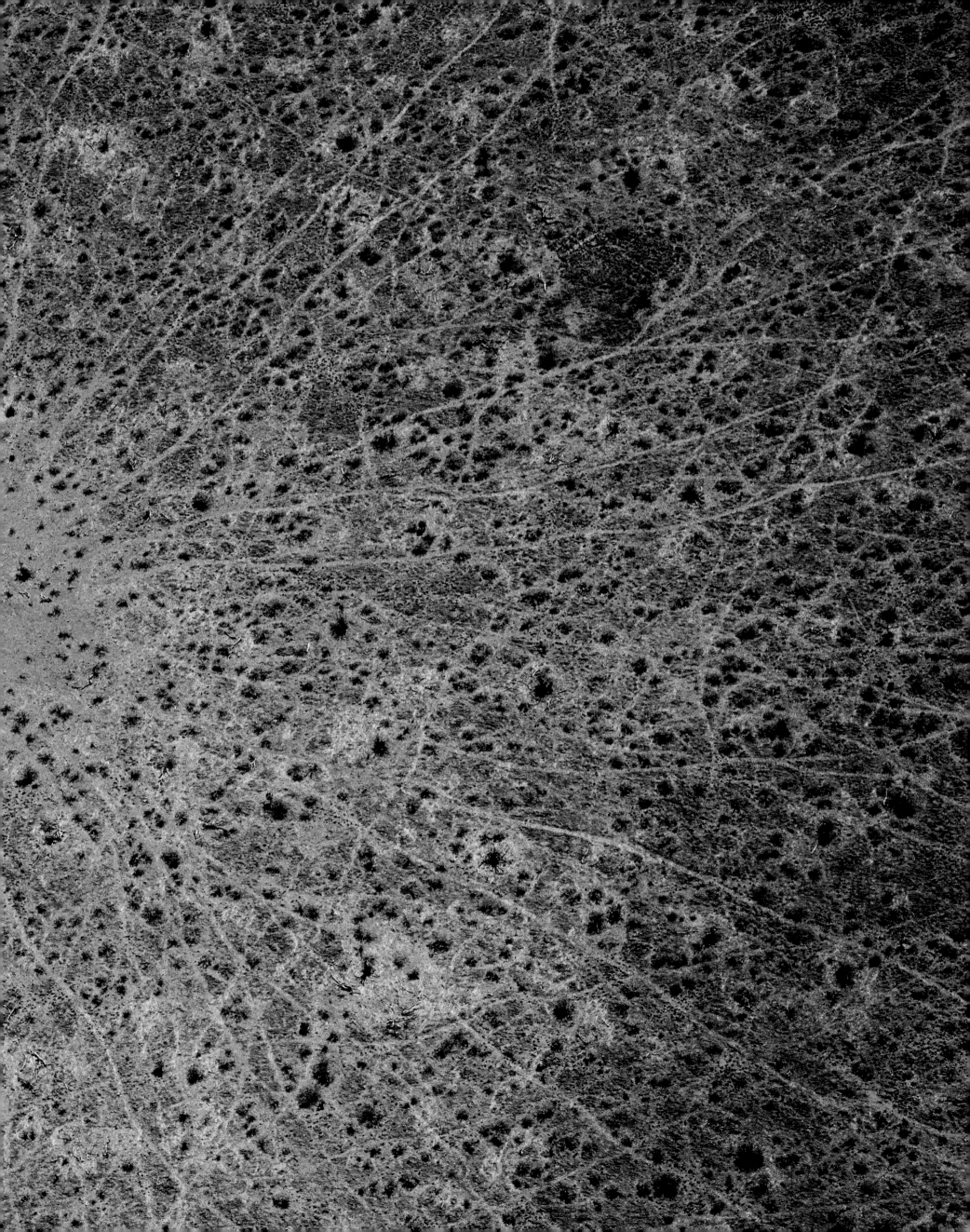

**Pages 138-139
TAPIS
DE MARRAKECH,
Maroc.**

Outre les pays d'Asie centrale et certains pays d'Amérique du Sud, d'importants centres de production de tapis se trouvent au nord de l'Afrique (Égypte, Tunisie, Maroc, Algérie). Si le Maroc a réussi à maintenir une tradition de fabrication au sein de cellules familiales et de coopératives artisanales, il doit désormais l'essentiel de sa production à des manufactures mécanisées. Les tapis sont traditionnellement tissés en laine, symbole de protection et de bonheur, éventuellement associée à la soie, du coton et parfois du poil de chameau ou de chèvre. Les couleurs et motifs sont caractéristiques des régions de fabrication, et c'est dans le Haut Atlas, au pied duquel se trouve Marrakech, que les tons sont les plus chauds : rouge, orange, jaune. 90 % des tapis du Haut Atlas sont confectionnés dans les villes de Tazenakht et Amerzgane par une main-d'œuvre presque exclusivement féminine. Naguère réservé au seul usage domestique local, le tapis marocain a acquis une renommée internationale qui lui permet de faire aujourd'hui l'objet d'un commerce d'exportation florissant.

**Pages 140-141
COLONIE DE FOUS
DE BASSAN,
île d'Eldey,
Islande.**

Située au carrefour des aires géographiques arctique, américaine et européenne, l'Islande abrite une population d'oiseaux variée ; 70 espèces viennent y nicher régulièrement, et 300 autres y séjournent ponctuellement. À 14 km au sud des côtes islandaises, l'île d'Eldey, piton rocheux de 70 m de hauteur classé réserve naturelle, accueille chaque année l'une des plus importantes colonies de fous de Bassan *(Morus bassanus)* du monde, forte de près de 40 000 individus. Arrivés sur l'île en janvier-février pour la nidification, les oiseaux la quittent en septembre pour partir hiverner au large des côtes africaines, après avoir donné naissance à un seul petit par couple. Comme près de 1/4 des espèces d'oiseaux de la région paléarctique, les fous de Bassan effectuent leur migration à destination de l'Afrique, parcourant plus de 300 km par jour et bravant les risques naturels (vents contraires, prédateurs…) ainsi que les périls résultant des activités humaines (assèchement des milieux, pesticides…). C'est sur l'île d'Eldey que furent exterminés en 1844 les deux derniers spécimens de grand pingouin *(Alca impennis)*, espèce naguère répandue et désormais disparue.

**Pages 142-143
PALMIERS DANS LES
MONTAGNES
DE LA PÉNINSULE
DE MUSANDAM,
Oman.**

Les montagnes calcaires qui dominent le sultanat d'Oman sont en fait des fonds marins émergés résultant du contact entre la péninsule Arabique et le plancher de l'océan lors d'importants mouvements tectoniques. Sur ces hauteurs désolées, la végétation est rare, parfois inexistante ; c'est pourtant dans ces montagnes de Musandam que les villageois Shihuh vont faire paître leur cheptel après la saison des pluies. Comme dans la vallée, ils ont planté des palmiers-dattiers, les protégeant de la voracité des chèvres, par un muret. Si les montagnes représentent 15 % de la superficie d'Oman, le désert, quant à lui, couvre plus de 80 % du pays, ce qui limite la pratique de l'agriculture à une faible partie du territoire : on ne compte aujourd'hui que 600 km² de terres cultivées dans le pays, dont un tiers consacré à la production de dattes.

**Pages 144-145
VILLAGE PRÈS DE
L'ÎLE DE PANDUCAN,
Philippines.**

La région de Panducan, située dans le groupe d'îles de Pangutaran, fait partie de l'archipel de Sulu qui a longtemps été considéré comme un foyer de piraterie, de contrebande et de trafics en tous genres avec les pays voisins. Elle abrite une population à 95% musulmane, minoritaire dans le pays, qui a longtemps été en conflit avec le pouvoir central. Dans ces îles vivent entre autres les Tausug, le « peuple des courants marins ». Répartis dans des petits hameaux de maisons en bambou sur pilotis, dispersés sur les côtes, les Tausug, naguère contrebandiers ou forgerons, se sont aujourd'hui reconvertis

dans la culture sèche du riz mais vivent essentiellement de la pêche et du négoce. Malheureusement, la pratique de plus en plus généralisée de la pêche au cyanure ou à l'explosif a eu des effets dévastateurs sur la faune marine, notamment sur les récifs coralliens.

**Pages 146-147
CHEVAL BLANC
D'UFFINGTON,
Oxfordshire,
Angleterre.**

Gravée dans le calcaire d'une colline de la province de l'Oxfordshire, en contrebas des ruines du château d'Uffington, la silhouette d'un cheval d'une longueur de 111 m a probablement été réalisée par les Celtes de l'âge du fer, aux environs de l'an 100 av. J.-C. La tradition locale voit dans cette représentation stylisée l'image d'un dragon, dessiné en hommage à saint Georges qui, selon la légende, aurait terrassé le monstre sur une colline toute proche. Mais l'hypothèse la plus vraisemblable est celle d'une gravure dédiée au culte de la déesse celte Epona, qui était généralement représentée sous les traits d'un cheval. Il existe un certain nombre de dessins de craie similaires, représentations d'hommes ou d'animaux, encore visibles en Angleterre et en Scandinavie, mais la plupart ont été définitivement effacés par la végétation.

**Pages 148-149
PARC NATIONAL
DE BUNGLE BUNGLE,
comté de Halls Creek,
Kimberley,
Australie.**

Dans le Nord-Ouest australien, au cœur du parc national de Bungle Bungle, aussi appelé Purnilulu par les Aborigènes, s'élève un ensemble de colonnes et de dômes sablonneux d'environ 100 m de haut, qui forment un labyrinthe de gorges sur près de 770 km². Ces rochers sont constitués de sédiments solidifiés provenant de l'érosion d'anciennes montagnes. Ils se sont ensuite crevassés et soulevés sous l'action des mouvements de la croûte terrestre. Leur aspect tigré orange et noir est le résultat de l'alternance de couches de silice et de lichen. Connu depuis des siècles par les Aborigènes, ce site n'a été révélé à la connaissance du grand public qu'en 1982, avant d'être classé parc national en 1987.

**Pages 150-151
CULTURE DE THÉ
DANS LA PROVINCE
DE CORRIENTES,
Argentine.**

La fertilité de la terre rouge et les pluies régulières de la région de Corrientes fournissent les conditions optimales pour la culture du thé. Dans un souci de protection des sols contre l'érosion, les théiers sont plantés suivant les courbes de niveau et protégés du vent par des haies. Contrairement aux pays d'Asie et d'Afrique, où les jeunes pousses sont récoltées manuellement, on procède, en Argentine, à une cueillette mécanique, notamment au moyen de tracteurs enjambeurs qui sillonnent les plantations régulières d'arbustes. Le thé hybride de la variété indienne *Assam*, cultivé dans ce pays, fait l'objet d'une faible production (50 000 t par an) ; récolté en été, il complète l'importante production hivernale de maté traditionnel, sorte de houx consommé en infusion et dit « thé des jésuites ». Aujourd'hui, le thé est cultivé dans 40 pays, l'Inde, la Chine, Sri Lanka et le Kenya fournissant à eux seuls 60 % de la production mondiale.

Les légendes concernant les photographies
152 à 167 sont placées sur le rabat de droite
du cahier de texte suivant

légendes 138 à 151   légendes 152 à 167

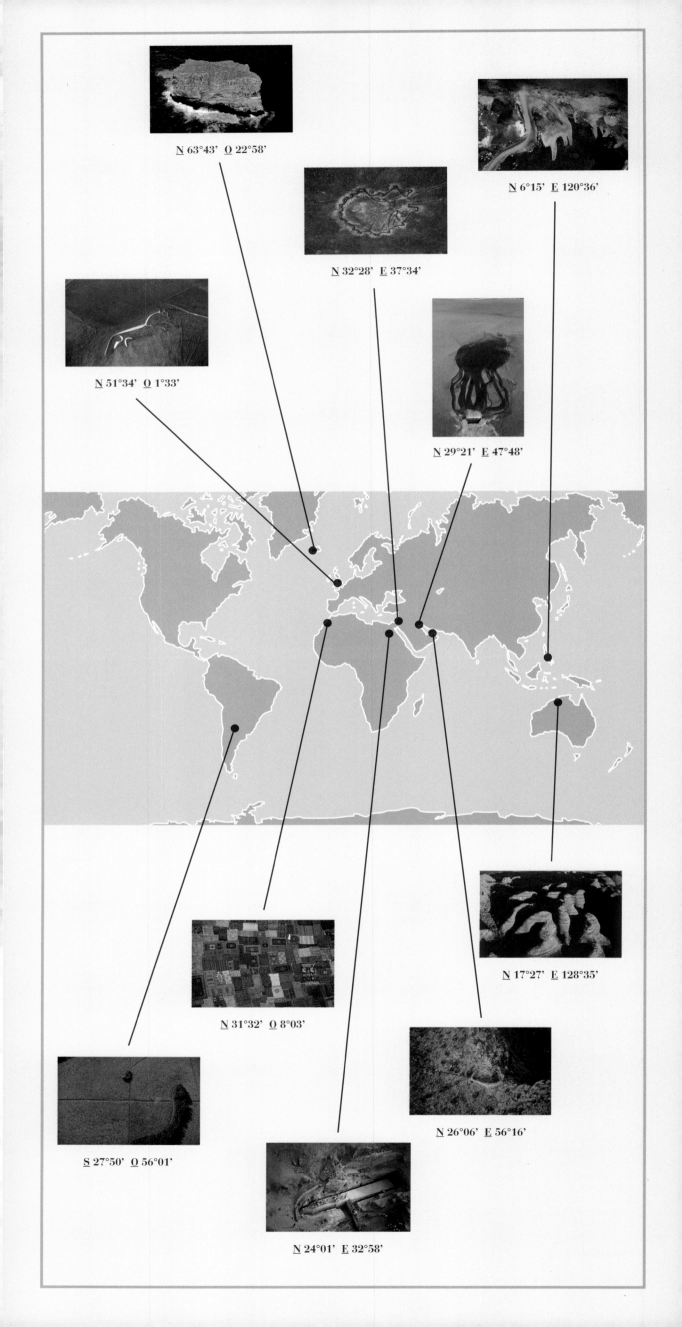

N 63°43' O 22°58'

N 6°15' E 120°36'

N 32°28' E 37°34'

N 51°34' O 1°33'

N 29°21' E 47°48'

N 17°27' E 128°35'

N 31°32' O 8°03'

N 26°06' E 56°16'

S 27°50' O 56°01'

N 24°01' E 32°58'

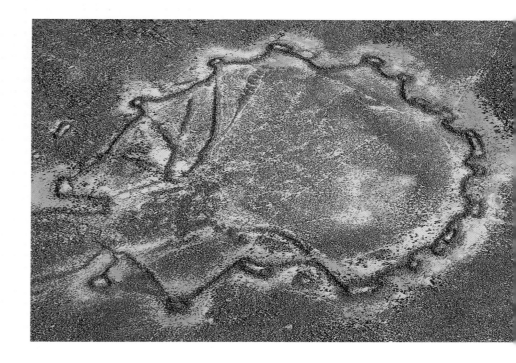

périodes de sécheresse, phénomènes purement naturels se produisant à une échelle inaccessible à l'humanité.

Pour notre histoire, néanmoins, pour le sens que nous cherchons sans cesse à donner à l'aventure humaine, les chasses collectives, la construction de villages, l'organisation de la vie commune sans conflit, les premières stratifications sociales, l'invention de l'écriture, celle de la ville et de l'État…, toutes ces « découvertes » majeures et bien d'autres encore ont laissé dans l'environnement le *monument*, fût-il réduit aujourd'hui à des bases de mur en terre tout de guingois ou, venant de plus loin encore dans le temps, à des dessins peints ou gravés sur des parois.

Les sociétés humaines ont sans cesse produit des objets de la vie quotidienne, mais surtout, à partir du deuxième millénaire avant notre ère, des *textes* sur argile, bambou, papyrus, parchemin, tissu, papier, qui racontent, décrivent, dessinent, comptent. Quand ces trouvailles sont mises en relation les unes avec les autres, l'ébauche de ce qui fut, à une époque donnée, l'occupation de la terre par l'espèce humaine fait apparaître de manière éclatante la diversité des manières de faire à partir de matériaux parfois semblables. Elle montre aussi l'habileté à utiliser des techniques semblables sur des matières différentes. Si l'on quitte le matériel pour le domaine du conceptuel, la diversité des traitements des problèmes humains, par-delà quelques structures de base, est toujours surprenante.

LA DIFFICULTÉ D'ACCEPTER L'AUTRE

La tendance actuelle à tout magnifier dans ce que fut le passé, la souhaitable et légitime tentative de mettre sur un plan d'égalité toutes les civilisations, ne doit cependant pas conduire à une vision angélique de l'humanité. Ce que nous disent vestiges et récits, épopées et mythes, c'est à quel point l'histoire humaine a été marquée par une sorte d'impossibilité pour tous les groupes humains d'admettre l'altérité. Plus concrètement, de reconnaître l'étranger. Il est vrai que la constitution de l'identité, qu'il s'agisse de celle de l'individu ou de celle du groupe, implique nécessairement la distinction entre moi et toi, le mien et le tien, entre « nous » et « eux ». Il semble bien qu'il s'agisse là d'une sorte de « pente naturelle » de la conscience de soi et de la conscience collective : la distinction s'exprime volontiers sous la forme du rejet, et l'on a raison de dire que l'égoïsme est viscéral. On ne peut que constater, en tout état de cause, à quel point cette « pente » est représentée dans les vestiges : la part qu'y tiennent les constructions destinées à la guerre, celles qui permettent de marquer des différences de statut (palais, villas…), celles qui servent à l'individu de protection et d'abri contre « les autres », demeure largement dominante. À observer, dans les sociétés actuelles, la difficulté rencontrée à simplement consolider l'esprit de tolérance, on ne s'étonne pas de cette constante. Peut-être cette force qui projette chaque individu vers l'autre pour le soumettre ou le détruire, au risque d'être détruit, correspond-elle, en chaque individu, à l'agressivité nécessaire pour mener à bien, dans l'ordre de la société, contre vents et marées, l'exploitation de l'environnement, son appropriation et la transmission des gains acquis à la descendance ?

TRACES, VESTIGES, MÉMOIRE

C'est par l'existence de traces que l'on peut dire que les êtres humains sont à la fois des êtres « géographiques », qui gravent (du grec *graphein*) la terre (*gê*) au cours de leur existence, laissant partout où ils passent des marques de leur activité, mais aussi des êtres « historiques », par la manière dont le temps passé est pris en compte par les générations nouvelles. Les objets du passé emplissent les musées, une fois extraits de l'endroit où ils ont été conservés. Les lieux du passé, réutilisés ou tout simplement abandonnés à l'état de vestiges, font partie du patrimoine que notre époque se doit de transmettre dans le meilleur état possible aux générations futures, patrimoine porteur d'informations de tous types, qui enrichissent notre connaissance. Ces vestiges sont-ils autre chose que des traces, parfois incompréhensibles, de l'activité humaine ? Des témoins pour l'histoire ? Oui. Ils constituent des repères, des rappels utilisables pour la vie des populations actuelles, des éléments utiles pour la mesure du temps. En histoire, il y a toujours quelque chose « avant », un peu plus effacé que ce qui vient « après », beaucoup moins bien connu, ténu et toujours incomplet : mais qui oserait dire que

ce vestige est de moindre signification, de moindre importance ? Il a toute raison, au contraire, d'être plus précieux pour l'élaboration que pourra en faire notre présent et ceux qui nous succéderont.

LES REPÈRES DU TEMPS

Les vestiges constituent des repères, parce que le propre de toute société humaine est de transformer son environnement, activité considérable qui peut laisser des traces architecturales. Mais cette activité est moins importante cependant que la faculté d'inventer de nouvelles formes de société, en même temps que de transformer leurs relations avec l'environnement. Cette action est demeurée, jusqu'au XXᵉ siècle, pour l'essentiel inconsciente : aucune civilisation n'a jamais imaginé, avant la nôtre, technicienne, qu'elle pouvait avoir une action palpable sur l'environnement. L'expression de ce non-sens aurait partout valu à l'hypothétique penseur d'être accusé de blasphème et de sacrilège contre l'ordre divin de la nature ou du cosmos. Et pourtant, l'action de la société humaine sur la « nature » n'a cessé de se diffuser et de se diversifier : l'appropriation du feu, les déboisements intensifs, l'invention des céréales, la domestication des animaux, etc., ont durablement modifié les grands équilibres de la biosphère. Les effets de surface en deviennent chaque jour plus sensibles, même s'ils ont bien moins modifié l'environnement que les glaciations et les

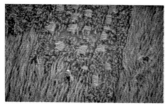

**Pages 112-113
TRAVAUX
DES CHAMPS
DANS LA RÉGION
DE PHITSANULOK,
Thaïlande.**

Fertile et bénéficiant d'un climat tropical humide, la plaine centrale de Thaïlande, où se trouve Phitsanulok, est le grenier à riz du pays. Comme partout ailleurs sur le territoire, cette céréale est surtout moissonnée et récoltée à la main. Depuis cinquante ans, dans un souci d'accroissement de ses exportations, la Thaïlande a triplé la superficie de ses terres arables, gagnant des espaces cultivables sur les zones boisées. Alors qu'elles représentaient la moitié du territoire dans les années 1960, les forêts ne couvrent plus aujourd'hui que 28 % du pays. Le déboisement accéléré conduit à une dégradation inquiétante des sols mis à nu, vite lessivés par l'érosion. Si le phénomène de déforestation lié à l'agriculture touche l'ensemble des pays d'Asie, c'est cependant en Thaïlande qu'il est le plus manifeste.

**Pages 114-115
JEUNE SPORTIF
DE L'ÉCOLE
ÉLÉMENTAIRE
TORRANCE
CORNESTONE
À LOS ANGELES,
Californie, États-Unis.**

À l'image de cet élève qui s'entraîne à jouer au basket dans la cour de son école de Los Angeles, en Californie, le sport fait partie intégrante du système éducatif nord-américain. Important critère d'admission dans les universités, les capacités sportives permettent souvent d'obtenir des bourses d'études. Aux États-Unis, où l'école est obligatoire de 6 à 16 ans, 5,4 % de la population parvient au niveau universitaire, ce qui est l'une des plus fortes proportions du monde. À l'exception de 11 pays d'Afrique, 8 d'Asie, 5 d'Océanie et 2 des Caraïbes (Antilles néerlandaises et Aruba), six à dix années d'enseignement sont obligatoires pour tous les enfants du monde. À l'aube de l'an 2000, un peu plus du quart de la population mondiale ne sait cependant ni lire ni écrire, et dans près d'un pays sur deux, l'analphabétisme touche plus de 50 % de la population.

**Pages 116-117
L'ŒIL
DES MALDIVES,
atoll de Male Nord,
Maldives.**

L'Œil des Maldives est un faro, formation corallienne développée sur un support rocheux qui s'est affaissé au cours du temps, ne laissant apparaître qu'un récif annulaire entourant une lagune peu profonde. La formation de coraux nécessitant une température des eaux relativement élevée, les atolls se développent principalement dans les régions intertropicales. L'archipel des Maldives, au cœur de l'océan Indien, est composé de 26 grands atolls regroupant plus de 1 200 îles ou îlots, dont près de 420 sont habités de façon permanente, ou saisonnière par des touristes. Pays le plus bas du monde avec un point culminant n'excédant pas 2,50 m, l'archipel des Maldives a subi les effets dévastateurs de plusieurs raz de marée ; il serait le premier territoire englouti si le niveau des océans venait à s'élever.

**Pages 118-119
MUSÉE GUGGENHEIM
DE BILBAO,
Pays basque,
Espagne.**

Inauguré en 1997, le musée Guggenheim de Bilbao s'inscrit dans le cadre d'un programme de reconversion urbanistique de cette ville industrielle. D'un coût de construction de 100 millions de dollars, le bâtiment a été conçu à l'aide d'un programme informatique utilisé dans l'aéronautique, par l'architecte californien Frank O. Gehry. Sa structure de verre, d'acier et de pierre calcaire, en partie couverte de titane, évoque la tradition de construction navale de la ville. D'une superficie totale de 24 000 m², le musée abrite 19 salles, parmi lesquelles l'une des plus grandes galeries du monde (130 m × 30 m). Comme l'ensemble des musées américains ou européens gérés par la fondation Solomon R. Guggenheim, célèbre mécène, le musée présente des œuvres d'art contemporain. Actuellement, plus de 40 000 musées et collections publiques ont été répertoriés dans le monde.

**Pages 120-121
RIVE D'UN LAC
DANS LE PARC
NATIONAL D'ETOSHA,
Namibie.**

Vus du ciel, les dépôts de sel accumulés dans les anfractuosités des rives de ce lac dessinent des formes étonnantes de plantes ou d'animaux chimériques. Comptant parmi les plus grands espaces protégés d'Afrique avec 22 270 km², ce parc est établi autour d'une vaste cuvette de 6 000 km² couverte de sel (Etosha pan) qui se transforme en lac quelques semaines par an, lors de la saison des pluies. Son eau, trop saumâtre pour être consommée par les mammifères, permet en revanche le développement d'une algue bleu-vert, aliment favori des dizaines de milliers de flamants roses qui viennent nicher sur le site. Lorsque l'eau a disparu, la cuvette se recouvre de graminées dont se nourrissent les grands herbivores du parc. Aujourd'hui, il existe dans le monde 13 321 aires protégées (parcs nationaux ou réserves) comme Etosha, représentant une superficie totale de plus de 6,1 millions de km² (8,9% des terres émergées du globe).

**Pages 122-123
VILLAGE
DE PÊCHEURS
DE MALAMOCCO,
lagune de Venise,
Vénétie,
Italie.**

La lagune de Venise, en Italie, est séparée de la mer Adriatique par un chapelet d'îles longilignes parmi lesquelles celle du Lido, où se trouve le village de pêcheurs de Malamocco. Constituée de 118 îlots, la ville historique de Venise, construite il y a quinze siècles, est de plus en plus fréquemment soumise à l'acqua alta, une montée des eaux qui la submerge régulièrement. Ce phénomène s'est aggravé au cours des trente dernières années, période durant laquelle la ville a été inondée très souvent, dont une centaine de fois par plus d'un mètre d'eau. Afin de préserver ce site hautement touristique, classé sur la Liste du patrimoine mondial de l'Unesco en 1987, un projet ambitieux et coûteux (le projet Moïse) a été engagé en 1988 avec pour objectif d'obturer périodiquement les trois passes qui relient la mer à la lagune au moyen d'une cinquantaine de digues mobiles.

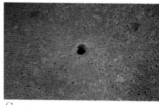

**Pages 124-125
« L'ARBRE DE VIE »,
parc national
de Tsavo-Est,
Kenya.**

Symbole de vie parmi les vastes étendues désolées, cet acacia du parc national de Tsavo-Est est le point de convergence des pistes d'animaux sauvages venant profiter de ses feuilles ou de son ombre. Traversé par l'axe routier et ferroviaire Nairobi-Mombasa, le parc est ouvert au public dans sa partie ouest, alors que les 2/3 de sa partie est, plus arides, sont réservés aux scientifiques. Déjà réputé pour ses nombreux éléphants, Tsavo a connu dans les années 1970 un afflux encore plus massif de pachydermes fuyant la sécheresse et le braconnage. Entassés dans l'espace limité du parc, ils ont sérieusement endommagé la végétation, suscitant une controverse sur la nécessité d'un abattage sélectif. Les braconniers ont en définitive mis un terme au débat en exterminant près de 80 % des 36 000 éléphants du parc ! Le parc national de Tsavo accueille aujourd'hui 100 000 visiteurs par an.

**Pages 126-127
MARCHÉ PRÈS DE LA
RÉSERVE NATIONALE
DE MASAÏ MARA,
Kenya.**

Entre la réserve nationale de Masaï Mara et le lac Victoria, au Kenya, s'improvise régulièrement un petit marché rural à proximité du village de Lolgorien. Villageois sédentaires et nomades masaï de la région n'hésitent pas à parcourir plusieurs kilomètres pour s'y rendre. Présentées sur des nattes posées à même le sol, les marchandises proposées sur ce marché sont en majorité des vêtements d'occasion provenant d'associations caritatives ainsi que des produits de vannerie, poteries ou bijoux émanant d'un artisanat local exclusivement féminin. Ces marchés, qui s'organisent le plus souvent spontanément en bordure ou à l'intersection de pistes, sont d'importants lieux d'approvisionnement pour les Kenyans. En effet, dans ce pays d'environ 582 640 km² qui compte peu de grandes agglomérations, 70 % de la population vit en milieu rural, au sein de petits villages ou de campements disséminés sur l'ensemble du territoire.

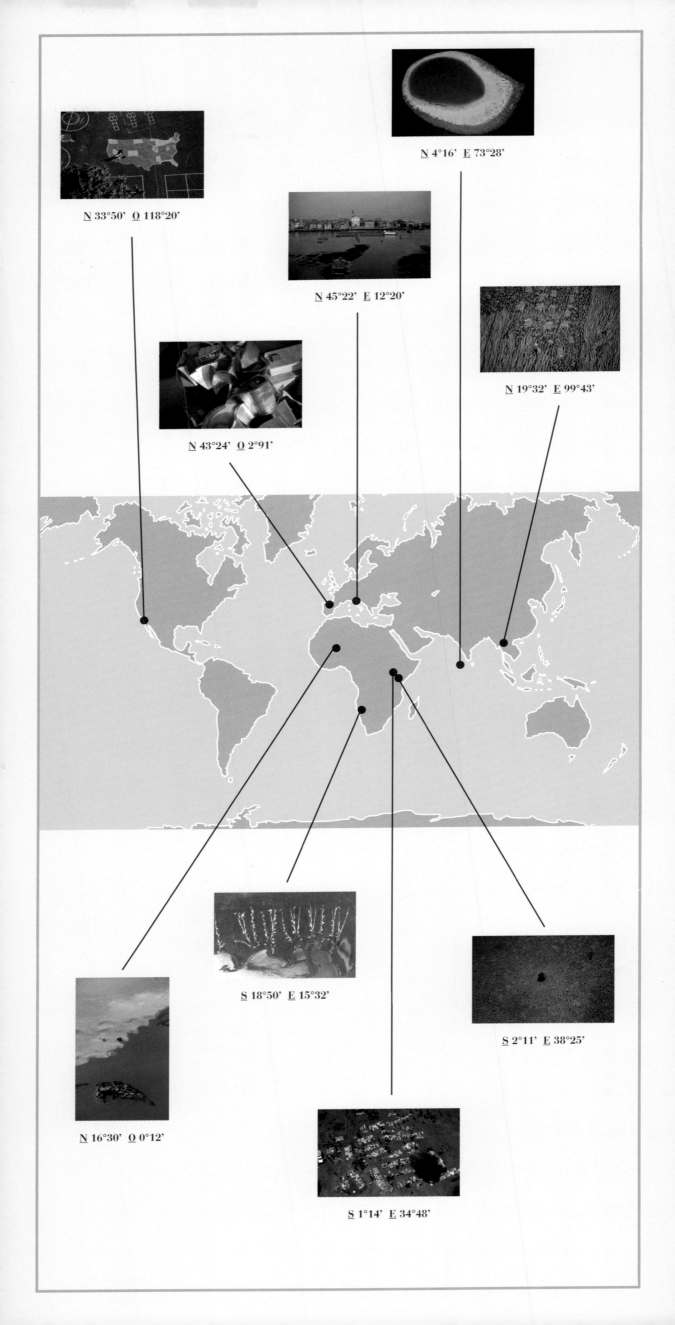

N 4°16' E 73°28'

N 33°50' O 118°20'

N 45°22' E 12°20'

N 43°24' O 2°91'

N 19°32' E 99°43'

S 18°50' E 15°32'

S 2°11' E 38°25'

N 16°30' O 0°12'

S 1°14' E 34°48'

Quoi qu'il en soit, cette vitalité de l'espèce humaine s'est constamment traduite par des productions de territoires à la diversité éblouissante.

Territoires des humains

Un territoire photographié ne montre pas la surface de la terre telle qu'elle est, mais ce que l'œil humain peut voir de l'agencement original en un lieu particulier des éléments qui le constituent. Ce qui est révélé n'est ni la nature ni ce qu'en a fait telle société humaine, mais un patrimoine, « morceau » de la surface terrestre tel qu'il est au présent. L'ubiquité du développement de la civilisation mondiale, dite industrielle au XIXᵉ siècle, fait que l'on peut découvrir avec surprise des traces d'aménagement là où l'on croirait la nature encore vierge de toute présence humaine. C'est pourquoi la photographie des mœurs « étranges » des habitants des pays éloignés nous renseigne autant sur ce que nous sommes en qualité d'êtres humains que sur ceux que nous appelons « les autres ». Bien que, comme tout objet susceptible d'une représentation en deux ou trois dimensions, le territoire d'un morceau d'humanité puisse être interprété à partir de concepts géométriques élémentaires – points, lignes, surfaces, Kandinsky l'avait déjà montré pour les territoires picturaux dans *Punkt und Linie zu*

Fläche, 1926 –, les sociétés ont été d'une grande inventivité tout au long de l'histoire.

Les morceaux d'espace terrestre qui datent d'avant l'intervention humaine sont des sortes de *pré-lieux*, tels que la nature les a constitués (montagne, lac, forêt, clairière, mille autres classes d'objets encore). Ils occupent des surfaces et sont séparés les uns des autres par des distances. Lorsqu'ils reçoivent une population, un mode d'exploitation du sol, une ville…, ils sont désormais situés par rapport à des *flux* (commerciaux, migratoires, énergétiques, communicationnels…). C'est alors qu'ils deviennent des *lieux*, par la part d'humanité qu'ils contiennent. Ils sont, certes, toujours définis par leur situation et leur distance aux autres lieux, mais désormais aussi par leurs attributs, c'est-à-dire leurs fonctions et la forme que prend la surface qu'ils occupent. Bien entendu, cette vision théorique et abstraite est exprimée « charnellement » dans ce qu'on nomme « paysage ». Toute personne sensible à la *matérialité* des lieux et aux traces qu'ils portent de l'histoire humaine sait que, si chaque lieu concret est physiquement mesurable, il est tout autant objet de sentiment, et donc de projection symbolique. C'est pourquoi, comme les lieux et les territoires ne sont pas maniables par l'esprit humain en vraie grandeur, toute promenade d'un individu dans la réalité (de l'appartement au magasin, de la ferme au champ, de la ruine à la ruine…) implique le recours à une activité intellectuelle, la *représentation*. C'est pourquoi traces et vestiges de l'héritage culturel humain entrent dans la conscience du groupe qui les possède aujourd'hui, même s'ils n'appartiennent pas à sa culture. C'est pourquoi il est légitime que les sociétés actuelles s'approprient, sur le territoire qu'elles occupent, ce que les civilisations du passé ont laissé de vestiges. C'est le lieu qui les en rend propriétaires et *garants aux yeux*

L'OBÉLISQUE INACHEVÉ, Assouan, Égypte.
La puissance immobile qu'exprime l'obélisque allongé sur son lit de taille et dont la base semble sortir de l'ombre des profondeurs terrestres est celle d'un symbole en construction faisant toujours partie de la nature. Il ne lui échappera que lorsqu'il sera extrait de sa gangue, transporté à force d'homme jusqu'à son lieu d'exercice. Alors seulement l'obélisque atteindra sa pleine signification et, par son érection, prendra place dans le cortège des symboles grandioses des sociétés humaines. Dressé en majesté, quel que soit le texte éventuellement écrit sur son socle, il deviendra le témoin efficace de l'ingéniosité et de l'orgueil d'un groupe d'humains. Cet obélisque a été abandonné à la suite d'un accident en cours d'extraction. Pour l'Égypte, le tourisme est une source traditionnelle de devises. Un attentat perpétré en novembre 1997 à Louxor (62 morts, dont 58 touristes) a fait chuter la fréquentation (2 milliards de dollars de pertes en 1998).

de l'humanité. Pour prendre un exemple, les Turcs ont reçu de l'histoire des dizaines d'héritages, dont celui de Byzance à Istanbul, celui de la Grèce antique à Éphèse, Milet et Didymes, celui des Hittites à Bogazkale et celui des hommes du Néolithique à Çatal Höyük. On voit ainsi à quel point le territoire fait l'objet d'un processus d'identité, d'une localisation qui exige une gestion, d'aménagements convenant à la vie des présents, d'une autoreproduction destinée à la vie des descendants.

PROTECTION DES ORIGINES

On comprend ainsi qu'aujourd'hui, pour le voyageur d'abord, mais aussi pour tout humain, le monde tend à devenir un collier distendu de perles rares, portions d'espace « qui ont une âme ». En fait, il s'agit de l'agencement original d'une sorte de mobilier, tant naturel que construit par les sociétés, dans lequel le passant comme l'habitant peut retrouver, selon son goût, la trace d'éléments d'histoire ou bien une disposition de formes et de couleurs qui l'émeut. Ces perles parsèment un vaste magma, privé de sens apparent et plus souvent encore dépourvu de grâce, sorte d'univers abâtardi et « cassé » qui caractérise, disent les savants, les « espaces en mutation », ceux qui mettent plusieurs décennies à passer d'un monde aux techniques obsolètes à un monde de moyens hyperpuissants, irisé de reflets bleutés et de transparences oniriques.

Le monde moderne n'en finit pas de réemployer les usages antiques et, quand il ne les comprend plus, d'en « chosifier » les éléments. Pour ce qui concerne les sociétés, il en résulte une profusion de restaurations archéologiques et l'accumulation presque infinie d'objets d'art dans les musées. À cela s'ajoute la multiplication des points de vue que l'humanité moderne *adresse* aux constructions du passé, dont elle ne fait plus seulement le support de son plaisir, mais aussi le tremplin de sa réflexion. Pour ce qui concerne l'environnement, les espaces « naturels » font l'objet de créations de parcs naturels, de réserves, de mises en défens, de décrets d'interdiction de bâtir ou de décorer, d'interventions de paysagistes chargés de ravaler des paysages comme une esthéticienne reconstruit un visage flétri.

Cette protection nécessite le recours à l'État, et c'est à ce prix qu'il a été possible ces dernières années de préserver des espaces dans lesquels une esthétique un peu surannée échappe aux grandes stries que laissent les lignes de communication et d'échange, signe majeur, de ville à ville, de l'expansion de la civilisation actuelle. Mais cela n'est pas le cas partout. C'est pourquoi la protection mondiale des ruines et des paysages du passé rend indispensable le recours à une institution planétaire, dont les décisions seraient respectées. Cela implique bien entendu que chaque civilisation prenne en considération l'importance du rapport à la nature comme du rapport aux sociétés du passé, et l'intègre à son fonctionnement.

Cette double insertion que signale de nos jours la quête des origines montre que toutes les sociétés, à commencer par les plus modernes, se trouvent concernées par leurs racines.

Pierre Gentelle

Ci-contre : REJETS D'UNE USINE DE DESSALEMENT D'EAU DE MER D'AL-DOHA, région de Jahra, Koweït.
Les deux usines de dessalement d'eau de mer d'Al-Doha au Koweït produisent respectivement 1 200 et 6 000 m³ par jour d'eau douce selon la technique de distillation thermique instantanée (système « flash »). Après traitement, l'eau impropre à la consommation est rejetée en mer où, dessinant l'image d'un monstre tentaculaire, elle se mêle à celle du golfe Persique. Longtemps tributaire de puits artisanaux et d'importations en provenance d'Irak pour s'approvisionner en eau potable, le Koweït dispose aujourd'hui de plusieurs usines qui produisent plus de 400 millions de litres d'eau dessalée par an, couvrant 75 % des besoins du pays. Grosses consommatrices d'énergie, les stations de dessalement ne sont accessibles qu'aux États disposant d'importantes ressources, notamment pétrolières, comme ceux de la péninsule Arabique qui, avec une quarantaine d'usines, produisent plus de la moitié de l'eau dessalée du monde.

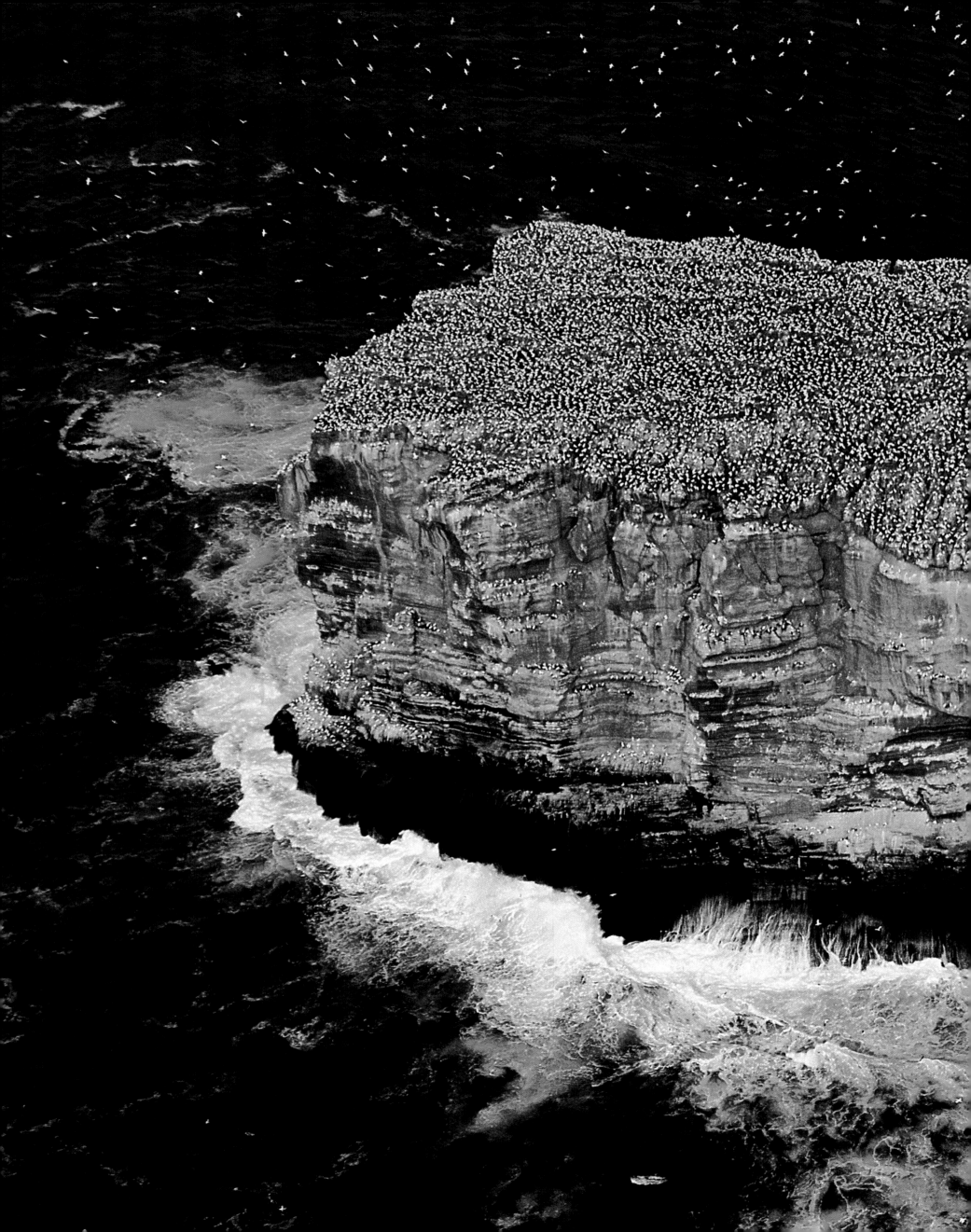

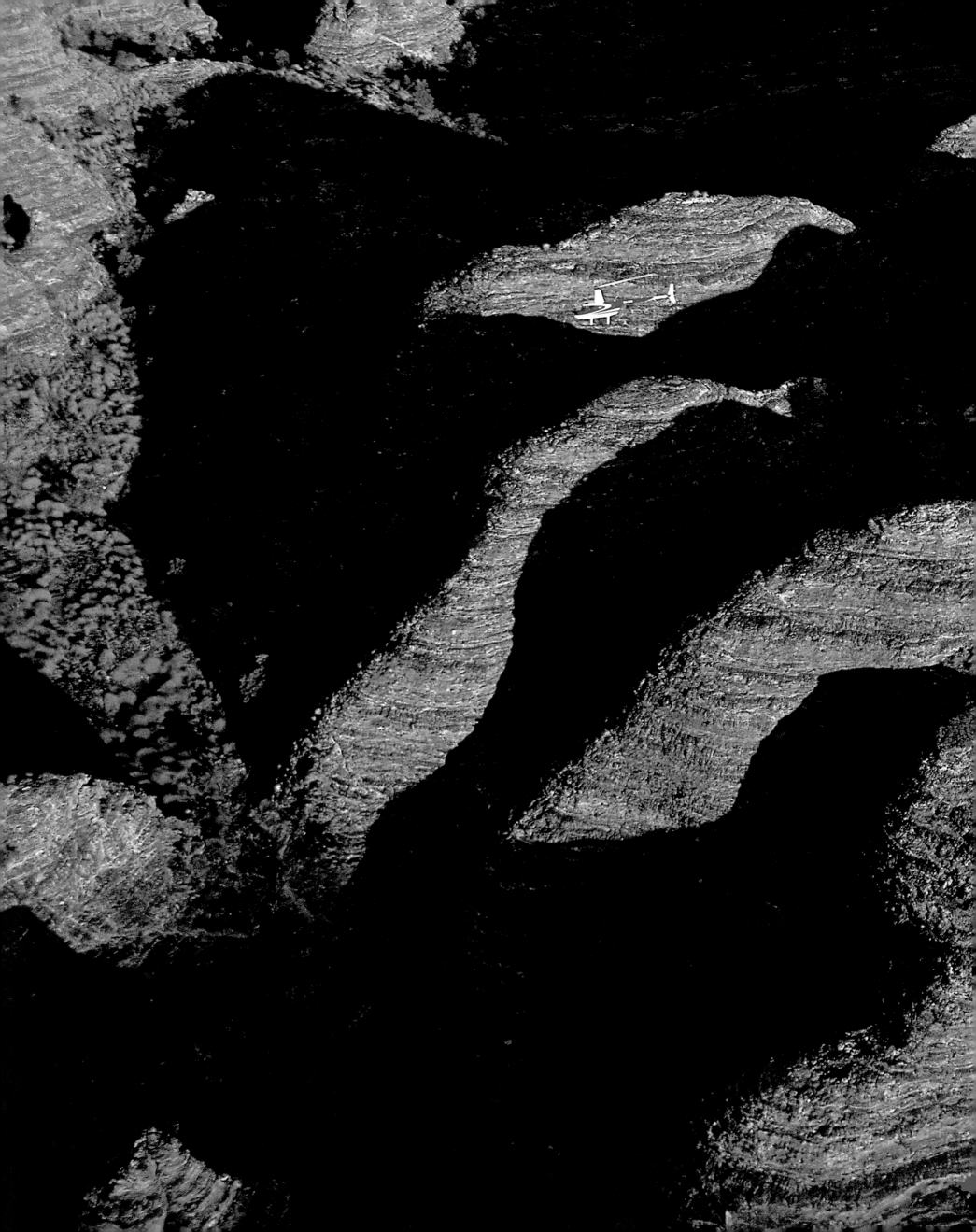

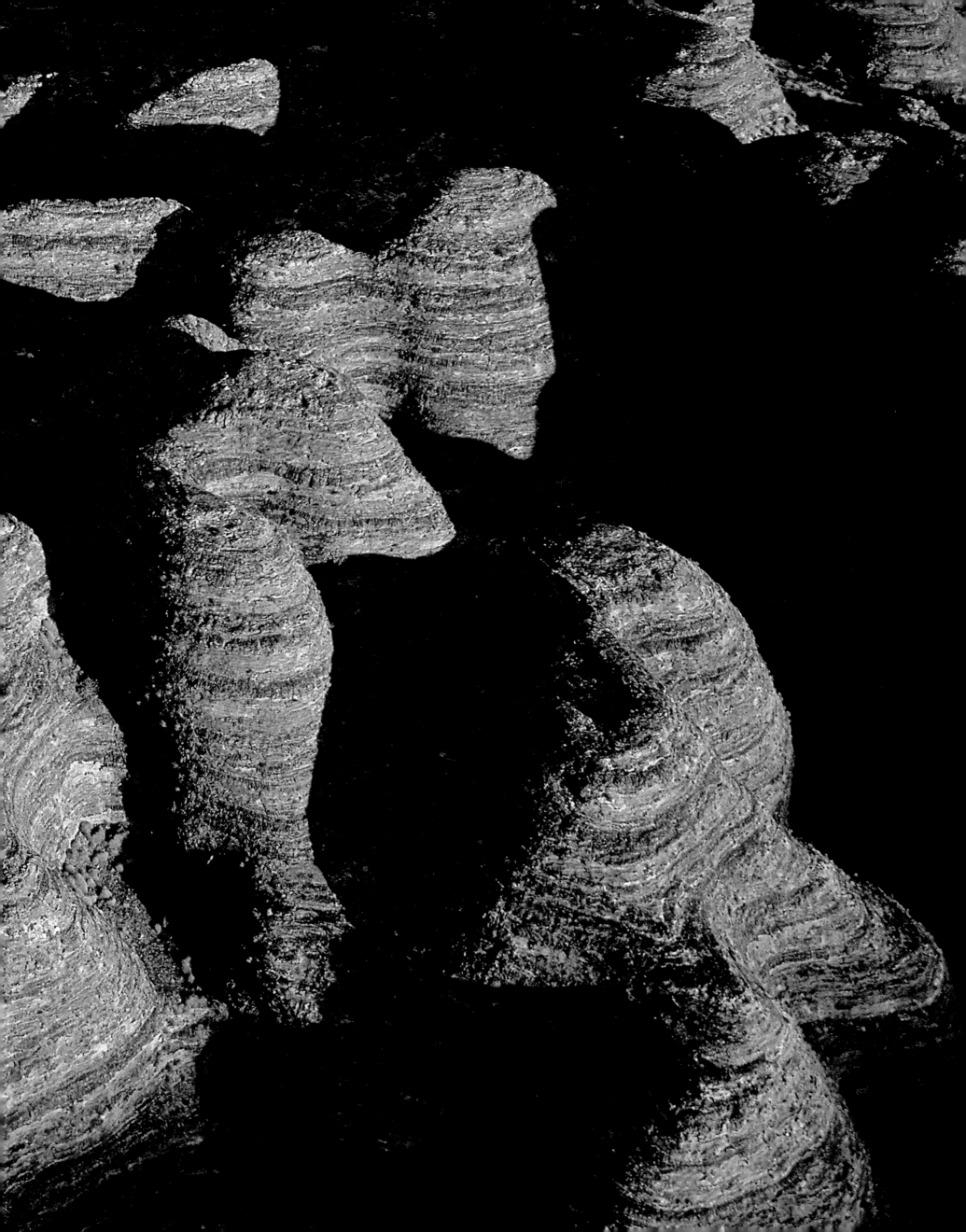

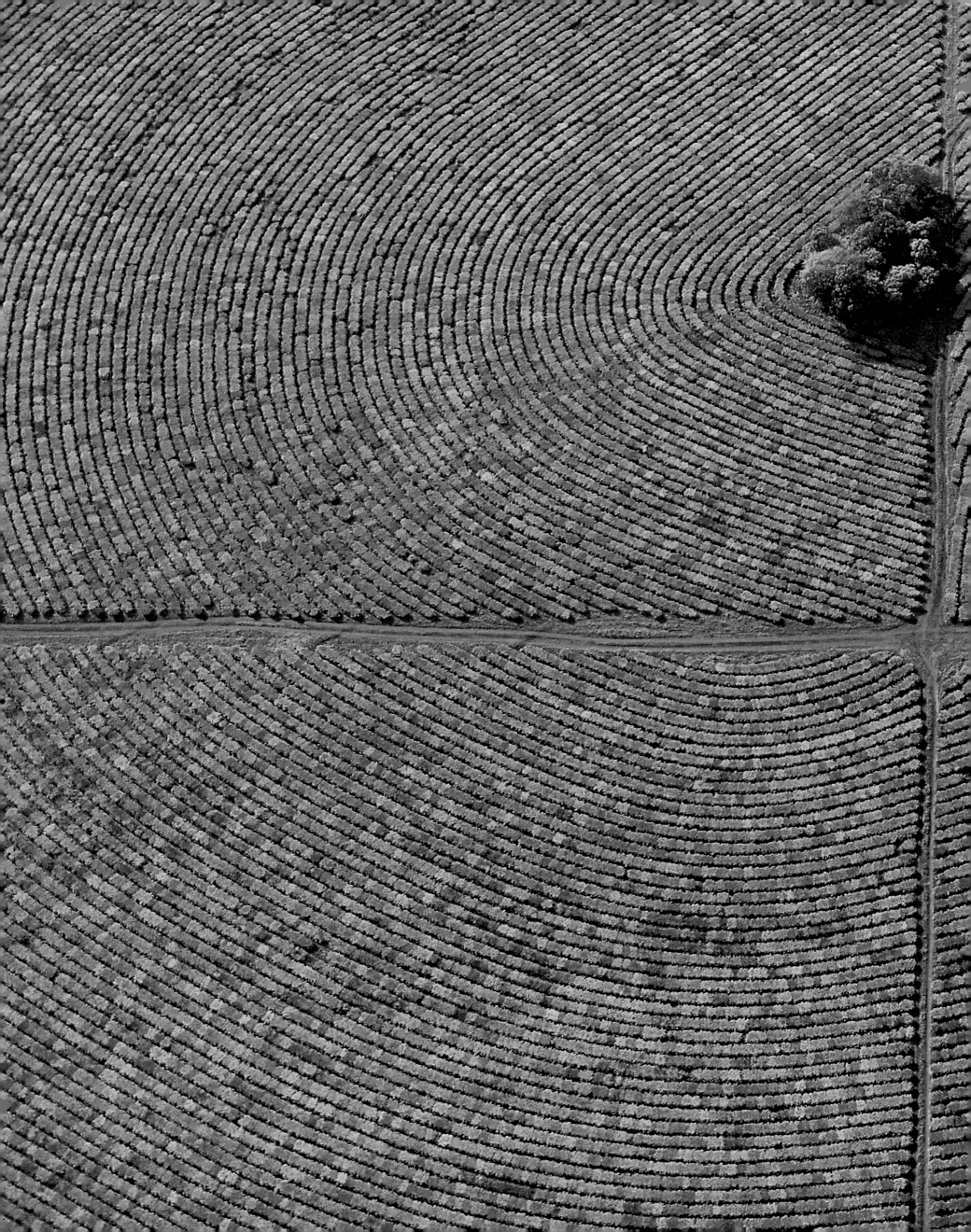

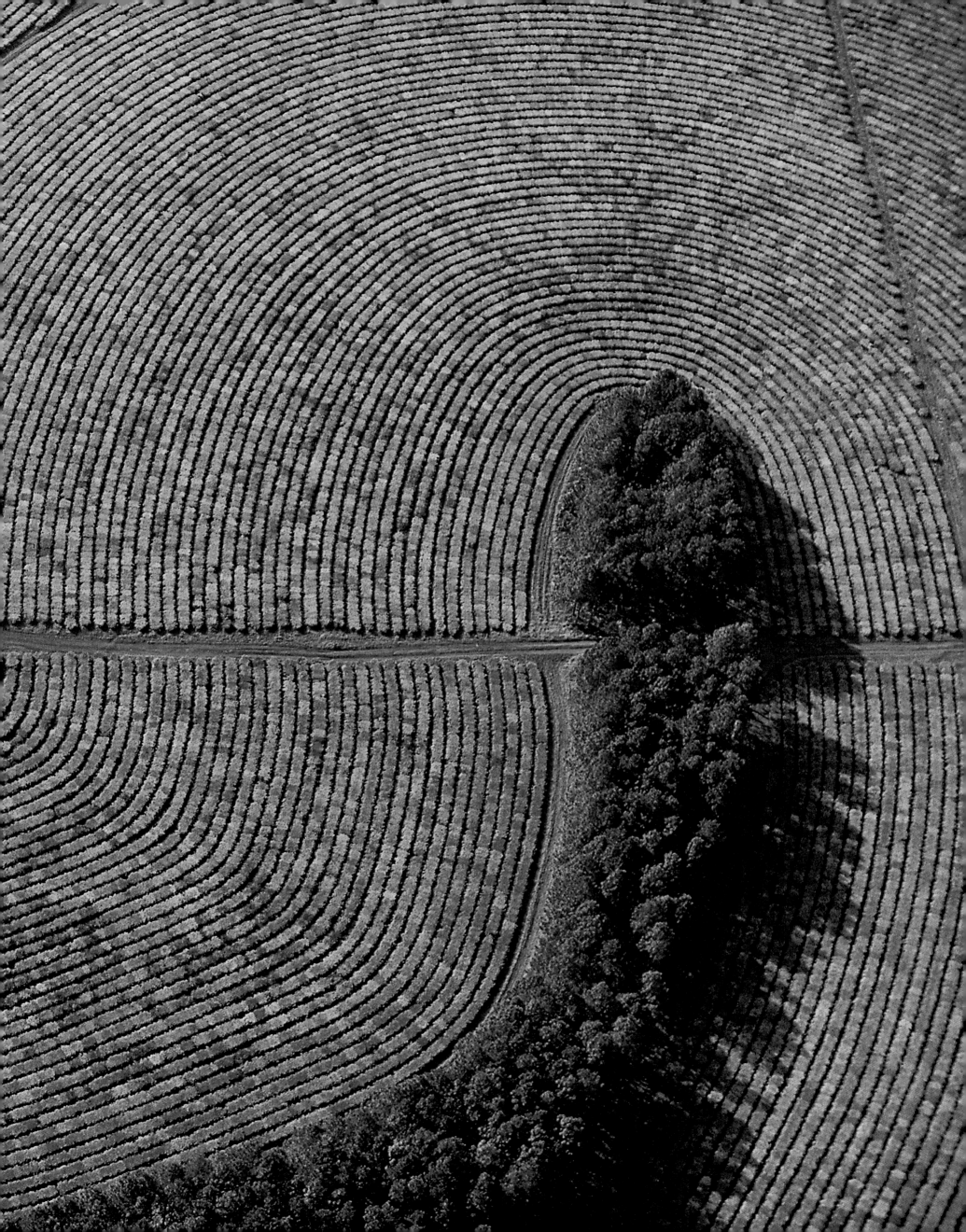

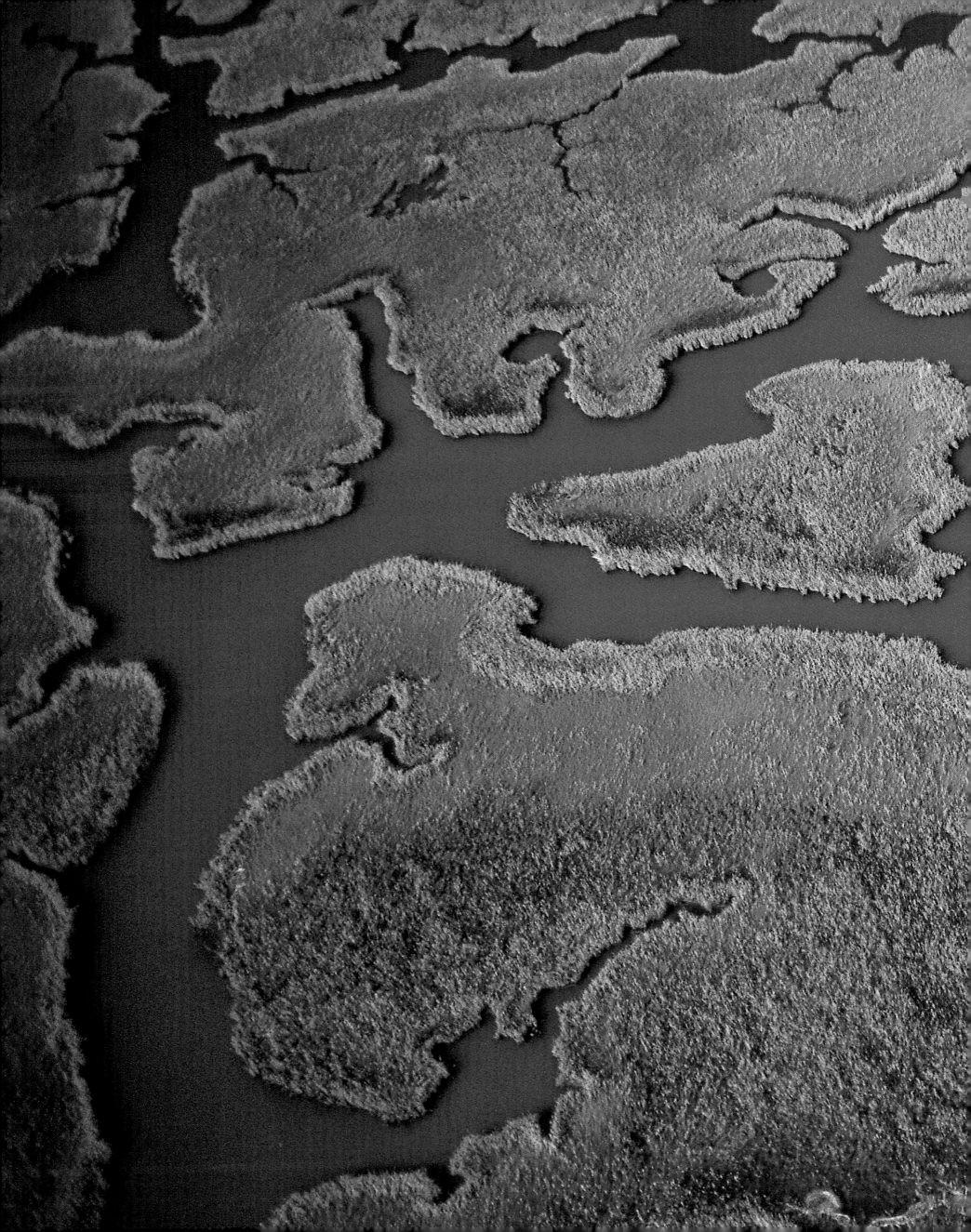

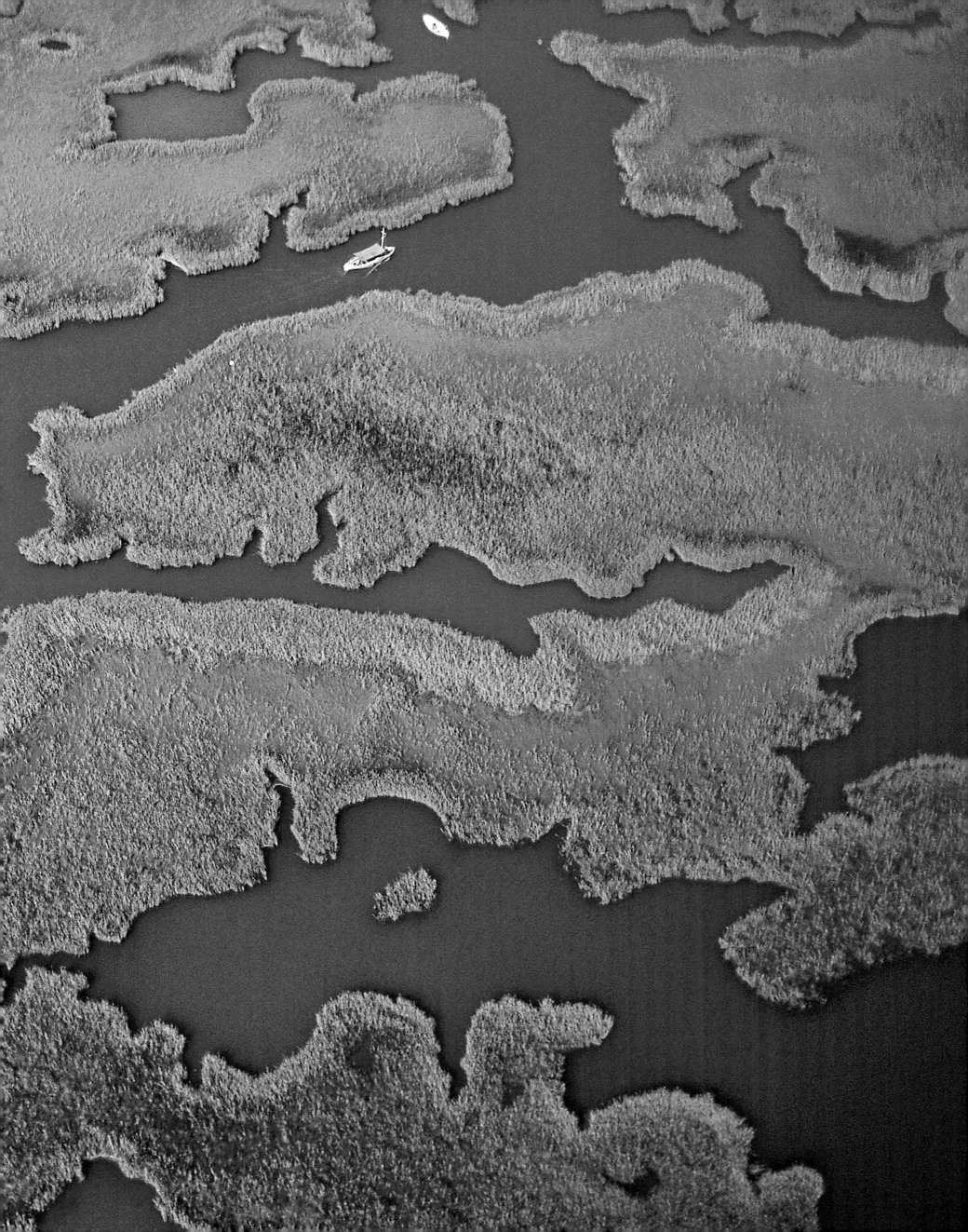

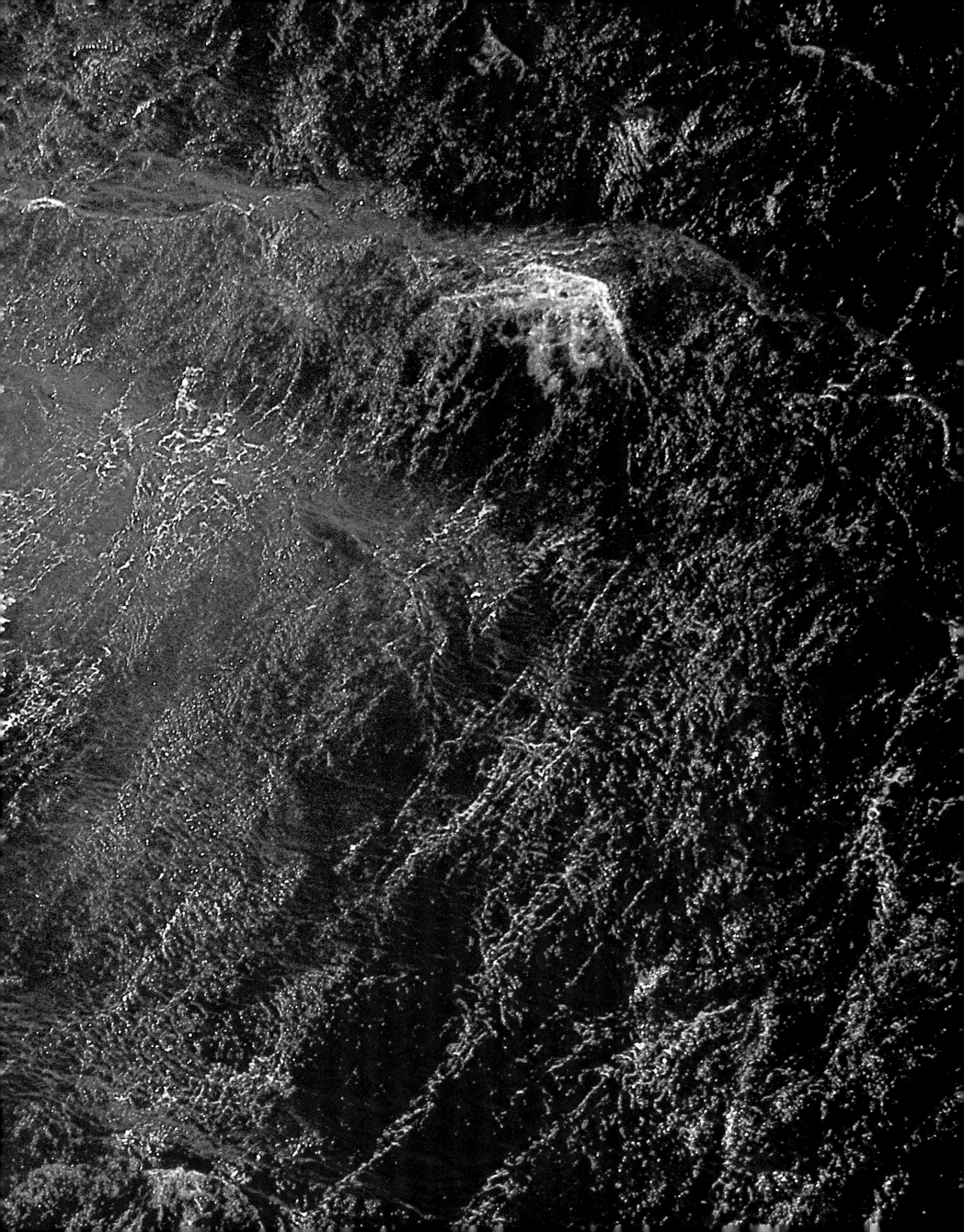

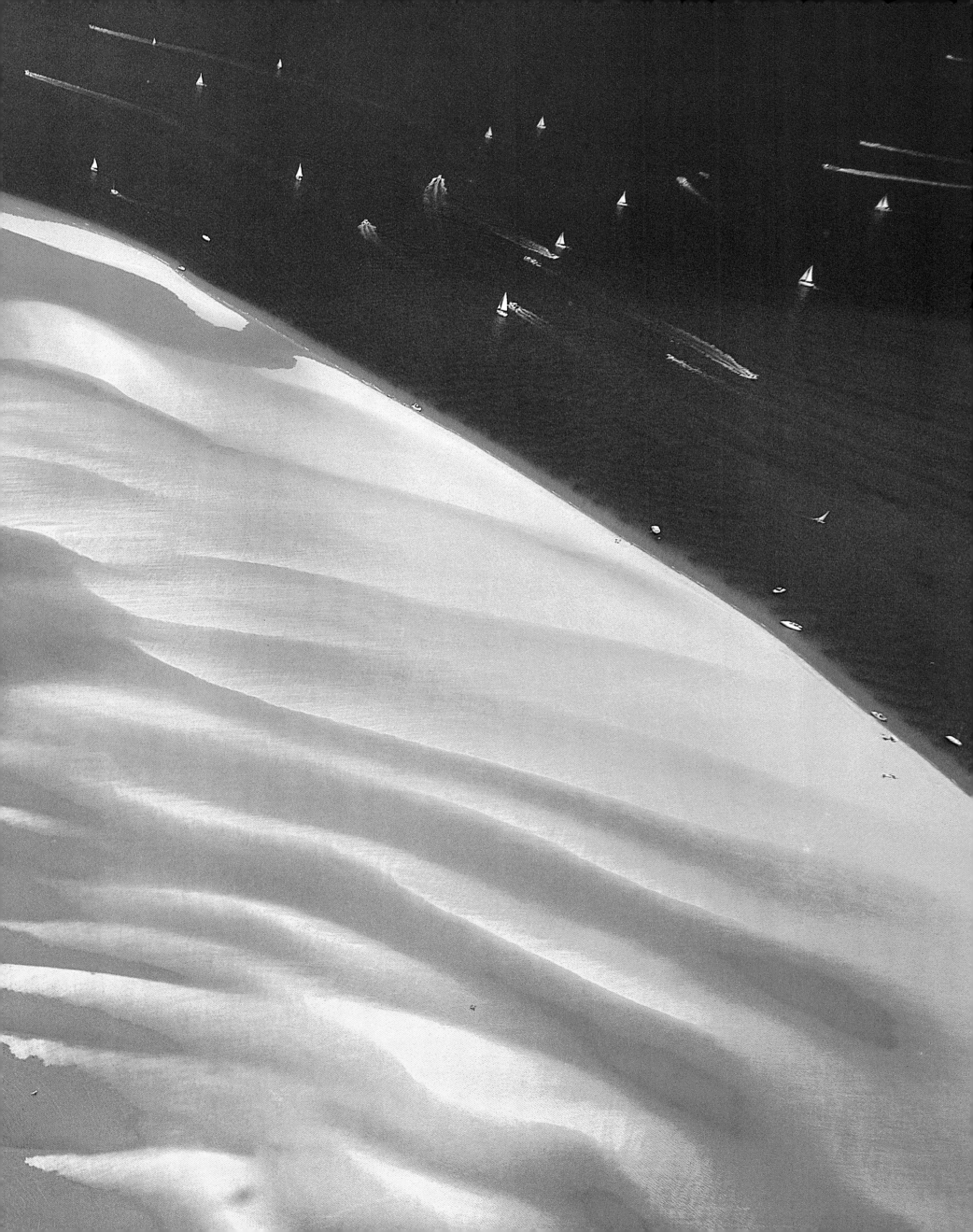

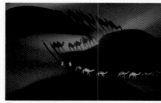

**Pages 178-179
CARAVANES DE
DROMADAIRES
AUX ENVIRONS
DE NOUAKCHOTT,
Mauritanie.**

Dans tous les pays riverains du Sahara, comme la Mauritanie, le dromadaire se révèle l'espèce domestique la mieux adaptée à l'aridité du milieu. Baptisé « vaisseau du désert », cet animal peut ne boire qu'à de longs intervalles et, en hiver, dans un bon pâturage, se passer d'eau pendant plusieurs mois. En revanche, l'été, en fonction de la chaleur et de l'effort fourni, il ne peut tenir que quelques jours sans boire, quand un homme dans les mêmes conditions mourrait de déshydratation en 24 heures. La réserve de graisse contenue dans son unique bosse intervient dans sa régulation thermique, ce qui lui permet de supporter un échauffement de son corps sans transpirer pour se refroidir. En Mauritanie, les Maures élèvent le dromadaire pour son lait et sa viande, ainsi que pour son cuir et sa laine. À la fin des années 1990, le cheptel de dromadaires du pays serait de l'ordre d'un million de têtes.

**Pages 180-181
NOUVELLES
PLANTATIONS
D'OLIVIERS,
gouvernorat de
Zaghouan, Tunisie.**

Les talus édifiés pour retenir l'eau de ruissellement et limiter l'érosion soulignent le relief, à la manière des courbes de niveau d'une carte. Les plantations d'oliviers sont effectuées sur des terres labourables, souvent sur des franges de relief comme ici au pied du Djebel Zaghouan (1 295 m), situé au nord-est de la Tunisie. Caractéristique du climat méditerranéen, l'olivier est cultivé depuis l'Antiquité. Il présente un grand intérêt économique. Non seulement ses fruits sont consommables, mais l'huile d'olive est réputée pour ses vertus diététiques et médicinales. Les rameaux d'oliviers servent également à nourrir les ovins et les caprins. La Tunisie, qui produit 500 000 t d'olives par an (1997), se classe au 5ᵉ rang mondial derrière l'Espagne, l'Italie, la Grèce et la Turquie, mais au 2ᵉ pour les volumes exportés (198 000 t), derrière l'Espagne. La consommation mondiale d'huile d'olive dépasse 2 millions de tonnes.

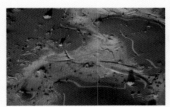

**Pages 182-183
ORYX DANS LE
DÉSERT DU NAMIB,
région de
Swakopmund,
Namibie.**

Formé il y a 100 millions d'années, le désert du Namib, en Namibie, est considéré comme le plus vieux du monde. Il couvre la totalité des 1 300 km du littoral et s'étire sur près de 100 km de large à l'intérieur des terres, occupant 1/5 du pays. Constitué en grande partie de plaines caillouteuses, il abrite également 34 000 km² de dunes de sable qui, avec 300 m de hauteur, sont les plus élevées du monde. Les pluies ne s'abattent sur le Namib que tous les cinq à vingt ans, mais un épais brouillard, résultat de la rencontre des courants d'air froid de l'Atlantique avec les vents chauds provenant du cœur du continent, humecte le sable rouge orangé près de cent jours par an. Grâce à cette brume, de nombreuses espèces végétales et animales parfaitement adaptées à ce milieu peuvent subsister dans le désert du Namib, comme cette grande antilope appelée oryx ou gemsbock.

**Pages 184-185
CULTURE D'ALGUES
À BALI,
Indonésie.**

Exclusivement utilisées comme engrais dans l'Antiquité, puis incorporées sous forme de cendres dans la fabrication du verre au XVIᵉ siècle, les algues sont aujourd'hui produites à 97 % à des fins alimentaires. Des quelque 30 000 espèces d'algues connues dans le monde, seulement quelques dizaines sont exploitées. Parmi elles, les algues carraghénophytes (Floridées riches en mucilages), également appelées chondrus ou lichens d'Irlande, sont utilisées comme gélifiants, épaississants ou stabilisants par les industries agro-alimentaire, pharmaceutique et cosmétique. En Extrême-Orient, la culture de ce type d'algues vertes se pratique sur des cordages ou des filets immergés. Les principaux producteurs en sont l'Indonésie et les Philippines, avec respectivement 23 % et 65 % de la production mondiale. En revanche, toutes espèces d'algues confondues (vertes, rouges, et brunes), c'est la Chine qui arrive en tête des pays producteurs, le Japon étant le premier pays consommateur.

**Pages 186-187
RIVIÈRE LA LEONA,
région de Santa Cruz,
Argentine.**

En Patagonie, à l'est du parc national de Los Glaciares, la rivière la Leona, partant du sud du lac Viedma, serpente sur une cinquantaine de kilomètres parmi les reliefs de la cordillère des Andes pour se jeter dans le lac Argentino, le plus important du pays (1 560 km²), dont elle est la principale source d'approvisionnement en eau. Rivière subglaciaire, la Leona est alimentée par des blocs d'une glace légèrement turquoise, parce qu'ancienne et très dense, détachés des glaciers. En fondant, ces blocs donnent au cours d'eau sa coloration caractéristique d'un bleu laiteux, que les Argentins appellent *dulce de glaciar*, « crème de glacier ». Le contraste de couleurs est d'autant plus saisissant que les berges, soumises à des crues successives, sont quasiment exemptes de toute végétation. La rivière fut baptisée la Leona en 1877 par l'explorateur argentin Francisco Pascasio Moreno qui, durant l'une de ses expéditions dans cette région, avait survécu à une attaque d'une femelle puma, une « lionne ». Comme la majorité des cours d'eau de Patagonie, la Leona est riche de diverses espèces de poissons, notamment de saumons et de truites.

**Pages 188-189
FLOTTAGE DU BOIS
SUR L'AMAZONE,
région de Manaus,
Amazonas,
Brésil.**

Dans cette région où la densité du couvert végétal ne permet pas d'autre accès aux zones d'exploitation, le flottage est le moyen de transport de bois le plus rentable. Les grumes liées entre elles sont stockées sur le fleuve Amazone avant d'être remorquées vers les scieries. L'exploitation du bois, apport économique majeur pour le Brésil, se fait au prix d'une déforestation inquiétante de près de 19 000 km² chaque année. La forêt amazonienne a ainsi déjà perdu 10 % de sa superficie originelle ; sa destruction progressive menace l'habitat des populations indigènes mais aussi des milieux qui abritent la moitié des diverses espèces du monde. L'Asie et l'Afrique surexploitent également leurs ressources forestières : sur les 18 millions de km² de forêts tropicales que compte la planète, 120 000 km² disparaissent chaque année.

**Pages 190-191
CULTURE D'IGNAMES
AU NORD DE TAGADI,
région de Bondoukou,
Côte-d'Ivoire.**

Enfouie selon des techniques agricoles traditionnelles sous des monticules de terre, comme dans ce champ près de Bondoukou, à l'est de la Côte-d'Ivoire, l'igname est cultivée pour la consommation locale dans la plupart des pays tropicaux du monde. En Afrique, ce tubercule, riche en amidon et en protéines, est particulièrement répandu dans les zones situées à la limite septentrionale des régions forestières, de la Côte-d'Ivoire jusqu'au Cameroun. Ingrédient de base d'un des principaux plats de la gastronomie ivoirienne, le *foutou* (sorte de purée compacte), ce féculent encore très présent dans l'alimentation des ruraux, a peu à peu été délaissé par les citadins qui représentent désormais près de la moitié de la population du pays. La Côte-d'Ivoire demeure le 3ᵉ producteur africain d'ignames (après le Nigeria et le Ghana). Dans toute l'Afrique, l'agriculture occupe plus de 70 % de la population active, mais n'assure en revanche qu'un quart des revenus du continent.

Les légendes concernant les photographies
192 à 207 sont placées sur le rabat de droite
du cahier de texte suivant

légendes 178 à 191   légendes 192 à 207
↓   ↓

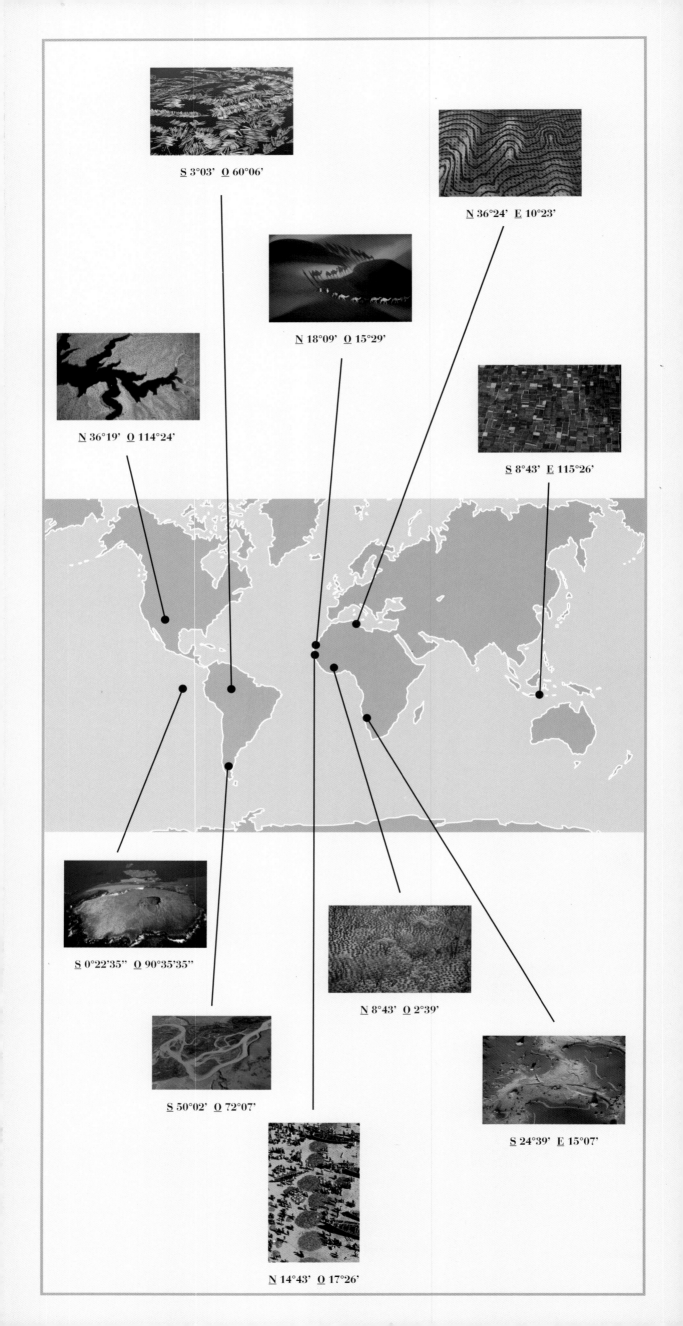

S 3°03' O 60°06'

N 36°24' E 10°23'

N 18°09' O 15°29'

N 36°19' O 114°24'

S 8°43' E 115°26'

S 0°22'35" O 90°35'35"

N 8°43' O 2°39'

S 50°02' O 72°07'

S 24°39' E 15°07'

N 14°43' O 17°26'

sible et latente, constituée d'un ensemble de structures symboliques, qui sont puisées à la base même de la société. Les archéologues modernes font chaque jour apparaître davantage cette part : les vestiges matériels des civilisations, non seulement les temples et autres monuments, mais aussi parfois les objets les plus ténus, révèlent que toutes les constructions humaines contiennent dès le départ une part de symbolique. Nous savons aujourd'hui que la pierre à broyer existe avant la céréale, le village avant l'agriculture. Il est tout à fait vraisemblable que l'on doive rechercher dans un changement du psychisme collectif la source des autres changements, matériels ceux-là, qui caractérisent la première sédentarisation, le dessin du premier champ, l'organisation du premier nomadisme ou de la première domestication du bétail. Grande leçon pour l'humanité : il n'est pas besoin que l'objet préexiste pour que le sujet invente un usage.

Une vision symbolique de la nature et des territoires s'est progressivement mise en place à partir de perceptions collectives longuement transmises, de génération en génération. Ces perceptions provenaient autant de la technologie nécessaire à la création de territoires humanisés que d'une forme répétée d'esthétique acquise au cours des siècles dans la transmission des savoirs de parents à enfants. Il n'est donc pas surprenant de constater que ces représentations de la nature humanisée, telles qu'elles ont existé pendant des millénaires avant l'invention de la machine à vapeur, subsistent avec vigueur dans l'imaginaire de toutes les populations du monde. Le sentiment de beauté que procurent les paysages hypermodernes pourrait résulter, quant à lui, d'une accumulation de trois sortes de « souvenirs » dans le cerveau d'un individu.

Les plus anciens de ces souvenirs proviendraient d'un temps très lointain et correspondraient aux formes qui furent observées par les premiers hommes : les ailes des papillons, comme les pierres, portent des dessins primitifs, quelquefois géométriques, dessins que l'on peut retrouver en tout lieu du globe et qui existaient avant l'espèce humaine. Toutes les formes, toutes les associations de couleurs que peut imaginer un individu font déjà partie du monde et se trouvent probablement « quelque part », même s'il n'en a pas connaissance. Ensuite viendraient les « souvenirs » hérités du premier sentiment esthétique ressenti, sentiment fondé sur la symétrie, la régularité, la répétition d'un thème simple. Tel serait le sens à donner aux traits incisés en série, avec régularité, sur des os soigneusement choisis, entre les années 350 000 et 220 000 avant notre ère. Tel serait aussi le sens de la régularité des formes que l'on constate dans toutes les campagnes du monde dès que des hommes en société décident d'aménager leur territoire, même si l'on doit tenir compte du rôle inconscient que jouent les lois de la physique. Enfin, les « souvenirs » tout récents proviennent d'une évolution accélérée de la technique vers la pureté des lignes et l'absence de rugosité des espaces.

DES PAYSAGES POUR DES HUMAINS

L'émotion particulière ressentie par la très grande majorité des êtres humains devant un harmonieux agencement de l'herbe, du bois, du sable, de la montagne, du littoral, des nuages, des couleurs du ciel et des rayons solaires est-elle héritée des temps où ces *spectacles naturels* ont revêtu des valeurs symboliques collectives ? Peut-être. Les dictionnaires nous le rappellent : dans les différentes langues

SPECTACLES ET PAYSAGES

Au fil du temps, de véritables « paysages humains » ont été construits par les sociétés. Ils reflètent, sur le long terme comme dans un temps très court, le travail de générations successives, et se présentent comme tout à fait autre chose que les « spectacles naturels », agencements d'objets de la nature – rocher, mer, soleil, rivière, plage… – qui s'offrent au regard de l'explorateur abordant une contrée. Ces agencements sont le résultat du placement, là et pas ailleurs, des objets qui le constituent. Ils ne deviennent spectacle que pour les humains, qui les appréhendent par le regard et leur donnent un sens : ce sont, au sens littéral, des représentations qui font partie des constructions de l'esprit humain. Les paysages humains, pour leur part, sont le produit de la transformation de la nature par l'espèce humaine : ils contiennent donc tous, sans exception, une part de nature et une part de « culture », de civilisation, et varient selon les sociétés. Parce qu'ils sont le produit du fonctionnement d'un organisme social tout autant que des outils dont une société dispose, ces paysages mériteraient d'être appelés « paysages de mœurs ». En effet,

liés au genre de vie de la population, aux relations que celle-ci entretient entre ses différents segments (hameau, village, bourg, ville, port…), ainsi qu'aux relations avec les communautés voisines, ces paysages bougent avec la société à un rythme qui peut être parfois à peine perceptible.

C'est dans l'ordonnancement des éléments naturels, quasiment immuable à l'échelle de la vie humaine, sauf catastrophe très particulière en des lieux très particuliers, que sont produits à la fois le paysage humain et le spectacle naturel. L'un comme l'autre sont le produit du regard. Mais c'est le cerveau qui ressent une émotion, peut l'exprimer en sentiment, et traduit le tout en esthétique. L'esthétique n'est aucunement « dans la nature ». Elle provient d'une expérience accumulée par un individu, dont une part est probablement transmise. C'est pourquoi il est commode de distinguer dans tout jugement esthétique trois niveaux : biologique et de très longue durée, culturel et de durée moyenne, personnel et de courte durée. De toute manière, on voit bien qu'il en est des paysages, des spectacles et autres perceptions comme il en est de toute activité humaine : l'être humain seul crée le spectacle, et ce spectacle n'en est un que pour lui.

PAYSAGES ET FORMATION DE L'IMAGINAIRE

Tous les éléments qui constituent le spectacle – naturel ou bien humain – contiennent subrepticement, dans leurs formes et souvent jusque dans leur matière, une part invi-

**Pages 152-153
LOTISSEMENTS
À BRØNDBY,
banlieue de
Copenhague, Seeland,
Danemark.**

Afin de concilier aménagement de l'espace, sécurité et confort, les lotissements de Brøndby, dans la banlieue sud-ouest de Copenhague, sont disposés en cercles parfaits où chaque propriétaire dispose d'une parcelle de 400 m² dotée d'un jardin qu'il doit traverser pour rejoindre sa demeure. Ce type de quartier résidentiel, à la fois agréable et fonctionnel pour répondre aux attentes des populations, se développe de plus en plus en périphérie des grands centres urbains pourvoyeurs d'emplois. En raison de l'expansion industrielle et de la croissance démographique de la plupart des pays, le nombre de citadins dans le monde a augmenté de plus de 13 % durant les cinquante dernières années. Près de la moitié de la population de la planète (45 %) vit aujourd'hui en ville, principalement dans les pays développés (75 % de citadins).

**Pages 154-155
ARCHIPEL
DES BOUCANIERS,
West Kimberley,
Australie.**

Au large des côtes très découpées et érodées du Nord-Ouest de l'Australie émergent des milliers d'îlots restés sauvages, comme ceux de l'archipel des Boucaniers. Les activités agricoles et industrielles étant peu présentes sur le littoral, l'eau de la mer de Timor, qui s'insinue entre les îles, est relativement épargnée par la pollution, ce qui permet à des espèces fragiles, comme celle des huîtres *Pinctada maxima*, de se développer dans les meilleures conditions. Prélevés dans leur milieu naturel, sur les fonds marins, ces mollusques sont exploités pour l'élaboration de perles de culture. Les perles australiennes, qui représentent 70 % de la production des mers du Sud, sont deux fois plus grosses (12 mm de diamètre, en moyenne) et aussi, d'après les experts, plus belles que celles du Japon, pays pourtant pionnier de l'activité (depuis le début du siècle) et 1er producteur mondial.

**Pages 156-157
PAYSAGE AGRICOLE
PRÈS DE COGNAC,
Charente,
France.**

Au XIXe siècle, les vignes de Charente, grande région viticole, furent ravagées, comme près de la moitié du vignoble français, par le phylloxéra, maladie causée par un puceron parasite. Une partie importante des cépages de cette région fut remplacée par des cultures céréalières qui dominent encore le paysage actuel. Le vignoble s'est néanmoins peu à peu reconstitué autour de la ville de Cognac, où la production d'alcool du même nom n'a cessé d'augmenter. Poussant sur un sol crayeux, le cépage ugni blanc, appelé localement saint-émilion, fournit un vin qui, après distillation et vieillissement en fûts de chêne, donne naissance au cognac, appellation limitée à ce seul terroir. Avec plus de 10 000 exploitations sur 900 km², la région de Cognac produit plus de 190 millions de bouteilles par an de ce prestigieux alcool ; plus de 90 % sont exportés, principalement vers les États-Unis et le Japon, mais aussi vers les autres pays d'Europe.

**Pages 158-159
ÎLOT BOISÉ
SUR UN LAC
DE LA PÉNINSULE
DE KENAÏ,
Alaska,
États-Unis.**

En Alaska, le plus grand état américain avec 1,5 million de km² (soit 1/5 des États-Unis), la péninsule de Kenaï, sur la côte méridionale est, contrairement à la majeure partie du territoire, préservée du *permafrost* (gel permanent du sol) par un climat océanique tempéré. Elle présente des paysages de forêts et de lacs dont les eaux claires reflètent le ciel avant que l'hiver ne les transforme en glace. Très poissonneux, ces lacs foisonnent de truites arc-en-ciel et de brochets nordiques, mais surtout de saumons qui remontent les cours d'eau de la péninsule en été et font le bonheur des ours noirs et des grizzlys de la région. Ces saumons font également l'objet d'une pêche sportive et commerciale ; 10 millions d'entre eux sont capturés chaque année et alimentent les industries de conditionnement de l'Alaska, qui fournissent pour moitié les conserveries de saumon du monde.

**Pages 160-161
PARTERRES
DE BRODERIES
DU CHÂTEAU DE
VAUX-LE-VICOMTE,
Maincy,
Seine-et-Marne,
France.**

Les « tapis de turquerie », ou parterres de broderies en haies de buis du château de Vaux-le-Vicomte, sont, comme l'ensemble du parc, l'œuvre de l'architecte-jardinier André Le Nôtre (1613-1700). Réalisé pour Nicolas Fouquet, surintendant général des Finances, le château a été construit en cinq ans par quelque 18 000 ouvriers. Le jardin, agrémenté de plans d'eau et fontaines, offre une perspective de 2 500 m qui a nécessité la destruction de deux hameaux. Invité par Fouquet en 1661, le jeune roi Louis XIV, offusqué par le faste de la fête, ordonna une enquête sur le surintendant et le fit emprisonner. Le Nôtre, quant à lui, se vit confier le titre de contrôleur général des Bâtiments du roi. Il élabora d'autres jardins classiques dits « à la française » pour les châteaux de Saint-Germain-en-Laye, Saint-Cloud et Fontainebleau, mais son chef-d'œuvre reste les jardins du château de Versailles, palais du « Roi-Soleil » Louis XIV.

**Pages 162-163
MARÉCAGES
À KAUNOS,
Anatolie,
Turquie.**

Face à l'île de Rhodes, ces marécages en aval du lac de Köycegiz sont très proches de la mer Égée. À proximité aussi, près de la petite ville de pêcheurs de Dalyan, les ruines de l'antique Caunus, ville catienne de la Pérée rhodienne, attirent de nombreux touristes qui viennent contempler ses remparts, ses tombeaux et surtout son théâtre de 20 000 places. En bordure du marécage, une plage abrite une population de tortues Caretta caretta. Dans les années 1990, les initiatives visant à protéger ces tortues des effets du tourisme de masse, avec un très fort écho médiatique, sont apparues comme un symbole de la prise de conscience écologiste en Turquie. Le tourisme représente une ressource économique d'importance pour le pays, celui-ci accueillant plus de 7 millions de visiteurs par an, dont 1/4 d'Allemands.

**Pages 164-165
BALEINE AU LARGE
DE LA PÉNINSULE
DE VALDÉS,
Argentine.**

Estivant dans l'Arctique, les baleines rejoignent les mers du Sud en hiver pour s'y reproduire. De juillet à novembre, les côtes de la péninsule de Valdés, en Argentine, deviennent le lieu d'accouplement et de mise bas des baleines franches. Mammifère marin migrateur, la baleine (11 espèces au total) a été victime, depuis des décennies, d'une exploitation intensive qui l'a menée au bord de l'extinction. Des mesures internationales de protection ont été prises dès 1931 et, à partir de 1986, se sont succédé plusieurs moratoires interdisant sa chasse à des fins commerciales. Les effectifs sont désormais stabilisés, mais les populations restent encore en nombre insuffisant pour écarter tout risque de disparition. En effet, chaque espèce ne compte aujourd'hui que quelques milliers d'individus, soit des chiffres de dix à soixante fois inférieurs aux estimations du début du XXe siècle.

**Pages 166-167
RÉSERVE
NATURELLE
DU BANC D'ARGUIN,
Gironde,
France.**

À l'embouchure du bassin d'Arcachon, entre le Cap-Ferret et la dune du Pilat (la plus haute de France, 106 m), le banc d'Arguin affleure sous les eaux de l'océan Atlantique. Constitué d'un ensemble d'îlots sableux qui changent de forme et de place au gré des vents et courants marins, suivant un cycle relativement régulier d'environ 80 ans, ce site, d'une superficie variable de 150 à 500 ha, a été classé réserve naturelle en 1972. Le banc d'Arguin est en effet une escale, un lieu d'hivernage ou de nidification pour de nombreuses espèces d'oiseaux migrateurs ; on y rencontre notamment une colonie de 4 000 à 5 000 couples de sternes (Sterna sandvicensis) parmi les trois plus importantes d'Europe. Malgré son statut de protection, la réserve naturelle est menacée par l'importance de l'affluence touristique et le développement croissant d'activités ostréicoles à sa périphérie.

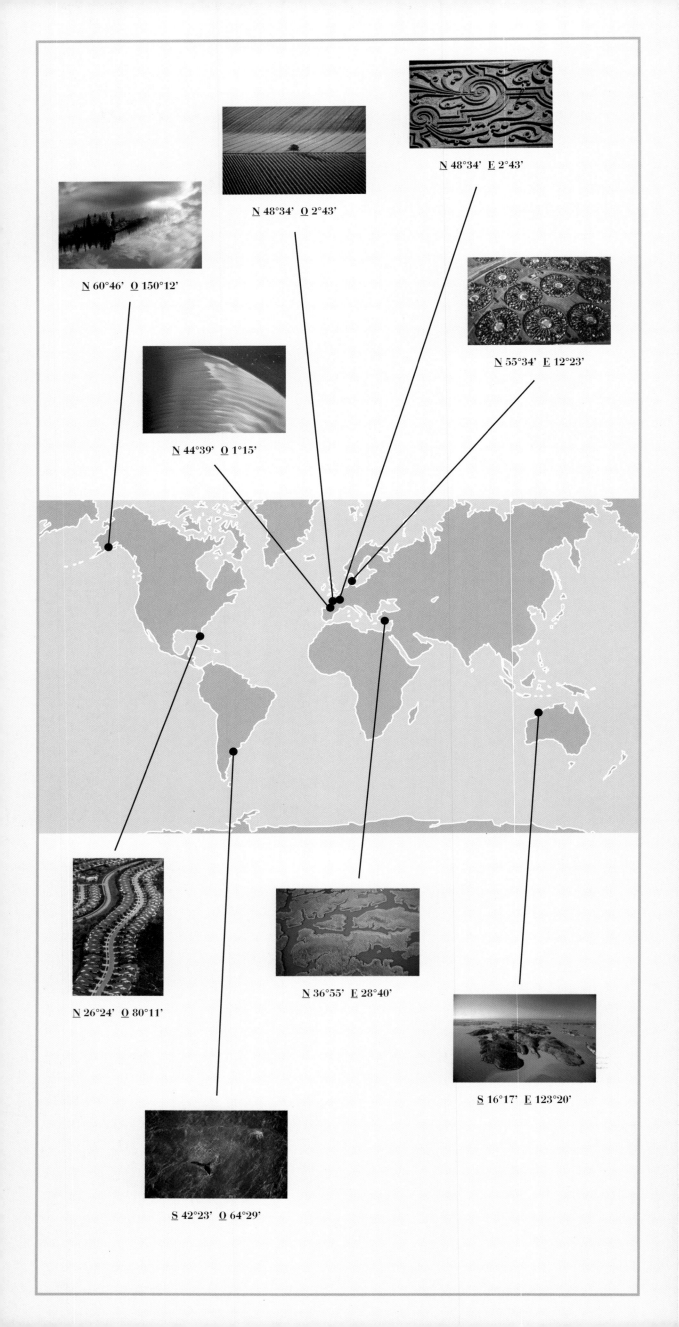

N 48°34' E 2°43'

N 48°34' O 2°43'

N 60°46' O 150°12'

N 55°34' E 12°23'

N 44°39' O 1°15'

N 26°24' O 80°11'

N 36°55' E 28°40'

S 16°17' E 123°20'

S 42°23' O 64°29'

du monde, le mot paysage qui correspond à cette émotion n'est vieux que de quelques siècles, sauf en Chine où serait attesté, semble-t-il, l'usage d'un mot spécifique dès le Vᵉ siècle de notre ère. Toute représentation d'un « morceau » de la surface terrestre ne montre pas cette surface telle qu'elle est, mais ce que l'œil humain peut percevoir de l'agencement original, en un lieu particulier, des éléments qui la constituent. Ce n'est ni la nature, ni ce qu'en a fait telle société humaine qui est révélé, mais un « objet » particulier, qualifié par son esthétique et le sens que chacun peut lui donner et que l'on appellera alors un paysage.

À partir de ce moment se crée une sorte de géographie symbolique, développée à partir de perceptions collectives de la nature, qu'elle soit humanisée ou non. Le fait que les premières peintures de paysages aient été dédiées à des sites champêtres et que, de nos jours encore, le sens le plus communément admis du mot paysage désigne des espaces ruraux montre clairement la filiation. Or, depuis plus de dix mille ans, les aménagements de territoires divers, dans lesquels apparaissent « à leur place » diverses variétés de constructions, ont constitué des séries de « paysages humains » successifs. Aurions-nous affaire à une sensibilité récente, qui mettrait le mot paysage sur ce qui fut, avant cela, le spectacle de tous les jours, réalité ne méritant pas de recevoir un nom particulier ?

Alors, on pourrait mieux comprendre le sens de la quête, imprécise et profonde, que mènent ceux de nos contempo-

rains qui rêvent de trouver, dans les paysages qu'ils s'obligent à fréquenter bien loin de leur résidence habituelle, pureté et concorde, paix et douceur, silence et tendresse. La nature est alors ressentie comme aimable si elle est harmonieusement disposée. Comment ceux qui la peuplent ne seraient-ils pas, en ce cas, hospitaliers, désintéressés et discrets ? C'est pourquoi la proximité aisément accessible d'une nature non polluée par des industries, des automobiles et les fils électriques est devenue hautement désirable par ceux-là mêmes qui vivent de l'électricité et du moteur à explosion dans des territoires tracés par l'industrie.

Il existe pour cette raison une utilisation onirique de la réalité qui magnifie ce qui subsiste sur notre Terre de ce qui précéda la production de masse. Également de tout ce qui, dans la production de masse, met en valeur une esthétique fondée sur la répétition d'un motif et la profusion de formes géométriques, dont témoignent la vision de Klee ou celle de Mondrian. En dernière analyse, si tout paysage porte la signature de ceux qui l'ont façonné, il est avant tout ce que ressent celui qui le regarde. Plus qu'un état du lieu, un paysage représente un état d'âme.

LA DIFFICILE GESTION DE L'ENVIRONNEMENT

Les sociétés humaines les plus avancées du point de vue technique n'ont pas véritablement pris en compte, depuis deux siècles, les problèmes qui se posent à l'interface entre nature et société. Il a fallu que d'évidents changements dans l'environnement, tant locaux que globaux, deviennent mesurables – ce qui est aussi une conséquence de la technique – pour qu'une prise de conscience s'effectue, qui devrait conduire à une gestion plus prudente et plus rationnelle des territoires, en prévision de l'avenir. Mais il faut pour cela qu'à deux niveaux au moins les intérêts particuliers

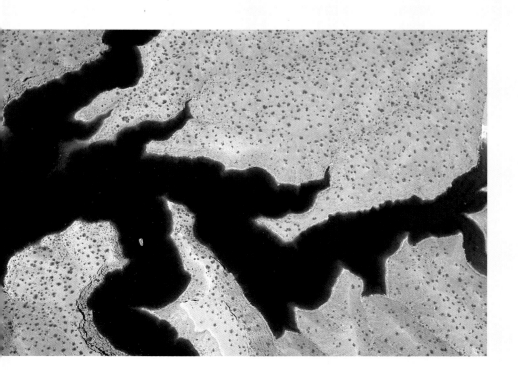

BRAS DU LAKE MEAD, MUDDY MOUNTAINS, Nevada, États-Unis.
Barrer un canyon pour accumuler l'eau d'un réservoir fait partie des interventions généralement jugées bénéfiques dans la mesure où elles permettent de satisfaire certains besoins de la société, bien qu'il se trouve toujours quelques particuliers pour déplorer l'aliénation d'un paysage qui leur convenait. Gagner un lac sur la steppe est certainement plus aisé que de conserver l'eau dans un paysage densément humanisé. Les sociétés actuelles sont confrontées aux choix qu'exige la mise à disposition de moyens de vie accrus pour des populations croissantes. Ces choix seront encore plus nombreux et douloureux dans l'avenir. Entendra-t-on un jour quelques inquiets réclamer l'arrêt de la consommation d'espace par les autres, pour préserver la qualité du leur ?

s'effacent devant l'intérêt général : le premier, dans le cadre des États, puisque le cadre étatique est devenu celui du fonctionnement de toutes les sociétés ; le second, dans le cadre d'une prise de conscience mondiale.

Quelques mesures apparemment de bon sens peuvent cependant masquer des effets pervers. Ainsi, par exemple, la création de zones protégées (parcs naturels, réserves…) peut signifier que dans les autres espaces, une autorisation tacite est donnée aux sociétés de continuer à modifier sans précaution superflue la « nature ordinaire ». Du fait de la multiplication rapide, très récente, du nombre des humains, et de l'accroissement encore plus récent d'une puissance multiforme et souvent invisible de destruction, la protection des paysages est devenue une part importante de la protection de la nature, avec des enjeux spécifiques selon les milieux. Les littoraux, en effet, ne requièrent pas les mêmes protections que la haute montagne, et ce n'est pas en taillant des routes dans l'« enfer vert » de la forêt amazonienne qu'on en fera un paradis tropical. Nous l'apprenons chaque jour un peu mieux : un paysage, construit par les humains, n'est généralement détruit que par eux ; il faut qu'ils aient commis quelque imprudence pour que la nature y contribue.

Avec la généralisation du phénomène urbain dans le monde moderne, qui correspond à une évolution constante vers une plus grande autonomie du corps social par rapport aux conditions naturelles, il est devenu banal d'adresser au paysage une demande : « Restitue-nous l'image d'un monde tel que nous aimerions qu'il soit ! » Paysage, mon beau miroir, dis-moi quelle est la plus belle espèce sur cette planète… Cette attitude est touchante, parce que pour rien au monde la majorité de ceux qui vivent en ville ne retournerait vivre à la campagne, sauf à recréer, comme cela arrive quelquefois, une illusion de vie à la campagne. La rançon de ce sentiment est un remodelage mental de la nature combinée aux constructions humaines qui aboutit au décor de théâtre : scènes de la vie des champs ou villages-vacances, espaces filmiques des centres urbains, reconstitutions historiques avec son et lumière, rallyes-raids parmi des curiosités naturelles, itinéraires de monuments en péril en monuments restaurés… Il s'y ajoute tout « naturellement » une utilisation de la nature en fonction de ses spécificités – sports d'hiver, plages d'été –, puis la création de lieux de plaisir « re-naturés » : parcs aquatiques, voies d'ascension pitonnées, grottes munies d'escaliers et illuminées. Le monde devient ainsi une immense scène où le temps déroule chacune de nos vies. À des échelles plus réduites cependant, cessa-t-il jamais de l'être ?

Pierre Gentelle

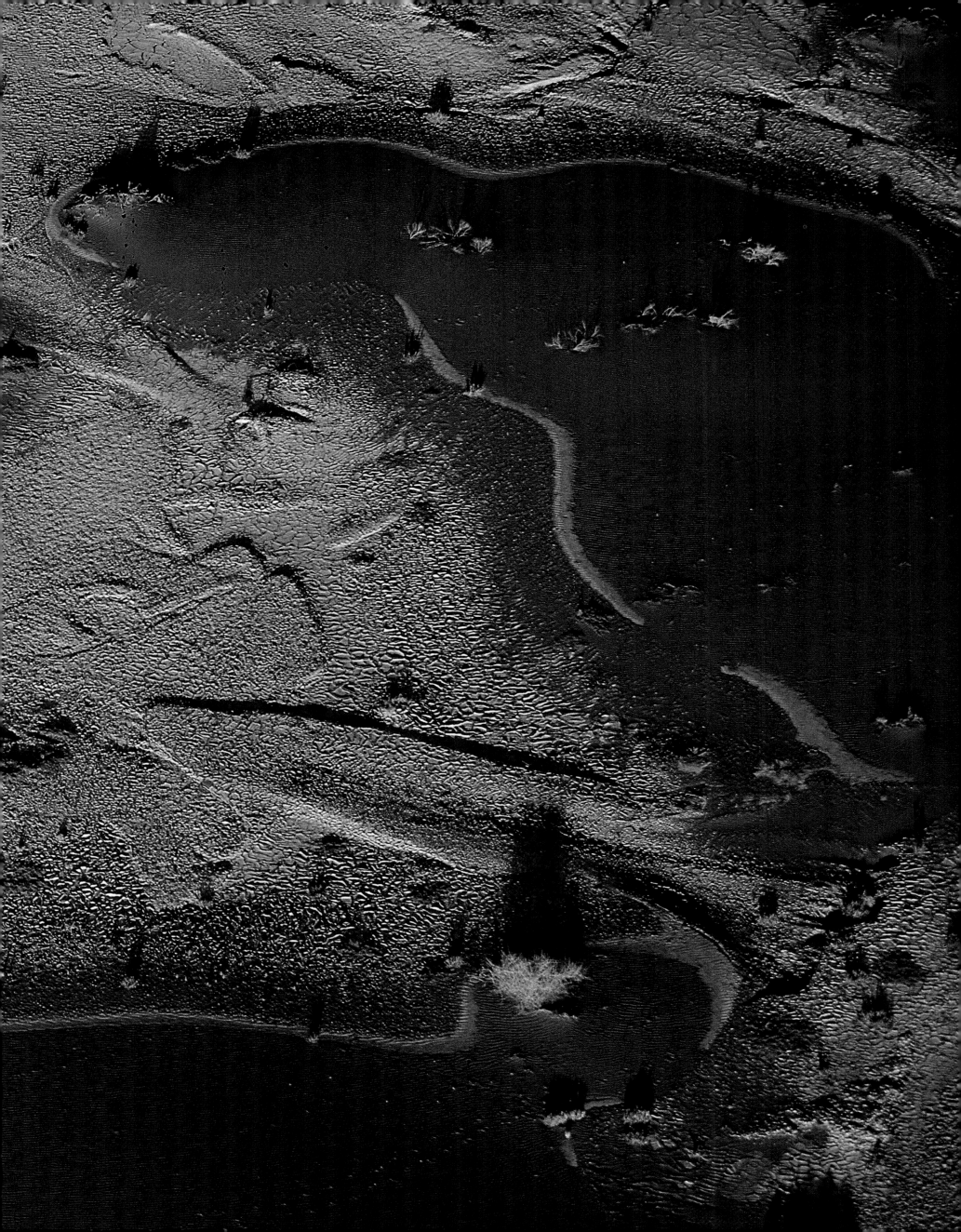

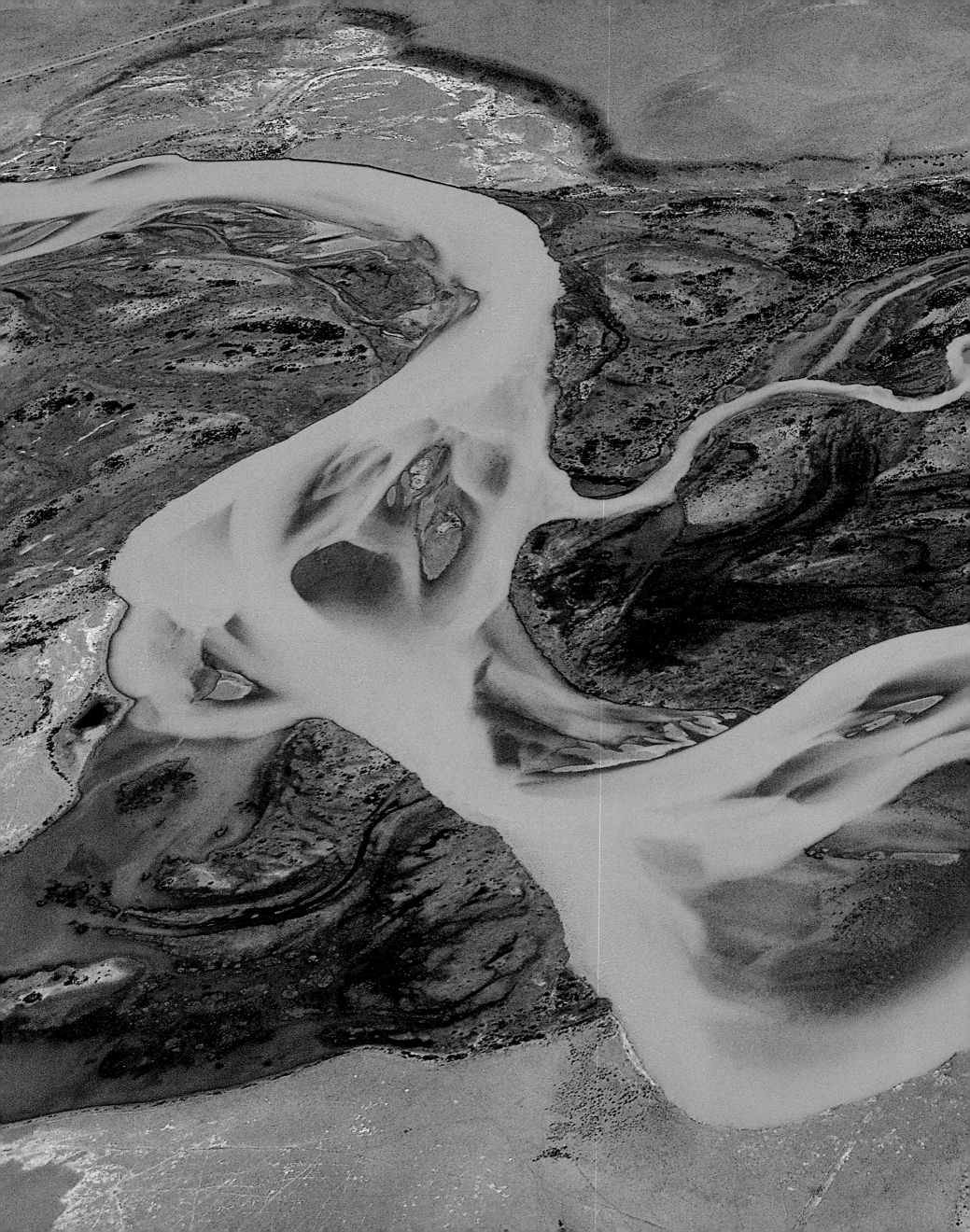

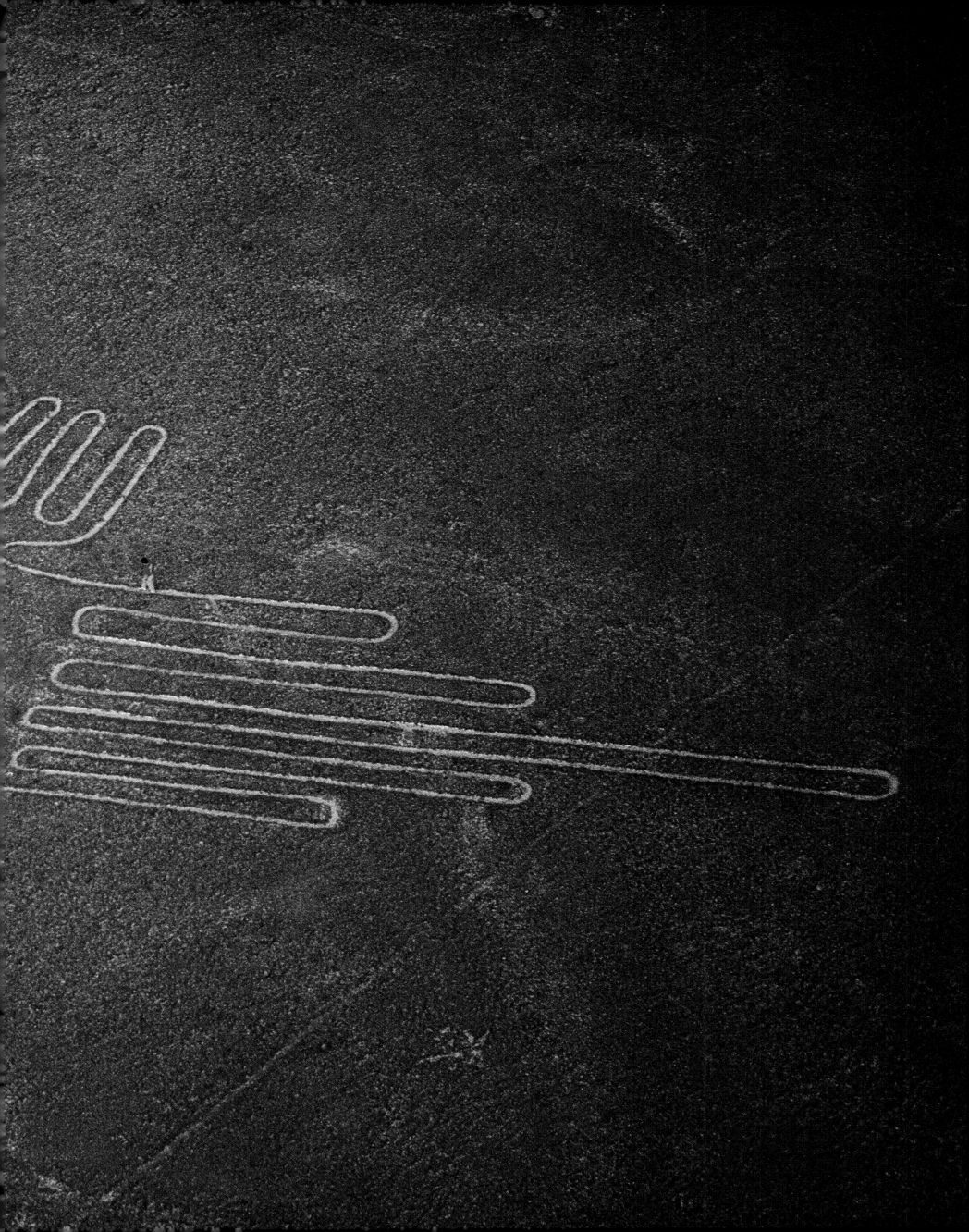

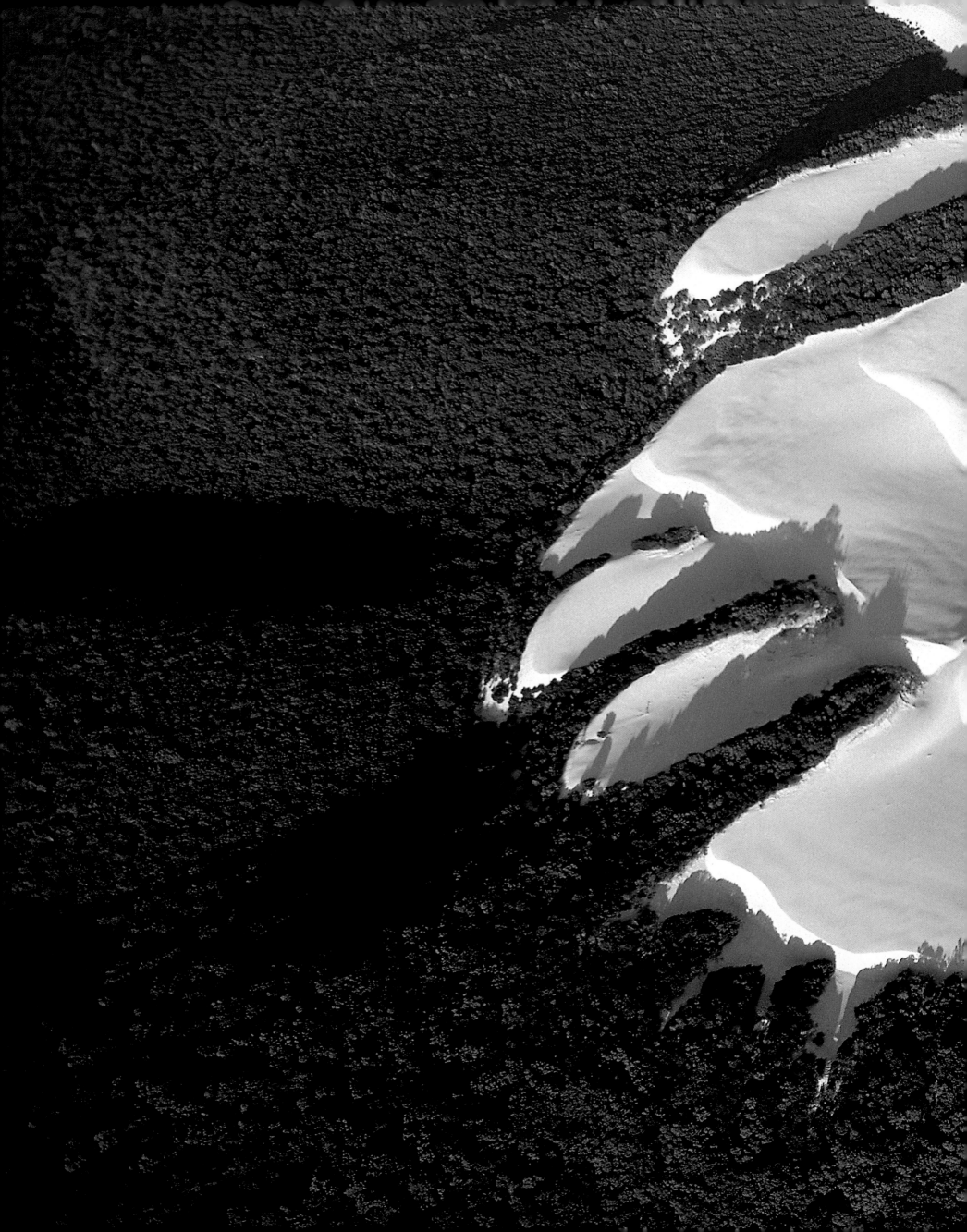

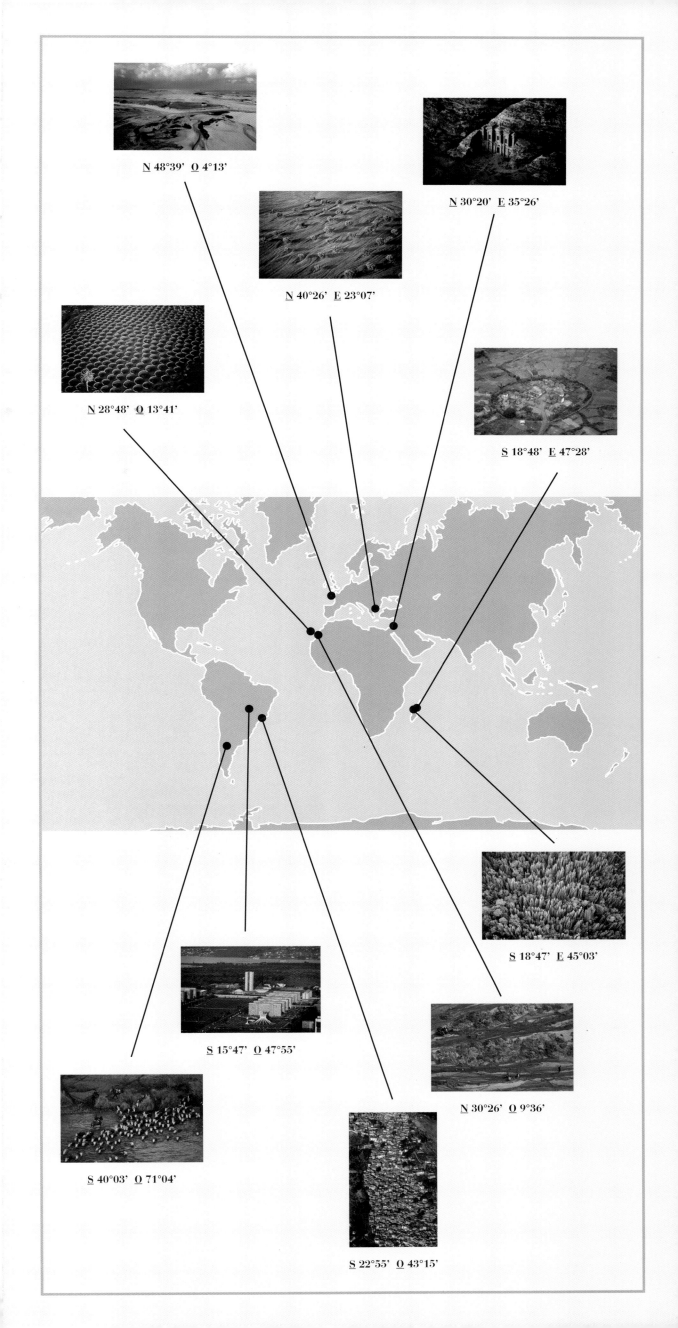

<u>N</u> 48°39' <u>O</u> 4°13'

<u>N</u> 30°20' <u>E</u> 35°26'

<u>N</u> 40°26' <u>E</u> 23°07'

<u>N</u> 28°48' <u>O</u> 13°41'

<u>S</u> 18°48' <u>E</u> 47°28'

<u>S</u> 18°47' <u>E</u> 45°03'

<u>S</u> 15°47' <u>O</u> 47°55'

<u>N</u> 30°26' <u>O</u> 9°36'

<u>S</u> 40°03' <u>O</u> 71°04'

<u>S</u> 22°55' <u>O</u> 43°15'

Pages 218-219
TSINGY DE BEMAHARA, région de Majunga, Madagascar.

Avec une superficie de 597 000 km², Madagascar est la quatrième plus importante île du monde. À l'ouest, dans la partie la plus aride, se trouve l'étrange forêt minérale du Tsingy de Bemahara. Cette formation géologique, appelée karst, est le résultat de l'érosion, l'acidité des pluies ayant peu à peu dissous la pierre du plateau calcaire et ciselé ces arêtes tranchantes de 20 à 30 m de haut. La pénétration de l'homme dans ce milieu fermé se révèle peu aisée, d'où son nom, *tsingy* signifiant en langue malgache « marcher sur la pointe des pieds ». Le site, classé réserve naturelle intégrale dès 1927 et inscrit sur la Liste du patrimoine mondial de l'Unesco en 1990, abrite une végétation et une faune caractéristiques, à l'image de la diversité des espèces présentes sur l'ensemble de l'île. En effet, détachée du continent africain il y a plus de 100 millions d'années, Madagascar a vu sa végétation et sa faune évoluer de manière totalement autonome ; elle est ainsi l'un des plus formidables exemples d'endémisme (caractère d'une espèce vivante confinée dans une aire particulière) des milieux insulaires : plus de 80 % des quelque 10 000 espèces végétales et presque 1 200 espèces animales répertoriées dans l'île ne se sont développées nulle part ailleurs. Près de 200 espèces de Madagascar seraient cependant menacées d'extinction.

Pages 220-221
PASSAGE À GUÉ DE LA RIVIÈRE CHIMEHUIN, province du Neuquén, Argentine.

Traversant la rivière Chimehuin, ce troupeau de vaches de race Hereford, encadré par des *gauchos*, rejoint son domaine *(campo)* d'origine après une transhumance saisonnière vers les pâturages d'altitude de la cordillère des Andes. En partie couvert de steppe épineuse, le Neuquén a privilégié, comme l'ensemble de la Patagonie, l'élevage des ovins par rapport à celui des bovins qui demeurent minoritaires dans cette région. C'est plus au nord, dans les vastes plaines herbeuses de la Pampa, que vit l'essentiel du cheptel bovin du pays, constitué en majorité de vaches de races originaires de Grande-Bretagne ou de France et riche de près de 50 millions de têtes. Se situant au 5ᵉ rang mondial des producteurs de viande bovine, l'Argentine figure également parmi les plus gros consommateurs du monde, avec près de 70 kg par habitant et par an.

Pages 222-223
TEMPLE DE ED-DEIR, Petra, région de Ma'an, Jordanie.

Pays presque totalement enclavé, la Jordanie occupe cependant une position stratégique entre Méditerranée et mer Rouge. Au VIᵉ siècle avant notre ère, les Nabatéens, peuple de marchands nomades, entreprirent de tailler dans le grès rose et jaune des falaises du sud du pays une ville troglodytique qui allait devenir leur capitale : Petra, « la pierre », en grec. Vivant du commerce de produits rares (encens, épices, pierres et métaux précieux, ivoire…) et de la taxation des routes caravanières, la civilisation nabatéenne étendit son influence bien au-delà de la région transjordanienne, avant de tomber sous le joug de Rome en 106 apr. J.-C. Situé sur les hauteurs de la ville, le temple de Ed-Deir, construit entre le Iᵉʳ et le IIᵉ siècle apr. J.-C., domine de sa stature imposante (47 m de haut et 40 m de large) les quelque 800 monuments de Petra. Lieu de culte dès son origine, il fut, après le déclin de la civilisation nabatéenne, occupé par des religieux chrétiens byzantins, d'où son nom de Ed-Deir : « le monastère ». Petra, ville inscrite sur la Liste du patrimoine mondial de l'Unesco en 1985, est confrontée depuis quelques années à une menace inquiétante : le sel de la mer Morte, transporté par le vent, vient en effet s'incruster dans la roche et fragilise peu à peu les monuments.

Pages 224-225
FILETS DE PÊCHE DANS LE PORT D'AGADIR, Maroc.

À Agadir, premier port de pêche du Maroc, des filets de plusieurs centaines de mètres sont tendus sur le sol pour y être réparés avant les prochaines sorties en mer. Avec 3 500 km de littoral, le pays dispose d'importantes ressources halieutiques ; ses eaux abritent près de 250 espèces de poissons, notamment des sardines, qui migrent le long des côtes, profitant des *upwellings*, remontées d'eaux riches en nutriments. La pêche marocaine, avec ses cha-

lutiers et ses petites barques à moteur, reste à 75 % artisanale. Les sardines constituent plus de 80 % des prises, et Agadir est devenu le premier port sardinier du monde. Depuis 1970, le nombre mondial de navires de pêche a sextuplé et celui des poissons prélevés en mer a doublé. Au rythme de pêche actuel, les ressources halieutiques, dont 60 % sont déjà surexploitées, sont exposées au risque de l'épuisement.

Pages 226-227
VIGNES, région de Geria, Lanzarote, îles Canaries, Espagne.

Des sept îles de l'archipel espagnol des Canaries, Lanzarote est la plus proche du continent africain. Son climat désertique et l'absence totale de source et de rivière sur ce territoire de 973 km² rendent toute pratique agricole difficile. Cependant, en raison de son origine volcanique, l'île bénéficie d'un sol noir fertile constitué de cendres et de lapilli (graviers volcaniques), sur un sous-sol argileux peu perméable. S'adaptant parfaitement à ces conditions naturelles originales, une technique viticole singulière a été adoptée : les ceps de vigne sont plantés individuellement au milieu d'entonnoirs creusés dans les lapilli, afin d'y puiser l'humidité recueillie, et sont protégés des vents secs du nord-est et du Sahara par des murets de pierre édifiés en demi-cercle. Le vignoble de Geria produit un vin rouge doux de Malvoisie. L'ensemble de la production vinicole espagnole représente environ 13 % des quelque 275 millions d'hectolitres de vin produits annuellement dans le monde, et se situe ainsi au troisième rang des pays producteurs – mais également des pays exportateurs –, derrière la France et l'Italie.

Pages 228-229
VERGER PARMI LES BLÉS, région de Salonique, Macédoine, Grèce.

Soumise à des influences climatiques continentales, la plaine fertile de Salonique, la plus vaste de la Macédoine grecque, se prête particulièrement bien à la culture du blé, parfois associée à celle des arbres fruitiers. En raison du relief accidenté de la péninsule hellénique, les exploitations restent petites et morcelées, malgré les programmes de remembrement des terres et la mise en place de coopératives agricoles. La surface cultivée, qui représente 33 % du territoire, est encore insuffisante pour permettre à la Grèce de tirer le meilleur profit de son agriculture (16 % du PNB) et d'être vraiment compétitive au sein de l'Union européenne. En raison de l'important développement industriel du pays dans les années 1970, la population agricole a considérablement diminué et ne représente plus que le quart de la population active ; elle reste toutefois la plus importante d'Europe.

Pages 230-231
MAISON DE KEREMMA DE L'ANSE DE KERNIC À MARÉE BASSE, Finistère, France.

Sur le littoral de la Manche, en Bretagne, l'étroite langue de sédiments granitiques sur laquelle a été construite cette maison prolonge les dunes de Keremma et ferme presque entièrement l'anse de Kernic. Bordée de vastes étendues sableuses à marée basse, elle est presque totalement encerclée d'eau lorsque la mer remonte, ne laissant aux bateaux qu'une passe étroite pour pénétrer dans la baie. Les violents courants marins et le va-et-vient quotidien des marées (environ 8 m d'amplitude) érodent peu à peu le fragile support de cette habitation isolée, la menaçant. Les marées, variations journalières du niveau de la mer qui résultent des attractions lunaire et solaire, touchent l'ensemble des mers du globe avec des amplitudes variant de quelques centimètres, notamment pour la Méditerranée, à plus de 16 m (baie de Fundy, Canada) pour l'Atlantique.

Les légendes concernant les photographies 232 à 247 sont placées sur le rabat de droite du cahier de texte suivant

légendes 218 à 231   légendes 232 à 247

VILLAGE TRADITIONNEL AU NORD D'ANTANANARIVO, Madagascar.
Les modèles réussis ont ceci d'extraordinaire qu'ils permettent de faire la jonction entre une représentation tangible de la réalité et l'image que nous en avons dans nos esprits. Ce village est à la fois une proto-ville et un paléo-bourg. Proto-ville parce que s'y trouvent réunis, dans la forme, les ingrédients les plus fréquents qui vont évoluer vers la ville : « muraille », porte et jardins, bâtiments orientés, ébauche de place centrale, et même faubourg accolé à la « muraille ». Paléo-bourg parce que dans de très nombreuses civilisations la forme circulaire et les chemins rayonnants ont défini l'espace dans lequel se sont constitués les premiers ensembles qui ont évolué vers la ville. Il reste qu'une ville, c'est d'abord un ensemble de fonctions et surtout de relations.

village. Toutes ces communautés et tous les individus qui les composaient, hormis certaines distinctions dues au sexe et à l'âge, exerçaient les mêmes activités. Et lorsque, sous la pression du sentiment de leur fragilité, de leur condition mortelle, ils commencèrent à édifier, à marquer l'espace, ce fut par des tombes, des pierres levées, dont ils attendaient qu'elles leur donnent de la force en les reliant à un autre monde. Près d'elles, à l'occasion de cultes, ils cherchaient à se faire emporter par une puissance non humaine : fusion émotionnelle, religieuse, qui renforçait leurs liens. Voilà qui n'allait pas davantage dans le sens d'une diversification interne.

Il est incontestable que cette diversification s'est affirmée avec la ville, par la division du travail. Menacés par les raids pillards de ceux qui étaient demeurés chasseurs-cueilleurs, les agriculteurs passèrent avec eux un pacte : moyennant le service de protection armée, ils leur accordaient du pouvoir. Ainsi naquit une nouvelle forme d'organisation sociale, hiérarchisée : en bas les producteurs, au-dessus les guerriers, au sommet le souverain, puissance à la fois religieuse et politique. Les premières villes furent le correspondant spatial de ces cités-États puis des empires qui se constituèrent dans les grandes plaines fluviales de Mésopotamie, d'Égypte, de l'Indus, en Extrême-Orient et en Méso-Amérique.

HIÉRARCHIE ? HOMOGÉNÉITÉ ?

Ce passage de petits isolats à de vastes ensembles favorisait la spécialisation des tâches et leur multiplication. L'artisanat existait certes déjà dans les villages d'agriculteurs : ceux-ci s'y adonnaient à la morte saison. Mais l'élargissement de la clientèle a permis à cette activité de se spécialiser en métiers urbains permanents, dont les produits furent proposés sur des marchés, créant ainsi une fonction commerciale spécifique. L'État, auquel il incombait d'articuler en société cette

diversité, et qui se lança lui-même dans des activités productrices (grands travaux hydrauliques, mines, un début d'industrie), diversifia sa propre fonction de commandement et d'organisation : aux militaires et aux prêtres s'ajoutèrent ingénieurs de travaux, contremaîtres, comptables, scribes, toute une bureaucratie. Complexité, par conséquent, mais cependant bridée. Car la diversité était figée en un ordre immuable que symbolisait fort bien la pyramide, forme architecturale caractéristique de ces empires, lourdes machines qui enfermaient chacun dans son rôle assigné, dans son statut.

Par rapport à ces premières formes spatiales et sociales qui subsistent encore plus ou moins avec les façons de penser correspondantes dans la zone du Pacifique, en Asie, en Afrique et en Amérique du Sud, l'Europe a innové en accouchant de la ville moderne. Il serait fort intéressant d'analyser les figures intermédiaires par lesquelles l'Occident s'est détaché de ce passé : des empires orientaux par la Grèce classique et notamment Athènes, sa raison et sa projection sur le sol ; du village néolithique par la ville médiévale travaillée par le christianisme. Mais considérons où cela a conduit : le Paris des rois de France, emblématique d'un État qui se dégage du religieux ; la ville industrielle, à la puissante dynamique transformatrice de la nature.

Le Français est, dit-on, marqué par l'esprit de Descartes. Sa philosophie séparait l'étendue matérielle, infinie, et le sujet pensant. La première en devenait homogène, mathématisable. Et le second s'en rendait maître et possesseur par la science, aux idées claires et distinctes, en la géométrisant.

AVENIR DE LA VILLE, AVENIR DE LA VIE

L'humanité est aujourd'hui parvenue à un moment crucial, à la fois pour elle-même et pour cette Terre dont elle est issue. Du Big Bang à l'intelligence, depuis quinze milliards d'années, il s'est toujours agi, en effet, de la même évolution, dans le sens d'une complexité croissante. Particules, atomes, molécules, cellules, organismes, populations, et puis l'homme. Par phases successives, cosmique, chimique, biologique et enfin culturelle, un travail d'organisation s'est poursuivi, qui combine assemblage et différenciation. Unité d'un multiple, mais d'un multiple diversifié, les éléments n'étant pas moins unis d'être divers, pas moins divers ou différents d'être unis, bien au contraire : telle est la loi de la complexité.

Qu'est-ce qu'une ville ? C'est, spatialement, l'unité d'un multiple. Tout comme le sont, socialement ou mentalement, une société ou une pensée. Voilà ce qui permet de dire que, par ses constructions urbaines, politiques et intellectuelles, l'humanité prolonge, en la reprenant à son compte, l'aventure de l'Univers. Et de comprendre du même coup l'ampleur

de la crise que nous vivons à l'aube du XXIᵉ siècle. Car voici que la ville se disloque en même temps qu'elle prolifère ; que la société se déchire et éclate alors que la population augmente comme jamais ; et que, dans ces urgences, la pensée est en panne, comme impuissante. Nous retournerions-nous donc, par nos œuvres, contre l'évolution dont nous sommes nés ? L'avenir de l'humanité, de la vie même, de la planète qui les porte, n'en paraît-il pas compromis ?

QUELLE UNITÉ ? DE QUEL MULTIPLE ?

Énorme question : comment faire ville et société (celle-ci étant de plus en plus urbaine), par quel type de pensée, pour que la belle aventure continue ? Pour y répondre, et puisque c'est aussi en la comparant à ses figures passées que l'on parle aujourd'hui d'une crise de la ville, repassons le film de son histoire. Comment, à chaque étape, a-t-elle fait l'unité du multiple ? Quelles formes d'unité ? De quelles sortes de multiple ? S'agissait-il bien toujours d'une complexité croissante ? Peut-être serons-nous mieux à même, alors, de repérer ce qui, dans la rupture présente, est danger pour l'avenir ou bien chance à saisir.

Il y a près de cent mille ans, ceux que l'on peut considérer comme nos ancêtres ont commencé à coloniser la planète par groupes de vingt ou trente. Ils se déplaçaient en chassant et en cueillant. Puis, il y a près de dix mille ans, certains se sont fixés sur place, en inventant l'agriculture et le

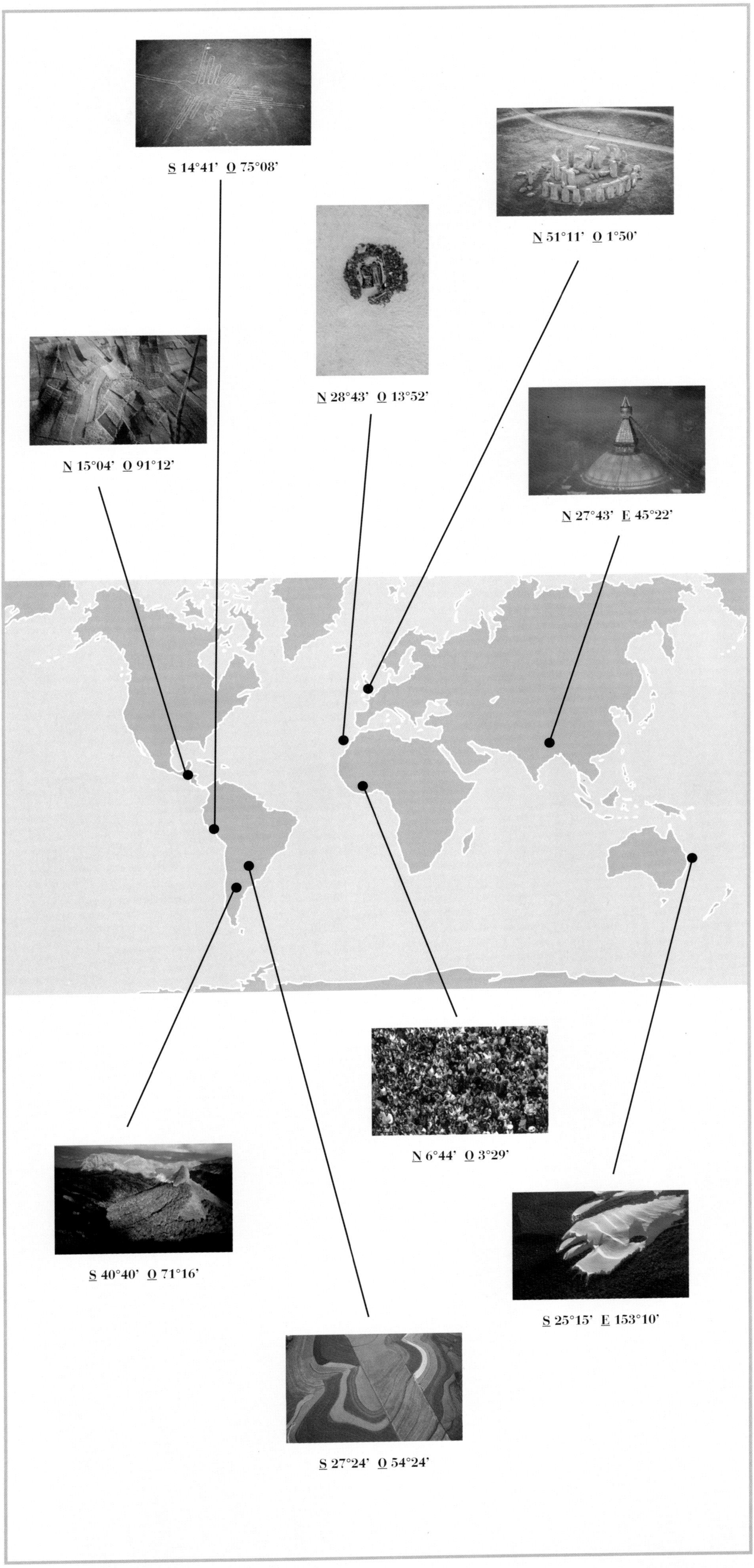

S 14°41' O 75°08'

N 51°11' O 1°50'

N 28°43' O 13°52'

N 15°04' O 91°12'

N 27°43' E 45°22'

N 6°44' O 3°29'

S 40°40' O 71°16'

S 25°15' E 153°10'

S 27°24' O 54°24'

Pages 192-193
FOULE
À ABENGOUROU,
Côte-d'Ivoire.

Cette foule bigarrée, qui manifeste son enthousiasme en saluant le photographe, a été immortalisée à Abengourou, dans l'est de la Côte-d'Ivoire. Principalement constituée d'enfants et d'adolescents, elle nous rappelle que ce pays est jeune puisque, comme pour l'ensemble du continent africain, 43 % de la population est âgé de moins de 15 ans. Le pays présente en outre un taux total de fécondité de 5,1, légèrement inférieur à la moyenne du continent (5,3), lequel est largement supérieur à la moyenne mondiale (2,8). À l'aube de l'an 2000, l'Afrique compte près de 800 millions d'habitants. Le taux moyen de croissance de la population, estimé à 2,6 % entre 1995 et 2000, reste le plus élevé de tous les continents, mais il s'abaisse inexorablement (2,45 % prévus entre 2000 et 2005).

Pages 194-195
DESSIN DE COLIBRI
À NAZCA,
Pérou.

Il y a deux mille ans, le peuple Nazca a creusé des sillons dans le sol désertique de la pampa péruvienne, dessinant d'impressionnantes figures géométriques et représentations stylisées de plantes ou d'animaux. Ce colibri de près de 98 m fait partie des 18 silhouettes d'oiseaux de ce site inscrit sur la Liste du patrimoine mondial de l'Unesco en 1994. C'est grâce au travail acharné de la mathématicienne allemande Maria Reiche, qui, de 1945 jusqu'à sa mort en 1998, s'est consacrée à la mise au jour, à l'entretien et à l'étude de ces tracés, que l'on peut encore admirer ce qui était probablement un calendrier astronomique. Le site de Nazca est aujourd'hui menacé par les *huaqueros*, pilleurs de tombes précolombiennes, ainsi que par l'afflux touristique, l'érosion et la pollution industrielle.

Pages 196-197
HÊTRES SUR LES
MONTS TRAFUL,
province du Neuquén,
Argentine.

Au cœur du parc national de Nahuel Huapi, dans le sud-ouest de la province du Neuquén, en Argentine, de nombreux lacs d'altitude (700 m en moyenne) aux eaux d'un bleu intense, d'origine glaciaire, baignent les pieds des monts et des pics rocheux de la cordillère des Andes. L'humidité du climat de cette région favorise le développement de hêtres (variétés *Nothofagus pumilio* et *antartica*) qui ont colonisé les flancs des montagnes, les égayant de couleurs flamboyantes en automne. Plus au sud, alors que l'altitude décroît sensiblement, les forêts de hêtres s'éclaircissent progressivement, cédant la place à la steppe de Patagonie. La partie de la cordillère des Andes située entre l'Argentine et le Chili constitue, avec une longueur d'environ 5 000 km, la plus longue frontière naturelle terrestre de la planète.

Pages 198-199
PAYSAGE AGRICOLE
AU NORD-OUEST
DE CIUDAD
GUATEMALA,
Guatemala.

La capitale guatémaltèque, Ciudad Guatemala, est située à 1 500 m d'altitude dans une zone montagneuse qui abrite 33 volcans, dont certains encore actifs. Couvertes de lave fertile, les vallées de cette région sont arrosées par des pluies abondantes et régulières (de mai à octobre) qui font reverdir les plantations. L'agriculture, qui constitue la ressource économique majeure du pays et occupe 55 % de la population active, est pratiquée sur de petites surfaces, la majorité des exploitants (90 %) disposant de moins de 7 ha chacun. Le maïs, base de l'alimentation, et le café, qui représente 50 % des exportations et pour lequel le pays se situe au 9e rang mondial, sont les principales cultures de rapport. Le Guatemala est également producteur de cannabis, de pavot et de coca, qui alimentent de manière substantielle le trafic international de la drogue.

Pages 200-201
DUNE DE SABLE
AU CŒUR DE LA
VÉGÉTATION
SUR L'ÎLE FRASER,
Queensland,
Australie.

Au large des côtes australiennes du Queensland, l'île Fraser porte le nom d'une femme qui y trouva refuge en 1836 après le naufrage du navire sur lequel elle se trouvait. Avec 120 km de long sur 15 km de large, c'est la plus grande île de sable du monde. Curieusement, sur ce substrat peu fertile s'est développée une forêt tropicale humide au milieu de laquelle s'insinuent de larges dunes progressant au gré du vent. L'île Fraser dispose d'importantes ressources hydriques, avec près de 200 lacs d'eau douce, et abrite une faune variée de marsupiaux, d'oiseaux et de reptiles. Exploitée dès 1860 pour son bois, notamment utilisé pour la construction du canal de Suez, l'île fut ensuite convoitée par des compagnies sablières dans les années 1970 ; c'est aujourd'hui une zone protégée, inscrite depuis 1992 sur la Liste du patrimoine mondial de l'Unesco.

Pages 202-203
SITE
DE STONEHENGE,
WILTSHIRE,
Angleterre.

Dans la plaine anglaise de Salisbury se dressent les vestiges d'un ensemble mégalithique érigé en plusieurs phases, entre 2800 et 1900 avant notre ère. Baptisé *Stonehenge* ou *Hanging stones* (pierres pendantes), ce monument était à l'origine constitué de près de 125 monolithes disposés en quatre cercles concentriques. Ces blocs de pierre, qui pèsent jusqu'à 50 t et mesurent jusqu'à 7 m chacun, sont originaires de différentes régions, dont certaines distantes de plusieurs centaines de kilomètres. Si les efforts déployés pour édifier Stonehenge témoignent de l'importance du site, on ignore encore quelle était sa vocation : temple, monument funéraire ou observatoire astronomique. Comme Stonehenge, inscrit sur la Liste du patrimoine mondial de l'Unesco en 1986, d'autres sites mégalithiques existent ailleurs en Europe (Grande-Bretagne, Irlande, France, Allemagne, Espagne).

Pages 204-205
CULTURES
SUR LES BORDS
DU RIO URUGUAY,
province de Misiones,
Argentine.

Au nord-est de l'Argentine, cette province, qui doit son nom aux missions jésuites installées dans la région du XVIe au XVIIIe siècle, était à l'origine majoritairement couverte de forêt tropicale. Le paysage a cependant été modelé depuis près d'un siècle par les colons d'origine européenne qui ont déboisé une partie importante du territoire afin d'exploiter la terre rouge, riche en oxyde de fer et très fertile. Labourant le long des courbes de niveau en laissant des bandes herbeuses entre les sillons pour atténuer l'érosion, ils ont développé diverses cultures comme le coton, le tabac, le thé, le maté, le tournesol, le riz et les agrumes. Les agriculteurs ont su tirer profit du vaste réseau hydrographique qui arrose cette région enclavée entre les fleuves Paraná et Uruguay, judicieusement appelée Mésopotamie, terme signifiant « entre les fleuves » en grec.

Pages 206-207
LE STÛPA
DE BODNATH,
sanctuaire bouddhiste,
Katmandou,
Népal.

La ville de Bodnath abrite l'un des sanctuaires bouddhistes les plus vénérés du Népal, notamment par les milliers de Tibétains exilés dans ce pays voisin. Ce stûpa, monument reliquaire en forme de tumulus surmonté d'une tour, recèlerait un fragment d'os du Bouddha. Avec 40 m de hauteur et de diamètre, il est le plus grand du Népal. Dans l'architecture de ce sanctuaire, tout est allégorie : le cosmos et les éléments de l'univers (terre, eau, feu, air, éther) y sont symbolisés ; les yeux du Bouddha fixent les quatre points cardinaux ; les divers stades d'accès à la connaissance suprême, le nirvâna, sont représentés par les treize marches de la tour. Lors des fêtes religieuses, le monument est décoré d'argile jaune et orné de drapeaux de prière. Le bouddhisme, troisième religion dans le monde après le christianisme et l'islam, rassemble plus de 325 millions d'adeptes, dont 99 % en Asie.

Le roi était le sujet de son royaume, volonté et raison, qui aplanit et quadrille son territoire, le remodelant en un « jardin à la française ». Songeons donc au Paris des XVIIe et XVIIIe siècles, à sa place Royale devenue place des Vosges : des bâtiments tous identiques et rangés au carré y entourent en son centre la statue équestre du souverain en chef de guerre. Uniformisation, militarisation (songeons aussi à l'ensemble Invalides-École militaire) : des côtés du quadrilatère, c'est la société tout entière qui rend hommage à son roi ; et, de sa position centrale, c'est la société tout entière que le roi tient sous son regard altier.

La ville faisait ainsi de la société une grande mécanique, réglée par des techno-ingénieurs (Vauban, Colbert). Résultat, une dualité sociale : une élite physicienne dresse un peuple qui s'auto-contraint en intériorisant la volonté du pouvoir. Normalisation, académisme. Cette figure que l'on copia en de nombreux endroits (Saint-Petersbourg) propose une unité qui s'oppose à la diversité interne et créatrice. Beauté inerte, où l'administration « scientifique » engendre la sclérose.

RÉDUCTION ? EXCLUSION ?

Succéda à cette figure, dans cette même Europe, d'abord en Angleterre d'où elle franchira l'Atlantique, la ville industrielle. Avec celle-ci, la mécanique a fait place à la machine

thermodynamique, le pouvoir politique à celui du travail. On s'y est mis à penser en termes d'histoire orientée, de progrès : la machine à vapeur n'avance-t-elle pas sur des rails vers un avenir meilleur ? Mais il y a un prix à payer : pour qu'elle roule, il faut qu'elle capte l'énergie, en la décomposant en forces diverses (la finance des banquiers, l'intelligence des ingénieurs, le labeur ouvrier) qu'elle recombine ensuite en acte productif. La ville industrielle est le dispositif spatial de cette opération. Les remaniements qu'elle impose à la ville préexistante, ou bien sa construction à neuf des cités minières et métallurgiques, se caractérisent par une ségrégation de ces diverses forces (classes sociales) et par un éclatement de la vie quotidienne en fonctions.

Quartiers bourgeois et secteurs ouvriers, zones d'habitat, de travail, de loisirs et de circulation, ce découpage bien visible soumet entièrement ceux qui le peuplent à cette machine qui chauffe, fume et inonde le marché de ses fabrications. Tout, y compris l'énergie sexuelle, se trouve happé, discipliné pour le travail, manipulé pour la consommation (il faut que les produits se vendent). Unidimensionnalisation de l'existence, qui en devient tout entière instrumentalisée : cette façon d'unir des différences, bien loin de le complexifier, réduit l'humain à la seule croissance matérielle.

Et pourtant, on est aujourd'hui nostalgique de ces figures passées. C'est que l'urbain explose sous nos yeux, à grande vitesse : 45 % de la population de la planète vit maintenant dans les villes, dont certaines deviennent gigantesques. En Amérique latine, Afrique, Asie du Sud et du Sud-Est, à l'industrie tardive ou faible, elles sont trente-trois à dépasser les 5 millions d'habitants. En gonflant de la sorte par l'extension galopante de ses périphéries, l'ancienne ville se désintègre jusqu'en son centre. Anarchie et chaos. Pourquoi ? C'est que la Terre est de plus en plus unifiée en un marché mondial où tout se met à circuler, sans frontières. Sous cette pression, dans ce qu'on appelait le tiers-monde, l'agriculture traditionnelle ne supporte plus la concurrence, et les ruraux affluent dans les agglomérations.

BRASILIA. UNE CAPITALE CRÉÉE DE TOUTES PIÈCES, Brésil.
Brasilia, comme certaines capitales – Chandigarh au Pendjab (Inde), il y a plusieurs décennies, mais aussi Berlin il y a trois siècles et quelques villes chinoises il y a plus longtemps –, est née d'une idée correspondant à une époque et non pas d'une ville ou d'un bourg qui auraient lentement mûri au cours de l'évolution de vieilles sociétés. Il s'agissait de donner un équilibre à un pays, au besoin en partant d'un site choisi dans une nature presque vierge. Une ville créée du seul fait du prince met du temps à devenir une « vraie » ville et reste longtemps une administration dans ses murs, entourée des services qui assurent son entretien. Il peut s'y construire d'admirables ensembles architecturaux, mais cela ne remplace jamais ce qui définit les villes bâties sur des lieux choisis un peu au hasard et relevant d'autres nécessités : l'atmosphère.

Partout la vieille structure aréolaire, concentrique, cède la place à un maillage réticulaire où l'on se perd. Là où, dans les pays développés, le fonctionnalisme était la règle, l'État et la machine productive, qui assuraient sur un territoire précis l'articulation des fonctions, sont mis en crise par la fluidité des capitaux et de l'intelligence, ces fondements du pouvoir et de l'efficacité : les cités des banlieues se retrouvent sans travail et pourrissent dans la violence. Dislocation sociale, notamment entre les maîtres des flux et une foule grandissante de flués-floués. Comme à Los Angeles, où des quartiers aisés, gardés par des milices, fleurissent au sommet d'un désordre qui s'ensauvage. On aurait pu imaginer que cette mondialisation produise de l'homogène, du standard. En fait, c'est de l'éclatement qu'elle engendre. Dans l'un et l'autre cas, où se trouve la complexité ?

PENSÉE COMPLEXE ET DÉMOCRATIE

Faut-il donc regretter l'unité et la fixité des formes urbaines antérieures ? Non, car l'hétérogénéité et la mobilité sont une chance pour la vie et l'intelligence. La pensée la plus actuelle nous apprend que l'ordre a besoin du désordre pour éviter l'inertie et la mort. La conjonction n'est créatrice qu'à partir d'une disjonction maintenue, l'unité n'est effervescente que par une diversité sans cesse réaffirmée. Car elle est faite alors d'une multiplicité de liaisons possibles : en jouant de celles-ci, les éléments du tout ne cessent de se recomposer, de se réinventer de manière inédite. Transposons à la société ; en elle, les différences sont ce par quoi les individus à la fois se distinguent et s'unissent. Telle pourrait être la dynamique de la ville, dont la présente mise en chaos des expériences passées nous permettrait enfin de nous saisir. En elle, singularisation et socialisation iraient de pair, en un mouvement continu d'innovation ; chacun s'y originaliserait en permanence pour l'intérêt toujours renouvelé de tous. Cela suppose une condition, laquelle fait aujourd'hui trop souvent défaut : la démocratie. Pas d'urbanisme sans urbanité, pas de civilité sans citoyenneté. Contre l'exclusion et la massification, la démocratie se redéfinit ainsi : par tous entre autres, égaux et différents.

Il n'y a d'avenir pour la vie et pour l'humanité qui si l'on tient ensemble, indissociablement, ces trois réalités spatiale, sociale et mentale : la ville, la démocratie et la pensée complexe.

Paul Blanquart

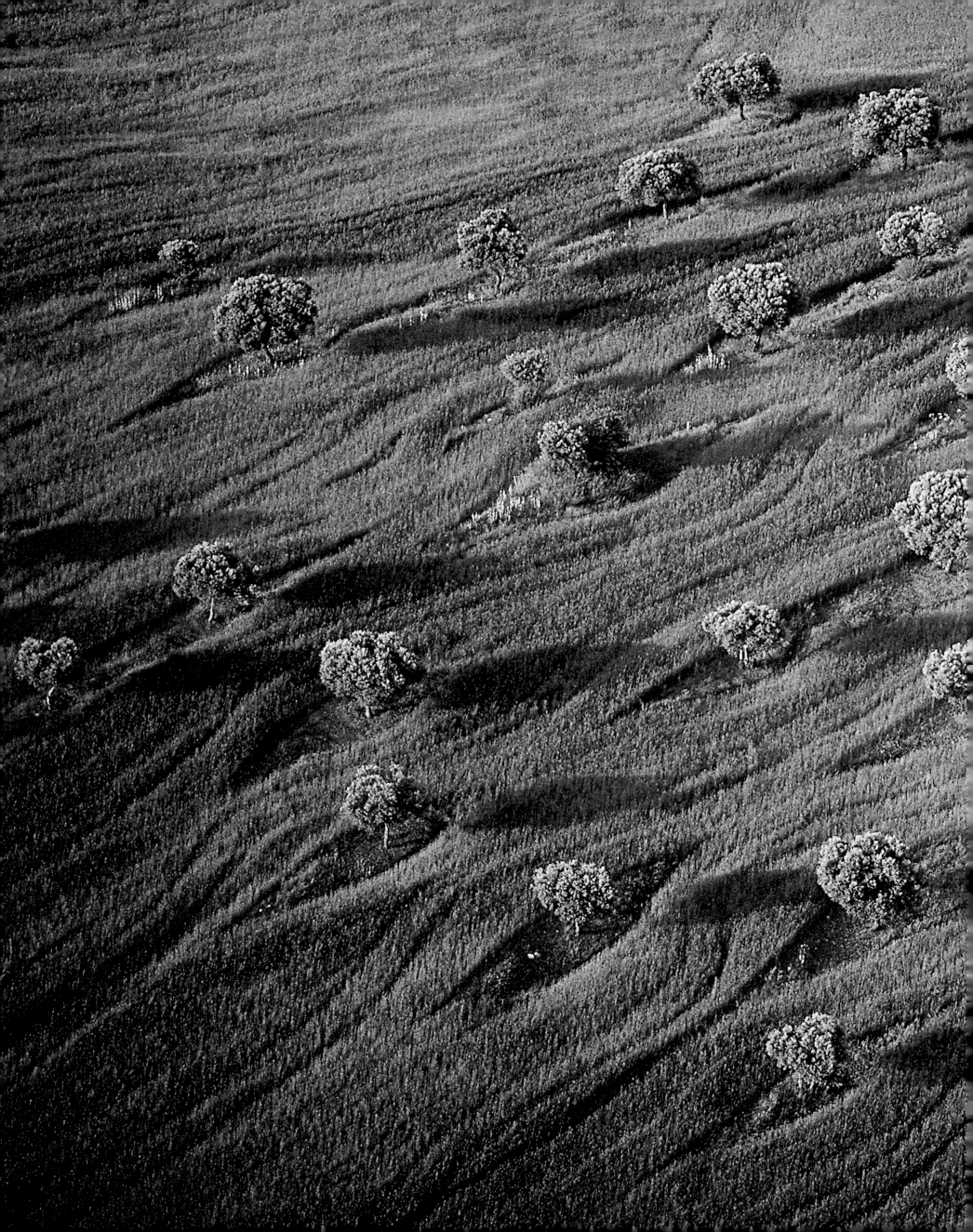

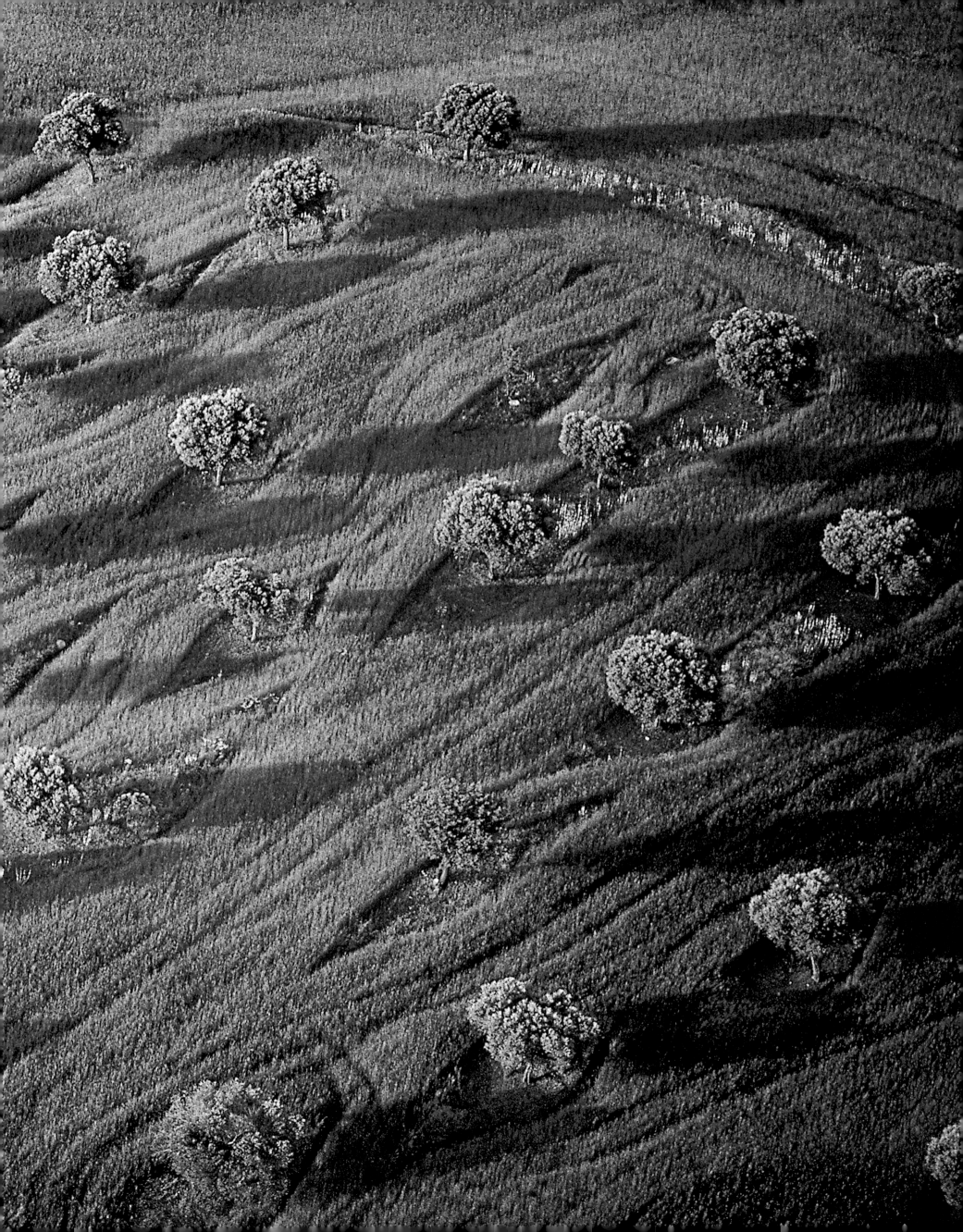

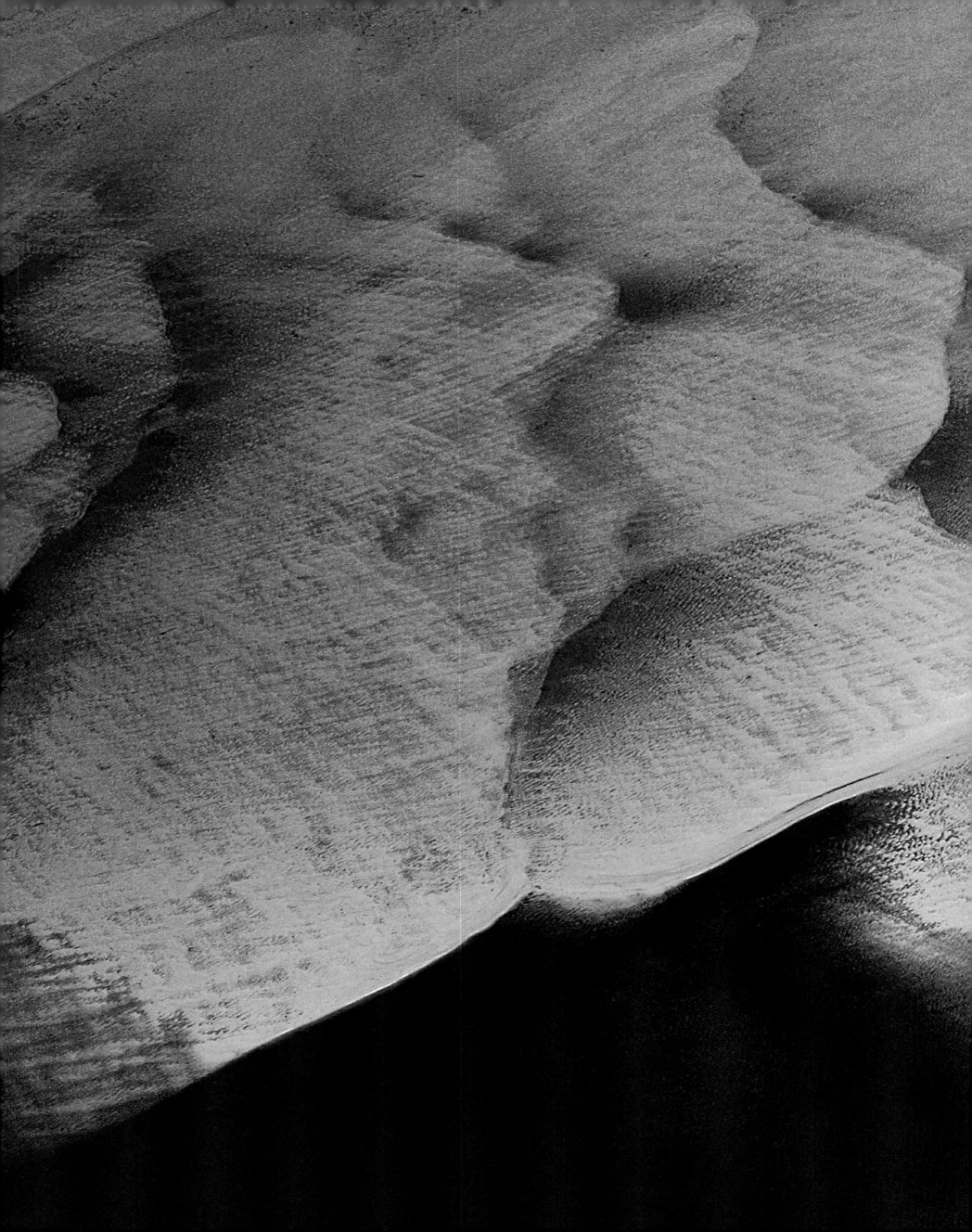

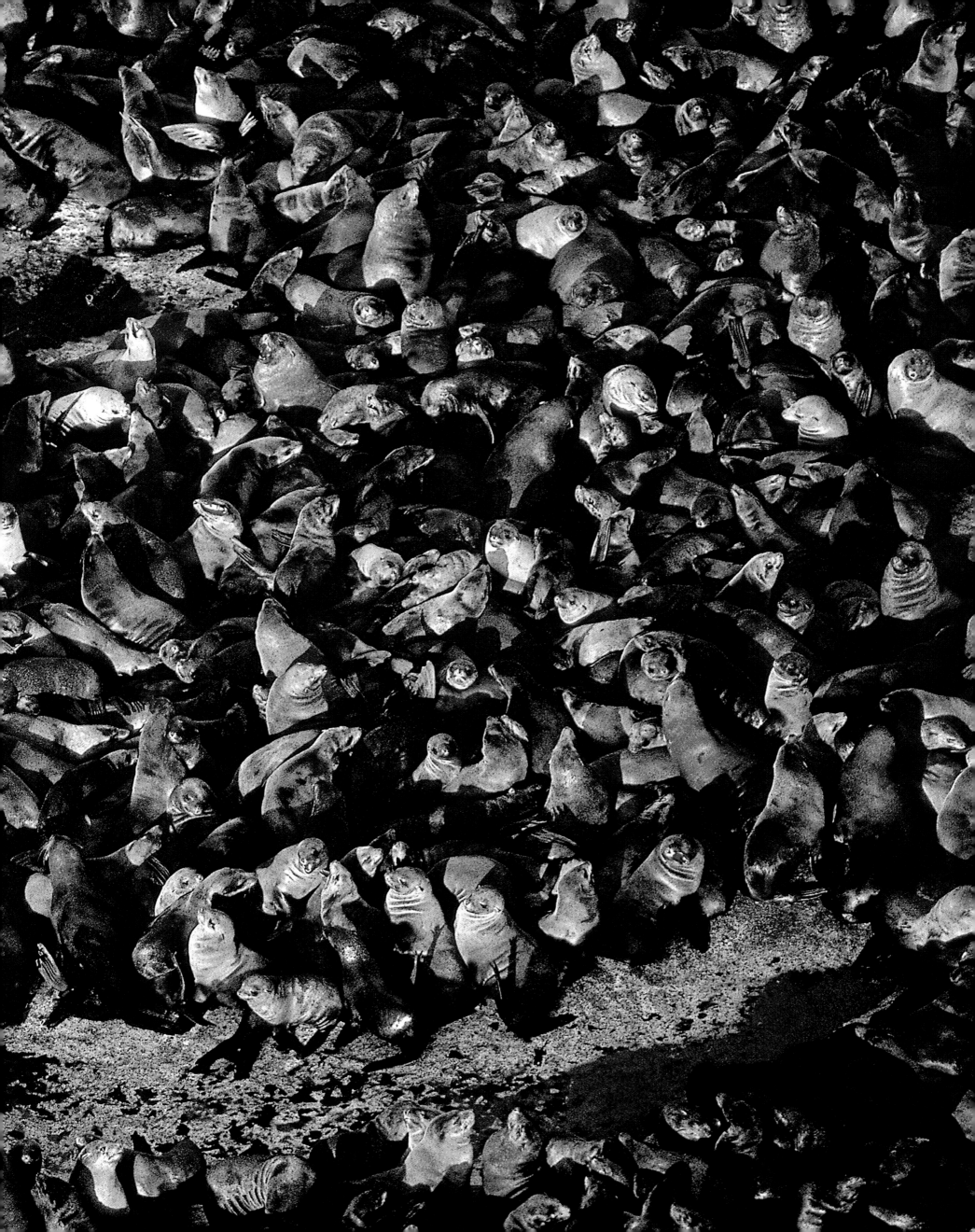

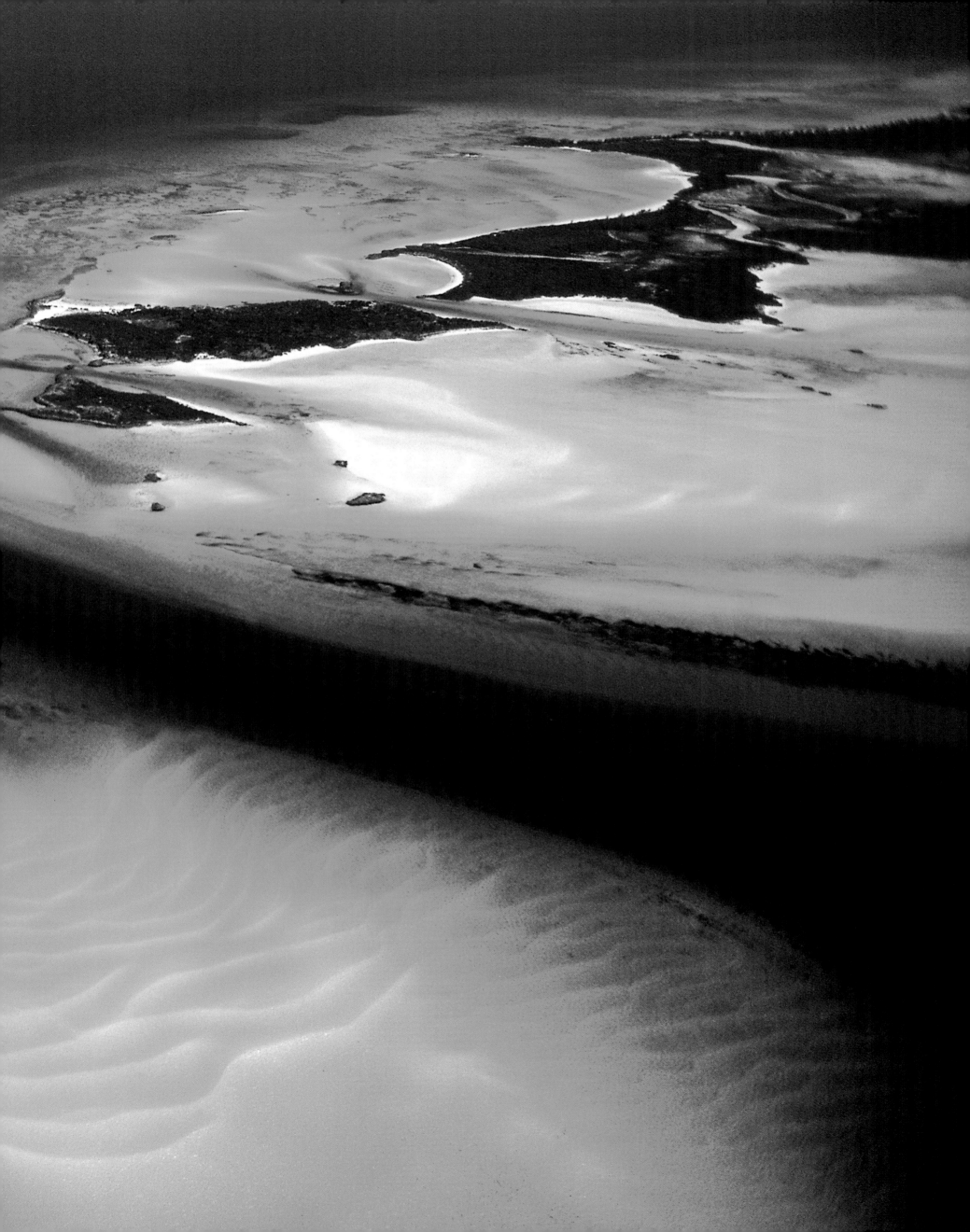

Voir explications au dos

Les légendes des photographies présentées en double page sont placées sur les rabats des pages de texte pour être lues en même temps que vous visualisez les images.

Exemple : pour lire les légendes des pages 18/19 à 46/47, dépliez le rabat de gauche des pages de texte qui précèdent les photographies et le rabat de droite des pages de texte placées après les photographies.

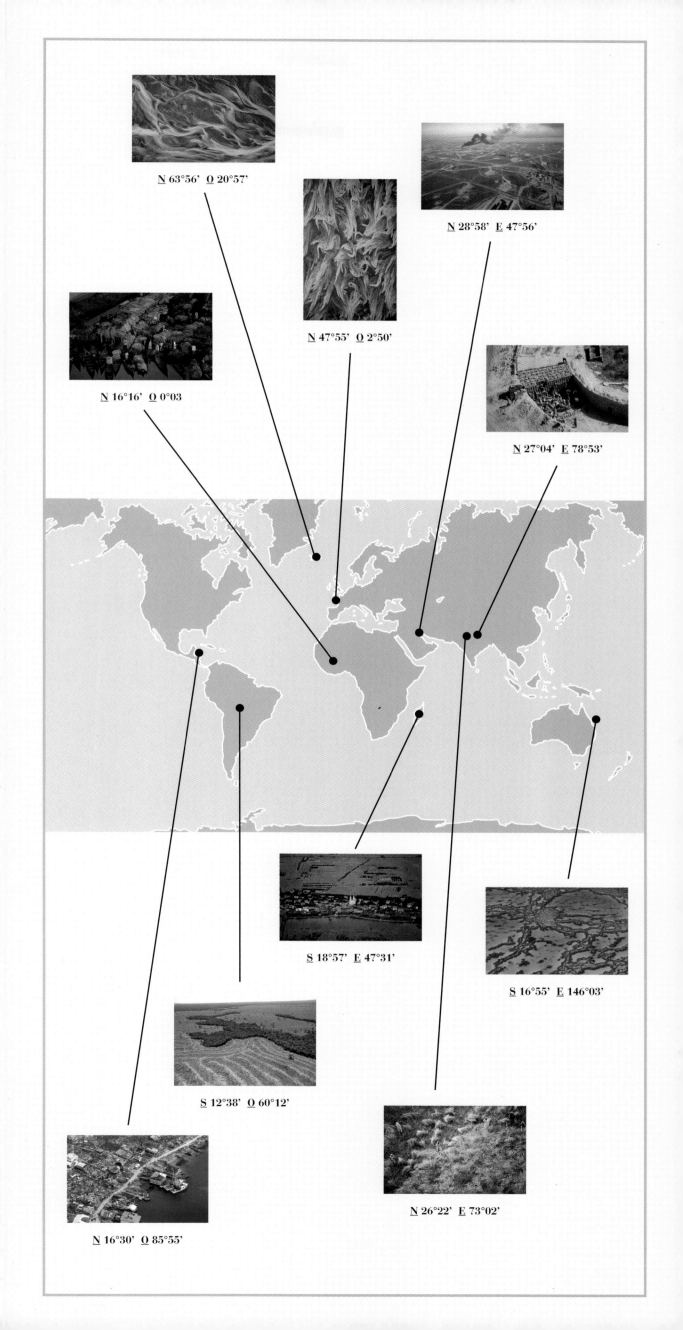

N 63°56' O 20°57'

N 28°58' E 47°56'

N 47°55' O 2°50'

N 16°16' O 0°03

N 27°04' E 78°53'

S 18°57' E 47°31'

S 16°55' E 146°03'

S 12°38' O 60°12'

N 16°30' O 85°55'

N 26°22' E 73°02'

Pages 258-259
**PIROGUES
SUR LE FLEUVE
NIGER À GAO,
Mali.**

Importante artère de communication du Mali, le fleuve Niger permet une liaison commerciale entre les abords de Bamako, la capitale, et Gao, au nord du pays (1 400 km). Cependant, les navires de taille moyenne ne peuvent le parcourir que pendant la période des hautes eaux de juillet à décembre, car seuls les bateaux à faible tirant d'eau peuvent naviguer sur le Niger en toute saison. Les Bozo, peuple traditionnellement pêcheur, sont devenus les « maîtres du fleuve » en assurant les transports locaux avec leurs pinasses. D'apparence fragile, ces grandes pirogues, qui font de fréquents va-et-vient dans le port de Gao, peuvent transporter chacune plusieurs tonnes de marchandises. Elles acheminent notamment de part et d'autre des berges du Niger des quantités importantes de bourgou, une plante fourragère qui se développe dans les eaux du fleuve et sert à alimenter le bétail transhumant de la région.

Pages 260-261
**VILLAGE RAVAGÉ
PAR LE CYCLONE
MITCH SUR GUANAJA,
îles de la Bahia,
Honduras.**

Né au sud de la Jamaïque, le cyclone Mitch a atteint son paroxysme, avec des rafales de 288 km/h, quatre jours avant de s'abattre sur l'Amérique centrale, le 30 octobre 1998. Fortement éprouvé par l'ouragan, l'ensemble du Honduras, dont l'île de Guanaja, a été balayé pendant deux jours par des vents destructeurs, des pluies diluviennes et des coulées de boue qui ont rasé des villes entières, tuant plusieurs milliers de personnes et laissant plus d'un million de sinistrés. Durant les mois qui ont suivi le cataclysme, la population a dû également faire face à la pénurie d'eau potable et à l'émergence d'épidémies. Ouragan le plus dévastateur qu'ait connu le Honduras depuis Fifi (1973), Mitch a par ailleurs détruit 70 % des plantations de bananes et de café, principaux produits d'exportation, plongeant dans un chaos économique ce pays déjà parmi les plus pauvres du monde.

Pages 262-263
**VILLAGE AU CŒUR
DES RIZIÈRES
PRÈS DE
D'ANTANANARIVO,
Madagascar.**

Dans la région d'Antananarivo, à Madagascar, les Merina, groupe ethnique d'origine indonésienne, vivent de leurs rizières, qu'ils exploitent selon des techniques traditionnelles dans les plaines qui entourent les villages. Dans l'objectif de parvenir à l'autosuffisance, la culture du riz s'est étendue, et les rizières occupent désormais les 2/3 de la surface cultivée du pays. Deux types de riziculture sont pratiqués sur l'île : la culture humide sur terrasses d'inondation le long des fleuves, dans les vallées ; et la culture sèche sur brûlis, sur les terres escarpées. Au 1er rang mondial pour la consommation de riz par habitant (en moyenne 120 kg par an), Madagascar n'est cependant pas un gros producteur (l'île se classe en moyenne vers le 20e rang mondial avec environ 2,5 millions de tonnes) ; depuis longtemps, le pays importe du riz de qualité moyenne, tout en exportant une variété de luxe. Avec le blé et le maïs, le riz est l'une des trois céréales les plus consommées dans le monde.

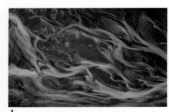

Pages 264-265
**DÉTAIL DE LA
RIVIÈRE PJORSA,
Islande.**

La rivière Pjorsa (ou Thjorsa), qui coule avec un débit de 385 m³/s sur une distance de 230 km, est la plus longue d'Islande. Elle creuse son lit dans des terrains recouverts de lave et charrie jusqu'à l'océan de multiples déchets organiques et minéraux, d'où sa couleur caractéristique. L'ensemble du pays est couvert d'un vaste réseau de rivières non navigables, pour la plupart issues de torrents subglaciaires, dont les parcours variables et torturés empêchent toute construction d'ouvrages permanents tels que ponts ou barrages. L'Islande, dont le nom signifie littéralement « terre de glace », est la plus grande des îles situées sur l'émergence de la dorsale sous-marine médio-atlantique. En raison d'une activité volcanique permanente, l'île s'agrandit au gré du mouvement des deux plaques tectoniques à la jonction desquelles elle se trouve.

Pages 266-267
**TRAVAUX DES
CHAMPS AU NORD
DE JODHPUR,
Rajasthan,
Inde.**

Deuxième État indien par sa superficie (342 240 km²), le Rajasthan, au nord-ouest du pays, est à 65 % couvert de formations désertiques sableuses. La rareté des eaux de surface est grandement responsable de la faible productivité des terres. Cependant, la mise en place de systèmes d'irrigation a permis de développer l'agriculture ; le millet, le sorgho, le blé et l'orge y sont cultivés. La récolte de ces céréales, à la fin de la saison sèche, est une tâche incombant généralement aux femmes qui, même lors des travaux des champs, sont coiffées du traditionnel *orhni*, long châle de couleur vive spécifique à la région. En Inde, plus de la moitié du territoire est consacrée à l'agriculture et 27 % des terres arables sont irriguées. Le pays récolte chaque année environ 220 millions de tonnes de céréales, soit plus de 10 % de la production mondiale.

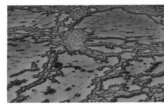

Pages 268-269
**GRANDE BARRIÈRE
DE CORAIL,
Queensland,
Australie.**

Au nord-est des côtes australiennes, la Grande Barrière, d'une longueur de 2 300 km, est la plus grande formation corallienne du monde. Constituée de plus de 400 espèces de coraux, elle abrite une faune variée de près de 1 500 espèces de poissons, 4 000 espèces de mollusques et d'autres espèces telles que le dugong et la tortue verte qui sont menacées d'extinction. Depuis la création en 1979 de ce Parc marin d'une superficie de 344 800 km² (soit 15 % de la surface marine protégée mondiale), la pêche ainsi que l'exploitation du corail sont contrôlées et l'activité touristique prédomine désormais dans cette zone, générant un apport économique de près de 750 millions de dollars chaque année. Seul relief d'origine biologique au monde, les coraux sont des polypes vivant en symbiose avec des algues photosensibles, les zooxhantelles, qui participent à l'élaboration du squelette calcaire de leurs hôtes. Une des menaces qui pèsent actuellement sur les coraux est l'accroissement de la turbidité de l'eau, lié à l'apport de sédiments et à la pollution marine ; privés de lumière les zooxhantelles périssent, entraînant le blanchiment et la mort des coraux.

Pages 270-271
**BRIQUETERIE
À L'EST D'AGRA,
Uttar Pradesh,
Inde.**

De nombreuses briqueteries se sont développées dans la périphérie d'Agra, agglomération de 1.2 million d'habitants de l'Uttar Pradesh, État qui abrite 1/6 de la population indienne. Ces petites entreprises sont pourvoyeuses de travail dans une région fortement touchée par le chômage et le sous-emploi, à l'image de l'ensemble du pays. En effet, l'Inde se classait en 1996 au 129e rang mondial pour son PIB par habitant corrigé des différences de pouvoir d'achat de sa monnaie. La production de ces briques en terre cuite est plus particulièrement destinée aux centres urbains, les ruraux se contentant généralement d'habitations en pisé (terre argileuse crue), d'un moindre coût mais plus sensibles aux intempéries. L'importante croissance urbaine de l'agglomération d'Agra, qui en vingt ans a vu sa population augmenter de moitié, laisse entrevoir un avenir prospère pour les entreprises de matériaux de construction de la région.

Les légendes concernant les photographies
272 à 287 sont placées sur le rabat de droite
du cahier de texte suivant

légendes 258 à 271   légendes 272 à 287

d'artificialisation de la nature. Les nouvelles techniques d'épis-
sage des gènes et de fusion cellulaire permettront non seulement la création de chimères animales, mais plus largement
d'organiser la vie comme un immense processus manufactu-
rier, monopolisé par quelques firmes géantes de l'agrochimie.
Des chercheurs prédisent le passage de l'agriculture à la
« moléculture », et annoncent la « fin de la nature ».

FORÊTS : L'EFFONDREMENT DE LA BIODIVERSITÉ

Les forêts recouvrent désormais moins de 30 % des
terres émergées. Aux États-Unis, par exemple, il ne subsiste
plus que 10 millions d'hectares sur les 175 millions de l'immense forêt primitive d'arbres à feuilles caduques située entre
l'Atlantique et le Mississippi. La défriche, inadaptée aux sols
du Centre-Ouest de l'Amérique du Nord, a déclenché les
cycles ininterrompus d'érosion éolienne dont les premiers
ravages remontent aux *Dust Bowls* (littéralement les « bols
de poussière ») des années trente. Les parties les plus accessibles de la forêt sibérienne subissent un rythme de coupes
qui excède largement leur croissance moyenne. Quant aux
forêts tropicales, leur rythme d'exploitation (14 millions
d'hectares par an) conduit à leur anéantissement.

La déforestation est un facteur déterminant de l'érosion
de la biodiversité, de la réduction du nombre d'espèces
vivantes. Il s'agit là de l'une des manifestations les plus spectaculaires de la crise écologique planétaire. Alors que l'invention du mot remonte seulement à 1986, à l'occasion d'un
forum scientifique aux États-Unis, six années plus tard, la
biodiversité était déjà l'un des enjeux majeurs du fameux
« sommet de la Terre » réuni à Rio en 1992. L'érosion de la
biodiversité trouve son origine dans les pratiques agricoles
intensives et surtout dans la disparition des forêts tropicales.

Ces dernières abritent plus de 50 % des espèces végétales et
animales du globe. Elles ont pu y poursuivre leur évolution
sur de très longues périodes, notamment parce que les zones
intertropicales ont subi moins fortement que les régions
d'autres latitudes les variations climatiques de grande ampleur
ayant eu lieu à l'échelle des temps géologiques.

La biodiversité résultant de plus de 3,6 milliards
d'années d'évolution est aussi porteuse des évolutions futures
de la vie, mais elle est menacée d'extinction. La Terre a déjà
connu cinq périodes de bouleversements écologiques qui ont
engendré des processus d'extinction en masse. Il s'agit donc
aujourd'hui de la sixième grande crise d'extinction de la vie.
Celle-ci se produit sous l'effet conjugué de la déforestation
et de l'industrialisation de l'agriculture. Cette fois, l'humanité en est la seule responsable !

EAUX ET SOLS EN DANGER !

L'eau douce est une ressource essentielle pour l'agriculture. À l'échelle planétaire, les usages agricoles représentent les trois quarts des consommations et, dans certains pays
en développement, la quasi-totalité de l'eau consommée
(92 % en Chine, 90 % en Inde et au Mexique). L'irrigation
se heurte déjà à de graves pénuries dans plusieurs régions du
monde : Afrique du Nord-Est, péninsule Arabique, Chine
septentrionale, plaines de l'Indus, mais aussi Ouest de la

LES BLESSURES
DE L'ENVIRONNEMENT

En ce tournant de siècle, le choc entre les activités humaines et la biosphère, c'est-à-dire l'ensemble du monde vivant terrestre, est à la fois global et irréversible. Il atteint des populations immenses. Quatre millions de personnes exposées à la catastrophe nucléaire de Tchernobyl en 1986 ; 25 millions en permanence soumises au smog de Mexico City ; 60 millions, en Inde et au Bengale, sous la menace d'inondations qu'amplifie chaque année la déforestation des bassins versants himalayens ; plus de 200 millions dont l'existence pourrait être bouleversée par la montée du niveau de l'océan au terme du siècle prochain… Quant à la diminution de la couche d'ozone qui protège la vie de l'excès des rayonnements ultra-violets, elle nous concerne tous !

La mondialisation de la production et des échanges ainsi que la puissance de la technique confèrent à l'humanité le statut d'une véritable force géologique planétaire. Toutes les pratiques productives y sont impliquées, et en particulier les plus anciennes activités nourricières de l'humanité.

Ci-contre : CHANDELIER DE LA PÉNINSULE DE PARACAS, Pérou.
Communément appelé « le chandelier », ce dessin de 200 m de haut sur 60 m de large, gravé dans la falaise de la péninsule de Paracas, sur la côte péruvienne, serait, selon les spécialistes, la représentation d'un cactus ou de la constellation de la Croix du Sud. S'il présente des similitudes avec les célèbres tracés de Nazca, à environ 200 km au sud-est, il est en revanche l'œuvre d'une civilisation antérieure, les Paracas, dont on a retrouvé dans la région une nécropole de 429 corps momifiés, ou *fardos* funéraires. Réputés pour leurs tissus, broderies et céramiques, les Paracas, dont la civilisation s'est épanouie vers 650 av. J.-C., étaient surtout un peuple de pêcheurs. Visible de très loin en mer, « le chandelier » constituait certainement un point de repère pour la navigation, comme il l'est encore aujourd'hui pour les marins qui croisent au large.

DES AGRICULTURES À LA MOLÉCULTURE : LA FIN DE LA NATURE ?

Au premier rang de ces activités, l'agriculture, au passé dix fois millénaire, s'est profondément transformée depuis un demi-siècle. Depuis la fin de la Seconde Guerre mondiale, un immense effort agricole a permis de quadrupler la production de céréales dans le monde, mais ce succès a son revers : dans le même temps, la quantité de pesticides a été multipliée par un facteur 25 et celle des engrais de synthèse est passée de 14 à plus de 160 millions de tonnes. La contrepartie écologique est sévère : défrichements intempestifs, destruction des sols, pollution des eaux.

Partout triomphe l'artificialisation des « écosystèmes », c'est-à-dire des unités fonctionnelles du monde vivant que sont par exemple une forêt, un lac ou une prairie. La forêt « jardinée » et les « agrosystèmes » (les écosystèmes cultivés) tiennent lieu de nature. Il s'agit de plus en plus de monocultures à hauts risques. Dans toute l'Asie du Sud-Est, la variété de riz IR-36 occupe les 2/3 des rizières. Aujourd'hui, 29 espèces de plantes fournissent plus de 95 % de la consommation humaine dans le monde, contre une centaine au début du siècle. En modifiant les autres espèces, les humains ont accéléré le processus de l'évolution au point d'en inverser littéralement les effets : au lieu de l'innovation évolutive, on a assisté à des extinctions en cascade !

Désormais, les biotechnologies sont en passe d'entraîner un saut évolutif de toutes les procédures connues

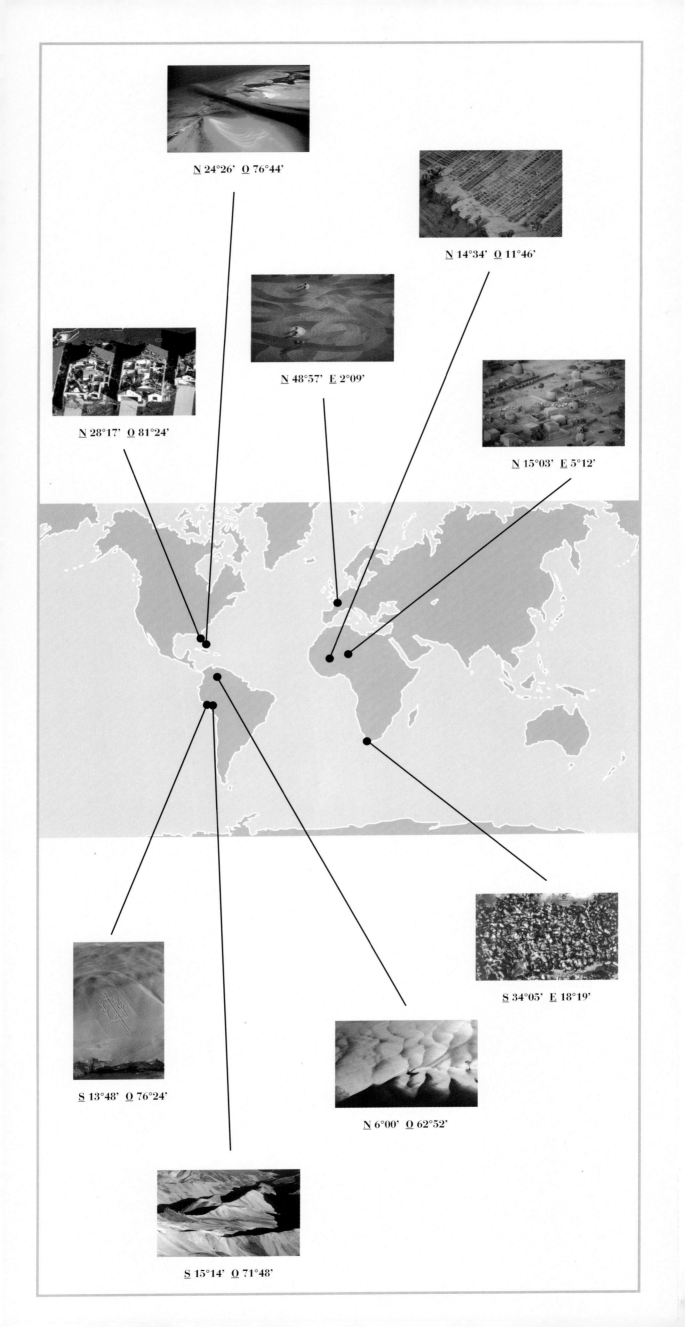

N 24°26' O 76°44'

N 14°34' O 11°46'

N 48°57' E 2°09'

N 28°17' O 81°24'

N 15°03' E 5°12'

S 13°48' O 76°24'

N 6°00' O 62°52'

S 34°05' E 18°19'

S 15°14' O 71°48'

**Pages 232-233
DÉTAIL
D'UN VILLAGE
AUX ENVIRONS
DE TAHOUA,
Niger.**

Ce village près de Tahoua, au sud-ouest du Niger, présente une architecture haoussa caractéristique, avec ses maisons cubiques en banco (mélange de terre et de fibres végétales) associées à d'imposants greniers à grain aux formes ovoïdes. Majoritaire dans le pays (53 % de la population), le peuple haoussa est essentiellement constitué d'agriculteurs sédentaires. Cependant, il doit surtout sa réputation à la qualité de son artisanat et à son sens du négoce, les cités-États haoussa installées au nord du Nigeria ayant imposé leur puissance commerciale à de nombreux pays d'Afrique pendant plusieurs siècles. Aujourd'hui, la région de Tahoua est traversée par un axe routier qui mène vers le Nord et qui est communément appelé la « route de l'uranium » ; le sous-sol riche en minerai du massif de l'Aïr fournit en effet chaque année plus de 2 500 t d'uranium, plaçant le Niger aux tout premiers rangs des producteurs mondiaux.

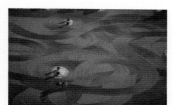

**Pages 234-235
BANC DE SABLE
DU RIO CARONI,
État de Bolivar,
Venezuela.**

Long de 690 km, le rio Caroni traverse du sud au nord l'État de Bolivar (la région est plus communément appelée Guayana) au Venezuela, et dévale à travers une succession de cascades, rencontrant sur son parcours de larges bancs de sable. Le Caroni, et tous les autres cours d'eau qui traversent le Guayana, sont riches en alcaloïdes et en tanins issus de la dégradation des végétaux de la forêt dense. Aussi sont-ils regroupés sous l'appellation de « rivières noires », en contraste avec les « rivières blanches » qui descendent des massifs andins en charriant de nombreux sédiments. Avant de finir sa course dans le fleuve Orénoque, le Caroni vient alimenter le barrage hydroélectrique de Guri (mis en service en 1986) qui figure parmi les plus grands du monde et fournit 60 % de l'électricité du Venezuela.

**Pages 236-237
ROND
D'ENTRAÎNEMENT DE
L'HIPPODROME DE
MAISONS-LAFFITTE,
Yvelines,
France.**

L'hippodrome de Maisons-Laffitte, près de Paris, possède l'un des plus importants centres d'entraînement hippique de France, les pistes et les écuries accueillant près de 800 chevaux. Dans les ronds d'entraînement – ici le rond Adam – quotidiennement nivelés par hersage, les lads préparent l'échauffement des jeunes chevaux et les exercent au saut d'obstacles avant de leur permettre de courir sur les pistes d'entraînement, puis sur les champs de courses. L'hippodrome de Maisons-Laffitte est annuellement le cadre de plus de 250 courses, avec au total près de 3 000 partants. Les courses hippiques constituent une part non négligeable de l'industrie du jeu ; plus de 100 milliards de dollars sont misés sur les chevaux de course chaque année dans le monde, près de la moitié de cette somme (44 milliards de dollars) étant engagée par les Japonais, premiers parieurs au monde.

**Pages 238-239
OTARIES SUR
UN ROCHER PRÈS
DE DUIKER ISLAND
province du Cap,
République d'Afrique
du Sud.**

Très grégaires, les otaries à fourrure d'Afrique du Sud (*Arctocephalus pucillus pucillus*) se regroupent sur les côtes, en colonies de plusieurs centaines d'individus, principalement pour s'accoupler et mettre bas. Plus à l'aise en milieu marin que sur la terre ferme, ces mammifères semi-aquatiques passent la majeure partie de leur temps à parcourir les eaux littorales en quête de nourriture : poissons, calmars et crustacés. L'espèce, présente au cap de Bonne-Espérance, ne se rencontre que sur les côtes d'Afrique australe, du cap Cross (Namibie) à la baie d'Algoa (Afrique du Sud), et compte 850 000 représentants. Les otaries, 14 espèces au total, appartiennent à la famille des pinnipèdes qui englobe aussi 19 espèces de phoques et 1 de morses : présents dans la plupart des mers, les pinnipèdes représentent un effectif total de 50 millions d'individus, parmi lesquels 90 % de phoques.

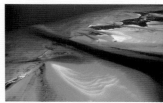

**Pages 240-241
ÎLOTS ET
FONDS MARINS,
Exuma Cays,
Bahamas.**

L'archipel des Bahamas, qui s'étend en arc de cercle sur près de 14 000 km² de terres émergées dans l'océan Atlantique, est constitué de plus de 700 îles, dont moins de 50 habitées, et de quelques milliers de récifs coralliens, appelés *cayes*. C'est dans ces îles, plus précisément à Samana Cay, que Christophe Colomb accosta le 12 octobre 1492 lors de son premier voyage vers le Nouveau Monde. Centre de piraterie important du XVIᵉ au XVIIᵉ siècle, les Bahamas devinrent possession anglaise en 1718 jusqu'à leur indépendance en 1973. Devenu un « paradis fiscal », l'archipel tire l'essentiel de ses ressources des activités bancaires (20 % du PNB), mais surtout du tourisme (60 % du PNB), qui emploie deux insulaires sur trois. En outre, plus d'un millier de navires, soit près de 3 % de la flotte de commerce internationale, sont enregistrés sous pavillon de complaisance bahaméen. Les Bahamas sont également devenues l'une des plaques tournantes pour le transit de la drogue (cannabis, cocaïne) à destination des États-Unis.

**Pages 242-243
LA CORDILLÈRE
DES ANDES
ENTRE CUZCO
ET AREQUIPA,
Pérou.**

La cordillère des Andes et ses contreforts couvrent le tiers du territoire péruvien. Au sud du pays, entre Cuzco et Arequipa, les montagnes qui culminent à plus de 6 000 m d'altitude laissent progressivement la place à la Puna, région des hauts plateaux andins, perchés entre 3 500 et 4 500 m d'altitude. Celle-ci abrite les seules populations sédentaires au monde qui, avec les Tibétains, vivent à de telles altitudes. La cordillère des Andes est une formation jeune née il y a 20 millions d'années à la suite de soulèvements de la croûte terrestre et de l'accumulation de dépôts de grès et de granit. Elle s'étire sur 7 500 km le long de la côte Pacifique d'Amérique du Sud, traversant sept pays depuis la mer des Caraïbes jusqu'au cap Horn. Elle est la seule chaîne montagneuse qui maintient sans rupture une altitude élevée sur une aussi longue distance.

**Pages 244-245
DÉGÂTS D'UNE
TORNADE DANS LE
COMTÉ D'OSCEOLA,
Floride,
États-Unis.**

Le 22 février 1998, une tornade de force 4 (vents de 300 à 400 km/h) a terminé sa course dans le comté d'Osceola, après avoir dévasté trois autres comtés du centre de la Floride. Emportant dans son tourbillon plusieurs centaines d'habitations, elle a tué 38 personnes et en a blessé 250. Ce type de tornade violente, assez rare en Floride, est lié au phénomène climatique El Niño qui, tous les cinq ans environ, provoque de fortes perturbations sur l'ensemble du globe. Ainsi, la période d'avril 1997 à juin 1998 a été marquée par nombre de catastrophes : tornades aux États-Unis, cyclones au Mexique et à Tahiti, sécheresse en Indonésie et en Amazonie, pluies diluviennes en Somalie et au Kenya. Durant ces quinze mois, El Niño aurait été à l'origine de la disparition de plus de 20 000 personnes dans le monde.

**Pages 246-247
CULTURES
MARAÎCHÈRES
SUR LE FLEUVE
SÉNÉGAL AUX
ENVIRONS DE KAYES,
Mali.**

À l'ouest du Mali, près des frontières sénégalaise et mauritanienne, la ville de Kayes est un important carrefour ethnique et commercial ; toute la région est traversée par le fleuve Sénégal, sur les berges duquel les cultures maraîchères sont nombreuses. Ressource providentielle dans cette zone sahélienne, l'eau du fleuve, collectée et transportée dans divers récipients par les femmes, permet l'arrosage manuel de petites parcelles (ou casiers) où sont plantés les fruits et légumes destinés au marché local. Le fleuve Sénégal, qui ne porte ce nom qu'à partir du confluent du Bafing (« rivière noire ») et du Bakoy (« rivière blanche »), un peu en amont de Kayes, parcourt 1 600 km à travers quatre pays. Les aménagements hydrauliques installés sur son cours ne permettent d'irriguer que 600 km² de cultures, mais son bassin de 350 000 km² alimente en eau près de 10 millions de personnes.

Grande Plaine américaine où l'irrigation dépend désormais à 95 % de l'eau de la nappe aquifère d'Ogallala. Les systèmes irrigués souffrent souvent du manque de drainage. De nombreuses régions sont touchées par la salinisation des sols : Inde (35 % des terres irriguées), Pakistan (33 %), Amérique latine (40 %), Amérique du Nord (20 %).

Les coûts écologiques engendrés par l'agriculture se mesurent aussi à l'importance de ses interférences dans les cycles biogéochimiques, notamment ceux de l'azote et du phosphore. Les engrais, emportés par les eaux de ruissellement ou entraînés vers les nappes phréatiques, sont responsables de pollutions massives dans toutes les régions du monde soumises à des systèmes de culture et d'élevage intensifs.

Longtemps considéré pour les polluants comme un réceptacle aux capacités diluantes infinies et comme une réserve inépuisable de ressources alimentaires, l'océan mondial est aussi gravement menacé. Au débouché des pollutions fluviales, les zones côtières (estuaires, plateaux continentaux) sont fortement dégradées, alors qu'elles constituent la zone écologiquement la plus riche et la plus productive ; le dépérissement accéléré des récifs coralliens, véritable joyau des écosystèmes marins, abritant 4 000 espèces de poissons et près de 100 000 espèces d'algues et d'invertébrés, symbolise les conséquences tragiques de l'irresponsabilité de l'action humaine. Quant aux ressources de la pêche, on ne peut plus ignorer que treize des quinze grandes zones productives de la planète ont été fortement affectées par la surexploitation. Les principales espèces de poissons commercialisées sont touchées : sardine du Pacifique, anchois du Pérou, hareng, morue.

L'épuisement et la destruction des sols sont un autre symptôme alarmant. Bien des progrès des années 1960-1970 n'ont pu être obtenus qu'au prix de la mise en culture de terres hautement sujettes à l'érosion. Année après année, la surexploitation des sols fait perdre au monde l'équivalent de la surface céréalière de l'Australie et 24 milliards de tonnes d'humus. Désastre en Afrique : l'érosion des sols aura contribué à réduire la production agricole de 25 % entre 1975 et l'an 2000. Désastre dans l'ancienne Union soviétique : sur 200 millions d'hectares de terres labourables, 41 ont été érodés par l'eau et 90 subissent une grave érosion éolienne. Désastre en Australie : la dégradation affecte plus des 2/3 de la terre arable du continent !

LE NOUVEAU VOLCANISME DE L'INDUSTRIE ET DES VILLES

Les changements les plus spectaculaires ont cependant été induits par la croissance des industries lourdes (chimie, métallurgie, énergie, etc.). Innovation technique non maîtrisée où négligence criminelle sont le plus souvent la conséquence tragique de la recherche du profit à « tout prix », ou d'une administration bureaucratique de la société. Ces facteurs sont toujours à l'origine des accidents les plus spectaculaires : maladie de Minamata au Japon dans les années 1950 (le mercure utilisé dans l'industrie papetière a tué plusieurs centaines de personnes) ; affaire Seveso en Italie en 1976 (pollution par la dioxine) ; marées noires à répétitions : naufrage de l'*Amoco Cadiz* en Bretagne en 1978, échouage de l'*Exxon Valdez* sur les côtes de l'Alaska en 1989 ; accident de Tchernobyl ou disparition de la mer d'Aral en Asie centrale, etc.

LACS DE PÉTROLE PRÈS DE AL BURGAN, Al Khiran, Koweït.
Ce paysage de désolation est un aspect de la crise puis de la guerre qui ont suivi l'invasion du Koweït par l'Irak le 2 août 1990. Au cours de ce conflit, 300 millions de tonnes de pétrole ont brûlé, soit plus de 1/10 de la consommation mondiale annuelle. Le Moyen-Orient concentre les 2/3 des réserves mondiales de pétrole et 1/3 de celles de gaz naturel. Au quotidien, l'exploitation pétrolière provoque un saccage des lieux d'exploitation et des pollutions lors du transport, du raffinage et de l'utilisation finale. C'est à ce stade ultime que se situent les plus graves atteintes à l'environnement. À l'échelle de vastes régions urbaines dans lesquelles le transport automobile ne cesse de poser des problèmes grandissants pour la santé humaine. À l'échelle globale où les sous-produits de la combustion du pétrole jouent un rôle majeur dans la modification de la composition chimique de l'atmosphère et les dérèglements des climats.

Ils expliquent aussi la détérioration continue de l'environnement : dissémination de produits dangereux pour la santé humaine tels que DDT, pesticides en tous genres, agents plastifiants, amiante, éléments radioactifs, etc.

La pollution de l'atmosphère prend des proportions de désastre. Après la Seconde Guerre mondiale, le système industriel a créé un véritable volcanisme artificiel. La pollution atmosphérique est devenue dans les vingt dernières années du siècle un énorme problème dans les pays industriels émergents comme la Chine, où l'industrie lourde se développe essentiellement sur une base charbonnière. Plusieurs types de polluants jouent un rôle croissant à l'échelle de la biosphère. Tout d'abord, les quantités colossales de rejets gazeux issus de la combustion des diverses formes de carbone fossile : gaz carbonique, sans conséquence sur la santé, mais dangereux par ses effets globaux comme le réchauffement climatique ; monoxyde de carbone ; hydrocarbures imbrûlés ; oxydes d'azote ; anhydride sulfureux et sulfurique, à l'origine des pluies acides qui touchent de nombreux massifs forestiers, notamment en Europe et en Amérique du Nord.

L'action des micropolluants atmosphériques et des particules diverses sous forme d'aérosols n'est pas moins néfaste à diverses échelles, depuis celle de la santé individuelle jusqu'à celle des changements des climats planétaires. Quant aux rejets radioactifs des grands accidents nucléaires, ils ont des conséquences particulièrement dramatiques. Avec la catastrophe de Tchernobyl, le 26 avril 1986, et les milliers de martyrs de cette apocalypse nucléaire, l'humanité est entrée dans une nouvelle phase de son histoire.

Plus banalement, l'extension de la circulation automobile joue un rôle croissant dans les formes spécifiquement urbaines de pollution de l'air. En dépit de l'amélioration continue des moteurs, la croissance du parc et l'allongement des parcours contribuent à rendre la civilisation automobile de plus en plus dangereuse pour la santé humaine. Après les

États-Unis, cette « civilisation » a gagné l'Europe et le Japon à partir des années 1950. Elle y a déstructuré les villes anciennes et pollué l'air. Cela est aussi devenu l'un des problèmes majeurs de l'environnement urbain des métropoles des pays du Sud. Un niveau de motorisation comparable à celui prévalant aux États-Unis pour l'humanité entière porterait le nombre total de voitures dans le monde de 500 millions à 3 milliards. Hypothèse insoutenable compte tenu de ses effets environnementaux. Le début du XXIe siècle pourrait marquer l'éphémère apogée d'une civilisation automobile bientôt asphyxiée par son propre succès.

La question est posée : enracinées dans une évolution de centaines de milliers d'années de vie, nos sociétés ne mettent-elles pas aujourd'hui en jeu les conditions mêmes de la vie sur Terre ?

Jean-Paul Deléage

ALGUES DANS LE GOLFE DU MORBIHAN, France. Dans les années 1920, une épidémie décima *Crassostrea angulata*, l'espèce d'huître la plus exploitée en France. Une espèce japonaise, *Crassostrea gigas*, fut introduite et, involontairement avec elle, une trentaine d'espèces animales et d'algues qui vivent aujourd'hui dans les eaux de la Manche et de l'océan Atlantique. C'est le cas de la Sargasse (*Sargassum miticum*) qui a pris la place d'espèces locales, comme ici dans le golfe du Morbihan. On a craint une prolifération galopante, mais cette espèce, tout en étant devenue abondante, semble avoir trouvé sa place dans l'écosystème. Elle fait néanmoins l'objet d'une surveillance attentive. Baignée par la mer sur 2 730 km, la Bretagne, dont 70 % du littoral est en voie d'urbanisation, abrite le Conservatoire du littoral qui possède 4 000 ha, dont plus de la moitié relève de sites dont la superficie est supérieure à 100 ha.

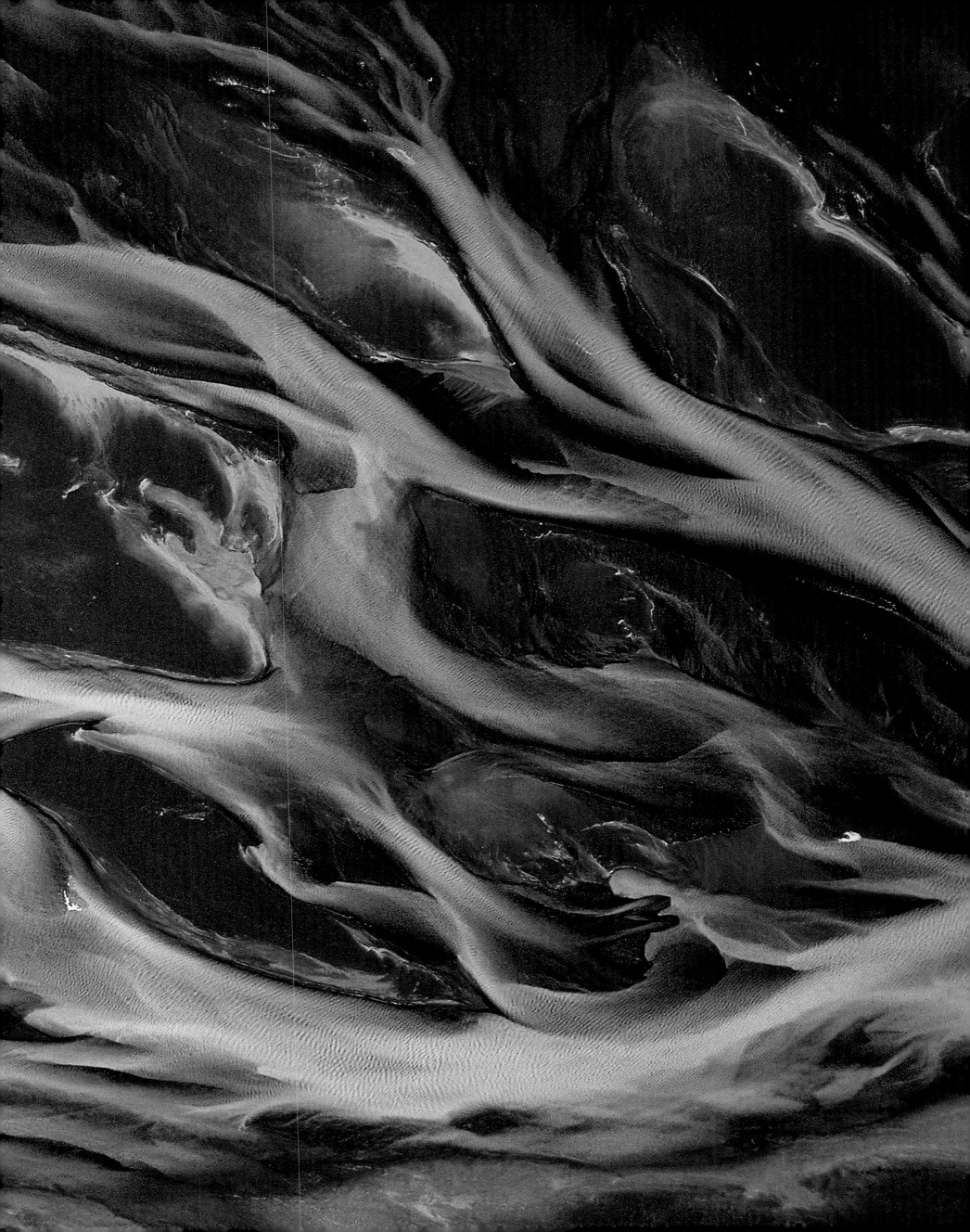

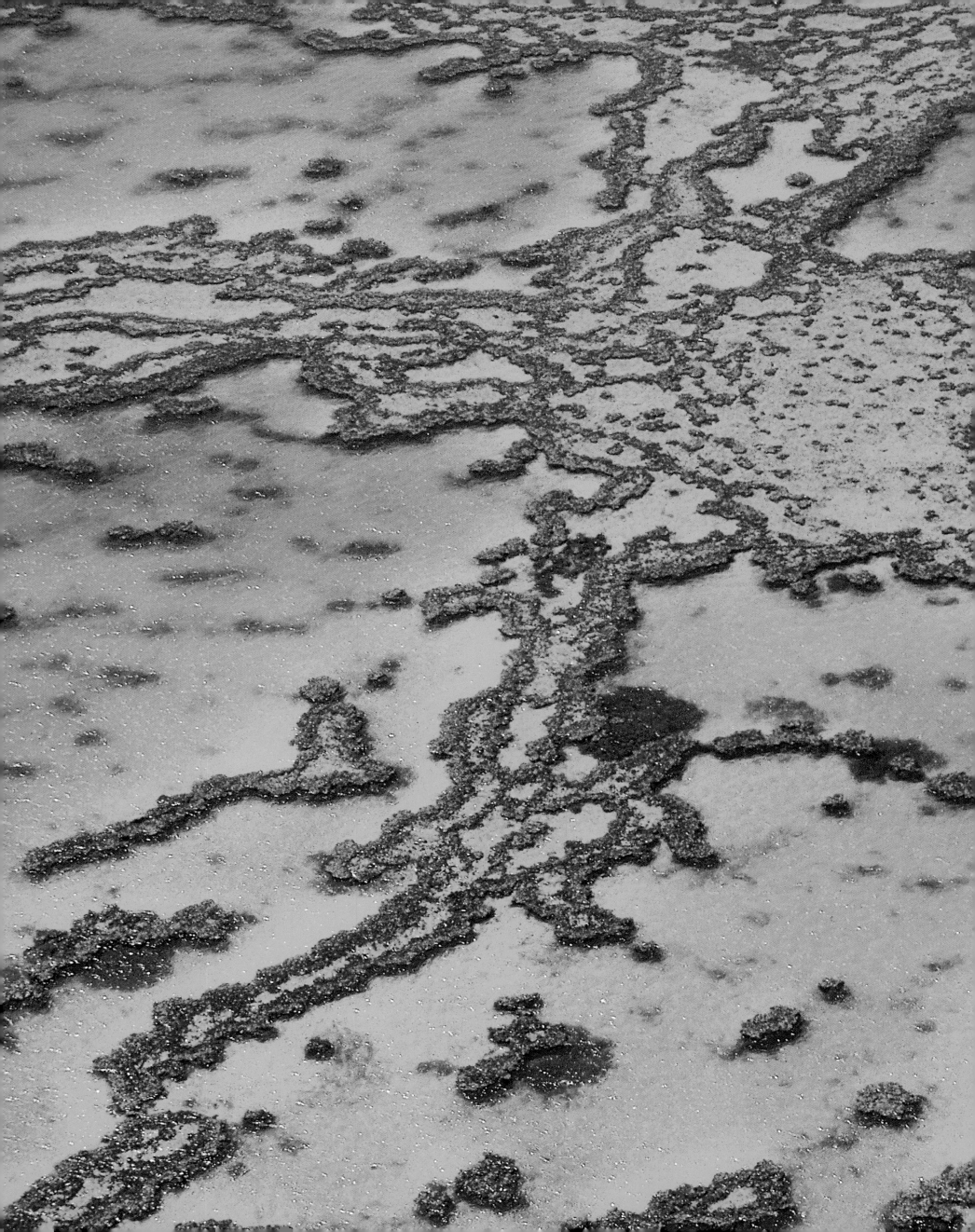

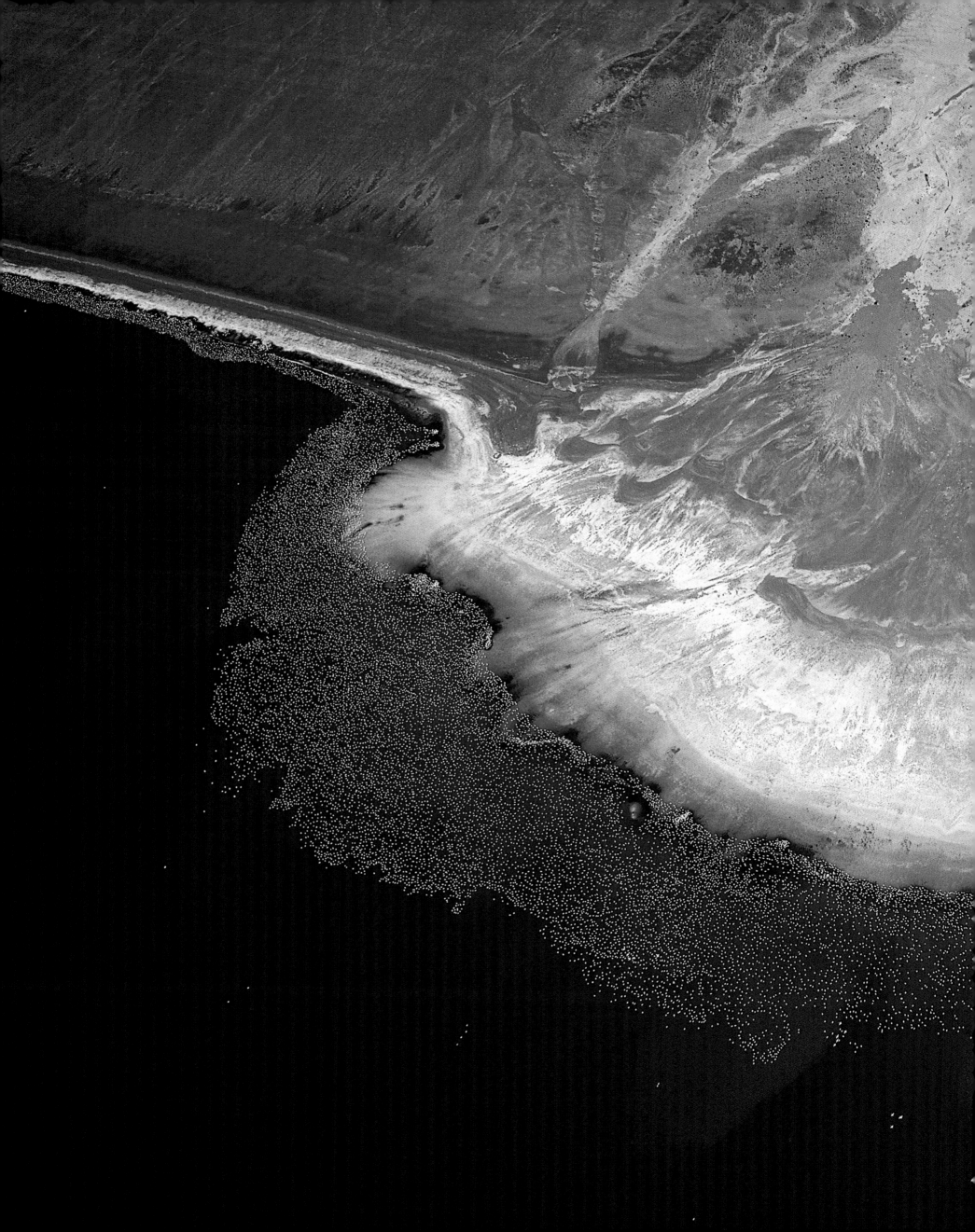

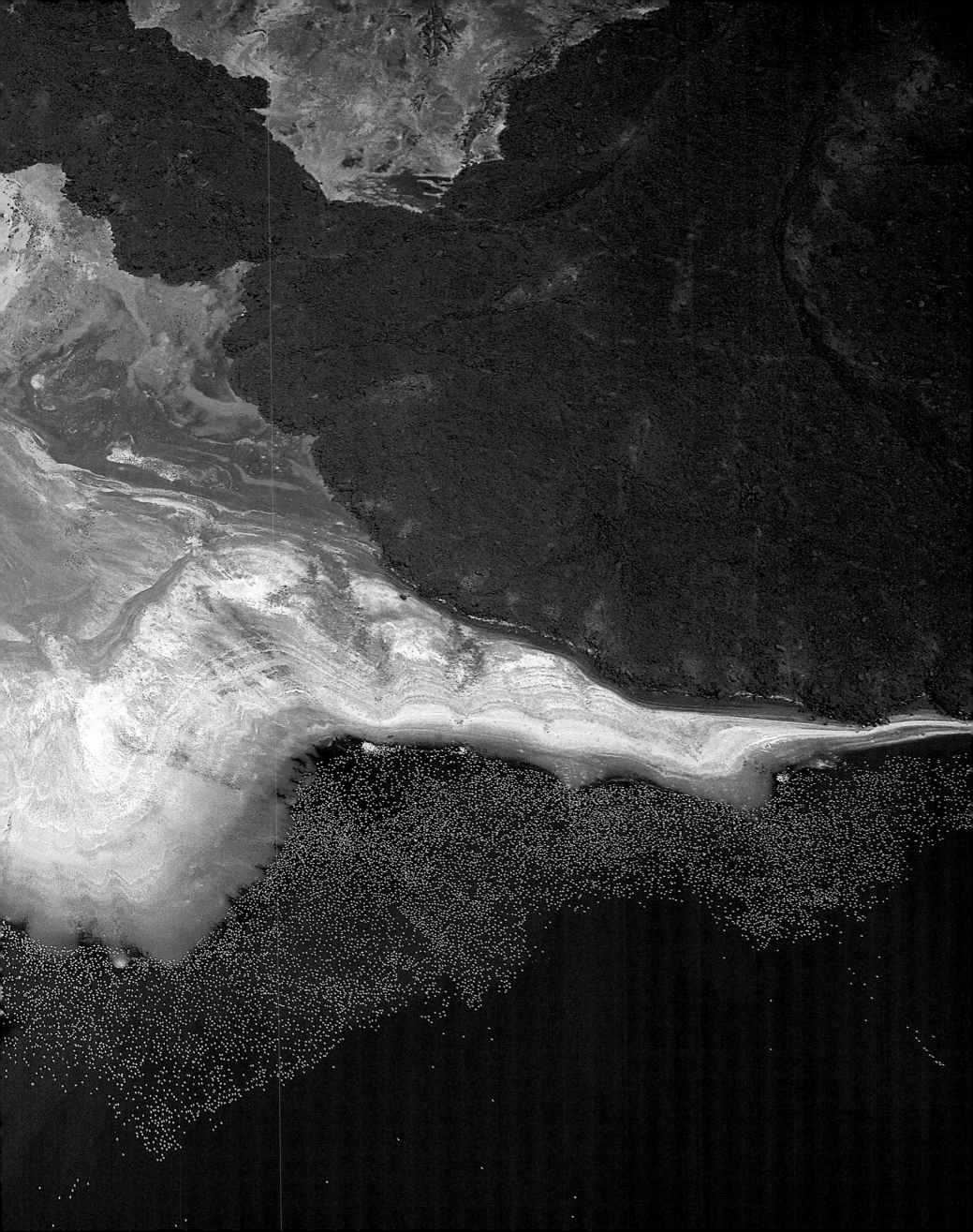

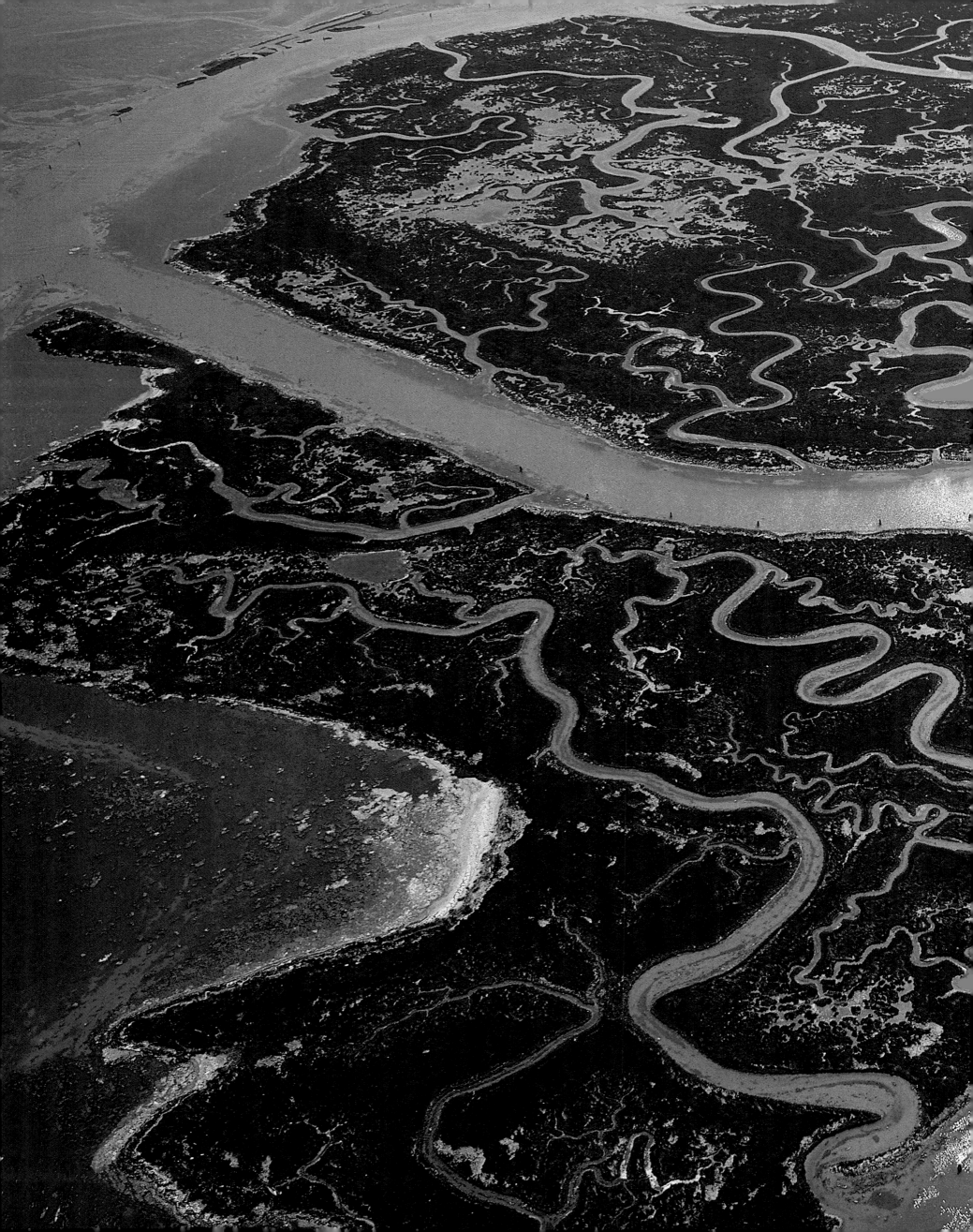

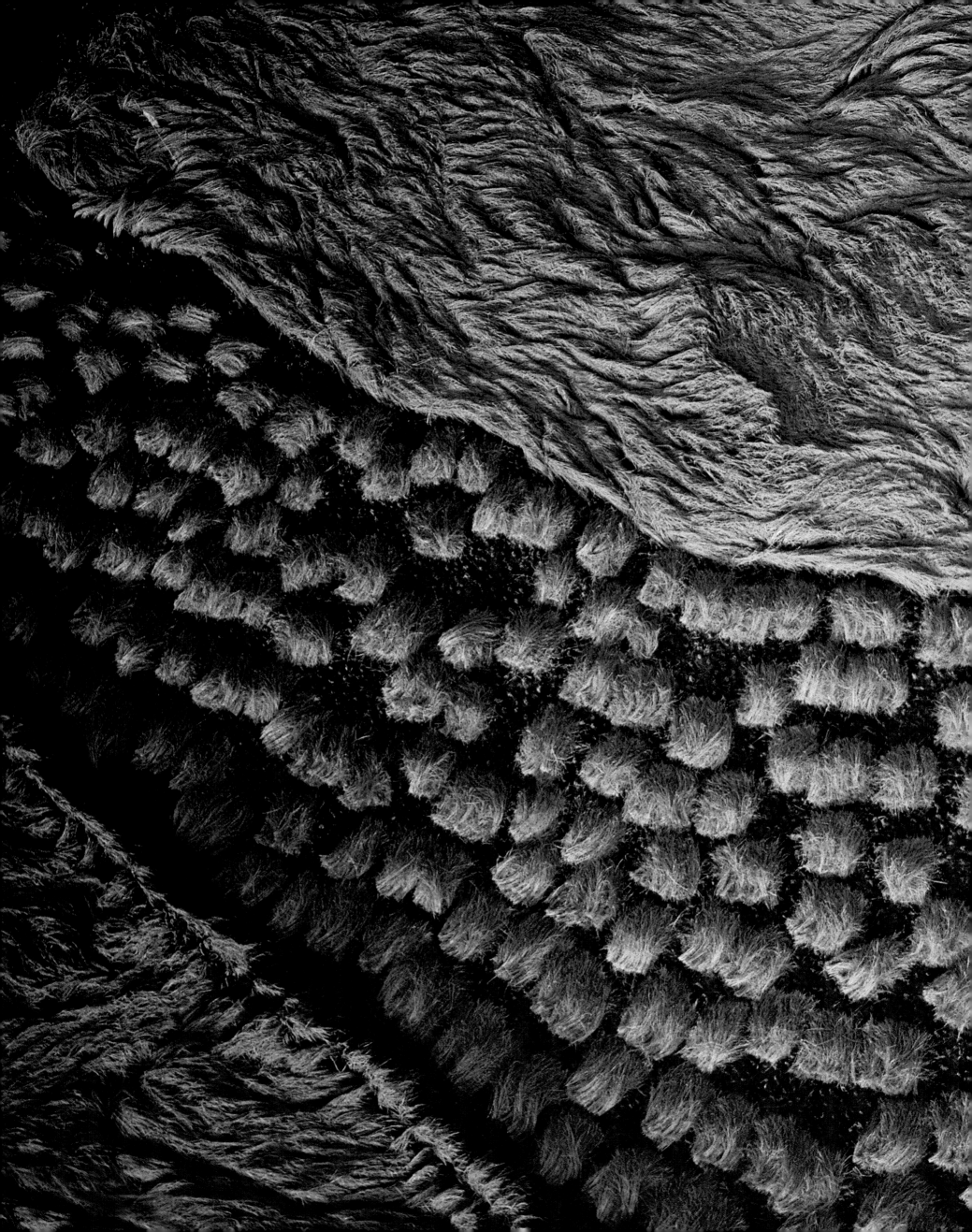

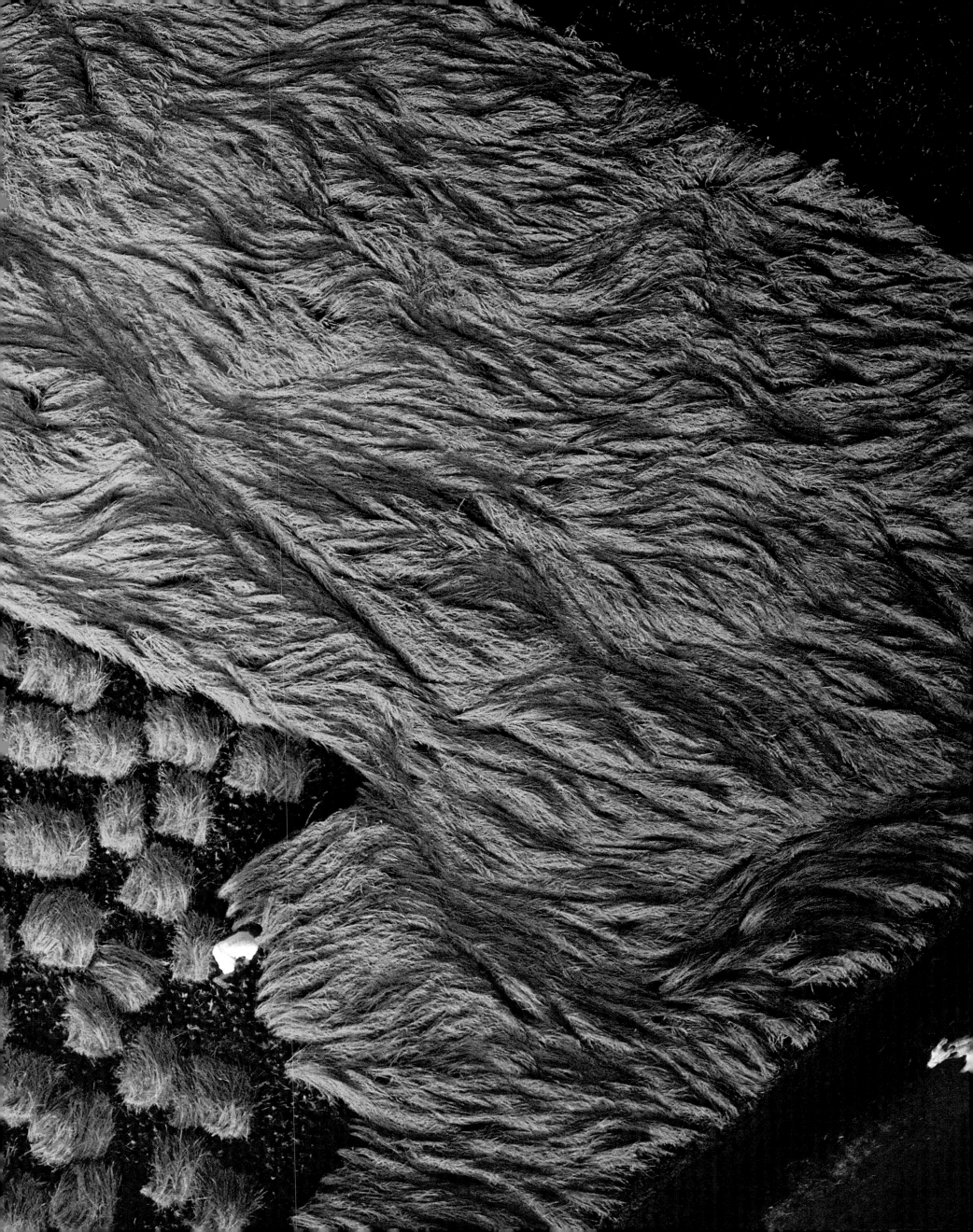

LE NOMBRE DES HOMMES
ET L'AVENIR DU GENRE HUMAIN

Nous sommes 6 milliards sur Terre. Hier, vers 1800, nous n'étions qu'un milliard, et demain, vers 2050, nous pourrions être 9 milliards. Sommes-nous déjà trop nombreux sur la planète ?

La population mondiale se situait, au début de notre ère, autour de 250 millions d'habitants, chiffre comparable à la population actuelle des États-Unis. La croissance, initialement très lente, s'est brusquement accélérée, faisant redouter à certains une apocalypse démographique. Il est vrai que l'humanité a mis des dizaines de milliers d'années pour atteindre un premier milliard d'habitants, mais seulement cent vingt-trois ans pour atteindre un deuxième milliard, et douze ans pour passer du cinquième au sixième milliard. Ce monde qui nous paraissait rétrospectivement stable, « en équilibre », basculait. On se mit à parler d'« explosion démographique ». Et à rendre la population seule responsable de la pauvreté ou des menaces pesant sur la planète.

Sans doute portons-nous sur l'histoire des hommes et sur l'histoire de leur nombre un regard trop rapide. Ce que nous jugeons avoir été un équilibre, paré de diverses vertus, était la conséquence d'une mort omniprésente. Ce que nous jugeons avoir été une population quasi stationnaire sur le temps long était en réalité une succession de phases de croissance et de décroissance démographiques. Des oscillations provoquées par des catastrophes naturelles, des famines ou des épidémies. La peste noire, au XIVe siècle, a ainsi profondément marqué les populations européennes. Si elle a laissé peu de traces, c'est que la puissance de peuplement, pour reprendre les termes de Malthus, était, non pas infinie, mais particulièrement forte.

UN MONDE TROP HUMAIN ?

Le XIXe et surtout le XXe siècle ont marqué une rupture dans l'histoire de la population mondiale. Celle-ci a été multipliée par six en deux siècles. La Chine compte aujourd'hui plus d'habitants que le monde en 1804. Et la Chine et l'Inde en réunissent plus que le monde n'en comptait en 1927. La « maudite exponentielle », comme on l'appelait dans les années 1970, allait, nous disait-on, précipiter notre chute. Pour éviter la « fin du monde », il fallait agir. Intervenir d'urgence. Aux yeux de certains, deux périls menaçaient l'humanité : la bombe nucléaire et la bombe démographique.

Ce changement de rythme intervenu dans la croissance démographique est un fait majeur. Mais il ne faut pas confondre le nombre des hommes et le rythme de *croissance* du nombre des hommes. Le monde est trop « humain » s'il y a trop d'hommes sur Terre. Mais pour affirmer que nous sommes trop nombreux, encore faudrait-il savoir définir ou calculer une population limite. En invoquant les capacités de charge de la Terre, nombreux ont été ceux qui ont proposé un chiffre de population maximale. Plusieurs donnaient l'effectif actuel comme un plafond. D'autres considéraient que 3 milliards était déjà un chiffre saturé. D'autres enfin pensaient que le progrès technique saurait tout résoudre et qu'il n'y avait pas lieu de s'inquiéter. Mais un rythme de croissance tel que celui observé à la fin des années 1960 permettait de s'interroger sur le moment où les hommes en viendraient à « couvrir la surface de la Terre ».

Les difficultés que peut connaître le continent africain proviennent moins de l'effectif des populations qui y vivent que

---

de leur augmentation très rapide. L'Afrique n'est pas « trop »
peuplée, mais sa population augmente trop vite. Dans certains
pays elle double en vingt ans. Il est alors difficile d'éduquer les
enfants, de fournir un emploi aux jeunes adultes et de soigner
l'ensemble de la population. Les problèmes se posent avec d'autant plus d'acuité que ce sont toujours les pays les plus pauvres
qui connaissent la croissance démographique la plus rapide.

Les ressources ne sont pas inépuisables. Une croissance
indéfinie dans un monde fini est impossible. La population
semblait devoir rapidement se heurter aux « limites de la planète ». Il paraissait logique, scientifique, de recenser l'ensemble
des ressources disponibles et de rapprocher le bilan effectué de
l'évolution des consommations pour savoir quand les hommes
en arriveraient à manquer de charbon, de pétrole, etc. Des
hommes de plus en plus nombreux consommant toujours plus,
comment la planète pouvait-elle échapper à sa mort ? Une telle
démarche a inspiré, au début des années 1970, le célèbre rapport *Halte à la croissance*, du Club de Rome. Mais les choses
ne sont pas si simples. Une substitution est possible entre diverses
sources d'énergie. Le progrès conduit à modifier l'usage des
ressources disponibles. L'homme dispose d'une capacité d'adap-
tation. La rareté ne serait pas absolue, mais seulement relative.

Peut-on, sans tomber dans un autre extrême, affirmer par
exemple que la pression créatrice, liée à la difficulté pour les
êtres humains à vivre ou survivre, les conduit toujours à se
dépasser et, finalement, à accroître le bien-être de tous ? Évidemment non. La pression créatrice engendre un progrès, mais
dans certains contextes seulement. L'économiste danoise Ester
Boserup a bien montré comment, à une échelle locale, un accroissement de densité conduisait à modifier les modes de cultures
pour le bénéfice de la communauté tout entière. Mais ce cas n'est
pas généralisable à toutes les situations. Les possibilités de
développement des cultures sont, notamment, très variables.

Il n'est donc question ni de nier les défis qui se posent aux
habitants actuels et futurs de la planète du fait de la croissance
de la population ni de rendre l'accroissement du nombre des
hommes seul responsable du non-développement des pays les
plus pauvres, ou encore de la majorité des atteintes à l'envi-

ronnement. La population est un paramètre, parmi d'autres,
d'une équation complexe dans laquelle figurent aussi les consommations et le niveau technologique atteint. Le nombre des
hommes accroît la consommation de l'eau, mais le gaspillage
industriel ou agricole de cette dernière et la pollution des rivières
n'ont pas moins d'importance.

La population ne doit pas être un obstacle à une élévation
du niveau de vie, particulièrement des plus pauvres. De la capacité des hommes à concilier croissance démographique et développement durable dépend largement l'avenir du genre humain.

LE SCÉNARIO D'UNE STABILISATION

Nous sommes 6 milliards. Mais combien serons-nous dans
l'avenir ? Les Nations unies se livrent régulièrement à un exercice délicat consistant à établir des perspectives de population
mondiale à long terme. Le scénario d'une stabilisation jouit
d'une faveur particulière. Il y a quelques années, on pensait que
le nombre d'habitants sur Terre pourrait se stabiliser autour de
12 milliards dans cent cinquante ans environ : l'humanité devait
connaître un dernier doublement de sa population avant d'atteindre un état stationnaire où toutes les populations du monde
verraient leur fécondité assurer strictement le renouvellement
des générations. Les estimations les plus récentes évoquent une
stabilisation à 11 milliards. Cette révision des perspectives s'explique par une baisse de la fécondité, notamment en Chine, plus
rapide que prévu.

Si ce scénario de stabilisation de la population mondiale
est vérifié, le monde connaîtra deux transformations majeures :

**Pages 298-299
CENDRES
D'UN ARBRE
PRÈS DES MONTS
GOROWI KONGOLI,
Bouna,
Côte-d'Ivoire.**

Au nord-est de la Côte-d'Ivoire, dans une région couverte d'une végétation soudanienne de savanes arbustives et de forêts claires, cet arbre, abattu par le vent ou la foudre, s'est lentement consumé après le passage d'un feu de brousse. Ces feux, très fréquents en Afrique de l'Ouest, peuvent parcourir jusqu'à 25 % ou 30 % de l'ensemble de la brousse chaque année. Si une partie d'entre eux est d'origine naturelle, la plupart sont provoqués par les techniques traditionnelles agricoles, pastorales et cynégétiques des peuples de savane : le passage du feu fournit aux sols un engrais naturel d'origine organique (les cendres) et contribue à la régénération rapide de certains arbustes ou plantes fourragères ; ces feux permettent également d'éliminer les hautes herbes pour mieux approcher le gibier ou le rabattre lors de chasses collectives. La plupart des feux de brousse sont malheureusement déclenchés tardivement pendant la saison sèche et deviennent incontrôlables, détruisant peu à peu la strate arborée et accélérant le processus d'érosion. Cette menace est d'autant plus inquiétante en Côte-d'Ivoire que le pays présente, avec 6,5 % de forêt détruits chaque année, le plus fort taux de déforestation d'Afrique (0,6 % par an pour l'ensemble du continent).

**Pages 300-301
CULTURES
EN TERRASSES,
environs de Shiik
Abdal Area,
Somaliland (Somalie).**

Dans ces régions en proie à la malnutrition et parmi les plus pauvres du monde, la culture de melons et de tomates en terrasses, comme ici, est plutôt rare en zone de relief. Les cultures vivrières sont en effet généralement réservées aux très rares terres arables des zones plates. Avec seulement 400 mm de pluie par an intercalés entre deux saisons sèches, l'eau est le principal facteur limitant pour la survie des populations agricoles. Ici, elle est stockée dans des réservoirs *(hafir)* et transportée sur de courtes distances pour alimenter des systèmes de micro-irrigation. Mais ces cultures vivrières, comme au Yémen voisin, de l'autre côté de la mer Rouge, sont très fortement concurrencées par celle du qat *(Catha edulis)*, une plante hallucinogène de la famille des Célastracées, dont la grande majorité des hommes, dès l'âge de 18 ans, mâchent les feuilles jusqu'à trois fois par jour. La dépendance à cette plante est au cœur d'un circuit économique considérable puisqu'une botte de qat se paie 2 ou 3 dollars.

**Pages 302-303
VILLAGE
D'ARAOUANE,
AU NORD DE
TOMBOUCTOU,
Mali.**

Situé dans la partie saharienne du Mali, à 270 km au nord de Tombouctou, le village d'Araouane est installé sur le grand axe caravanier qui relie le Nord du pays à la Mauritanie. Il compte à sa périphérie de nombreux campements nomades installés autour des puits. Cependant, peu à peu, Araouane disparaît, envahi par les dunes de sable qui, poussées par les vents, engloutissent certaines maisons. Réparti sur dix pays d'Afrique, le Sahara est, avec une superficie de près de 8 millions de km², le plus grand désert chaud du monde. Il n'est pas exclusivement constitué de sables mais aussi de regs, surfaces d'érosion parsemées de cailloux, de grands plateaux pierreux (tassilis et hamadas), ainsi que de hauts massifs montagneux (Hoggar, Aïr, Tibesti). Ces derniers occupent 20 % de sa superficie. Le Sahara n'a pas non plus toujours été un désert : il y a moins de huit mille ans, la vaste zone aride que nous connaissons aujourd'hui était en effet couverte de végétation et peuplée d'une faune tropicale variée.

**Pages 304-305
VÉGÉTATION
SUBAQUATIQUE
DANS LA LOIRE
PRÈS DE DIGOIN,
Saône-et-Loire,
France.**

Longue de 1 012 km, la Loire prend sa source en Ardèche, au sud-est du pays, et traverse une grande partie du territoire avant de se jeter dans l'Atlantique, à l'ouest. Ce cours d'eau, considéré comme le dernier fleuve sauvage de France, est soumis à un régime très irrégulier de crues et d'étiages de grande ampleur. En été, il est parfois réduit en certains passages à d'étroits filets d'eau qui ruissellent parmi les bancs de sable ; dans ses eaux peu profondes prolifèrent par endroits des plantes subaquatiques, comme ici près de Digoin. En hiver, ses crues peuvent provoquer d'importantes inondations touchant les villes et villages riverains. Afin de dompter ce fleuve imprévisible tout en préservant son équilibre écologique, un plan d'aménagement sur dix ans a été mis en place en 1994 ; il prévoit notamment la destruction d'anciens barrages et la construction de nouveaux sur certains affluents.

**Pages 306-307
MAISONS INONDÉES
AU SUD DE DACCA,
Bangladesh.**

Parcouru par un vaste réseau de 300 cours d'eau, dont les fleuves Gange, Brahmapoutre et Meghna, qui dévalent les pentes de l'Himalaya pour se jeter dans le golfe du Bengale, le Bangladesh est une plaine deltaïque soumise à des moussons saisonnières. De juin à septembre, des pluies diluviennes augmentent parfois jusqu'à 50 000 m³/s le débit des fleuves, qui sortent de leur lit et inondent près de la moitié du territoire en dévastant tout sur leur passage. Pour tenter d'échapper à la violence des crues, une partie de la population du pays vit en permanence sur des *chars*, îlots fluviaux éphémères formés de sable et de limon accumulés par les courants ; cependant, ces derniers sont régulièrement arasés et emportés par les flots. Chaque année, de 1 000 à 2 000 personnes périssent dans ces inondations et près de 25 % des 123 millions de Bangladais se retrouvent sans abri. Les dégâts occasionnés à l'agriculture sont également considérables dans ce pays à 80 % rural. Territoire parmi les plus densément peuplés du monde, avec près de 850 habitants au km², le Bangladesh est également l'un des pays les plus pauvres, avec un revenu annuel de seulement 260 dollars par habitant.

**Pages 308-309
BIDONVILLE
DE GUAYAQUIL,
Guayas,
Équateur.**

Avec 2 millions d'habitants, Guayaquil, en Équateur, est d'un tiers plus peuplée que Quito, la capitale (1,56 million d'habitants). La prospérité de ce grand centre portuaire industriel et commercial, qui contrôle 50 % des exportations et 90 % des importations du pays, a attiré un nombre croissant de migrants venus des campagnes voisines. 1/5 de la population de Guayaquil vit aujourd'hui dans des bidonvilles dont les maisons sur pilotis sont installées sur des zones marécageuses. Ces quartiers pauvres, où le sol est artificiellement constitué de déchets accumulés par les marées, ne disposent d'aucune infrastructure sanitaire et connaissent d'inquiétants problèmes de salubrité. Au cours des dernières décennies, la population d'Amérique latine a connu le plus fort taux d'urbanisation du monde (passant de 41 % à 77 % de citadins entre 1950 et 1999).

**Pages 310-311
BARQUES PRISES
DANS LES JACINTHES
D'EAU SUR LE NIL,
Égypte.**

Signalée pour la première fois au début du siècle dans le delta du Nil, en Égypte, et dans la province du Natal, en Afrique du Sud, la jacinthe d'eau *(Eicchornia crassipes)* est un végétal aquatique envahissant originaire du Brésil. Introduite sur le continent africain comme plante ornementale, elle a colonisé en moins de cent ans plus de 80 pays dans le monde, proliférant dans les zones de rejet des eaux usées. Entrave à la navigation, cette espèce contribue à la sédimentation des cours d'eau et des berges fluviales, ainsi qu'à l'obstruction des canaux d'irrigation agricoles et des turbines des barrages hydroélectriques. L'épais tapis végétal qu'elle constitue engendre un phénomène d'eutrophisation, c'est-à-dire une diminution de la teneur en oxygène des eaux profondes, en raison de la concentration de débris organiques. Ce phénomène de pollution asphyxie poissons et amphibiens en les privant d'oxygène. De plus, les jacinthes d'eau abritent de nombreux microorganismes responsables de maladies transmissibles à l'homme. En revanche, elles absorbent les excès de nitrates, le soufre ainsi que certains métaux lourds.

légendes 298 à 311   légendes 312 à 327

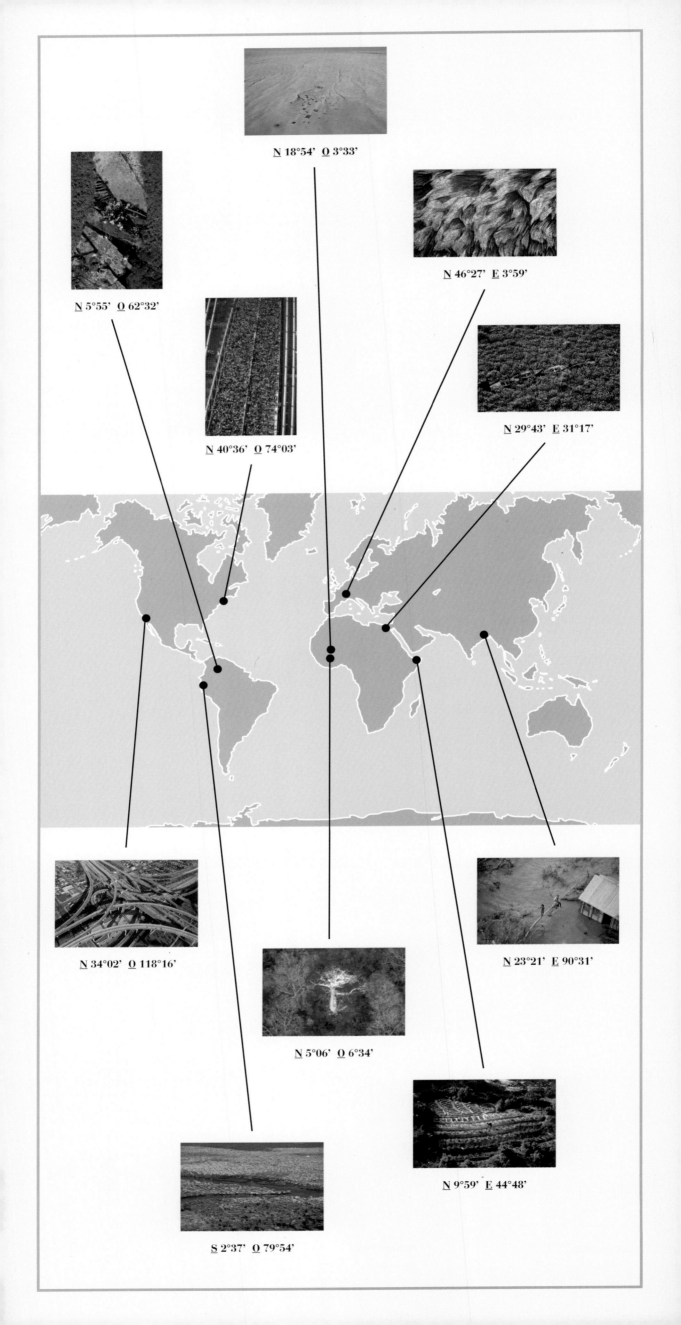

N 18°54' O 3°33'

N 5°55' O 62°32'

N 46°27' E 3°59'

N 40°36' O 74°03'

N 29°43' E 31°17'

N 34°02' O 118°16'

N 5°06' O 6°34'

N 23°21' E 90°31'

S 2°37' O 79°54'

N 9°59' E 44°48'

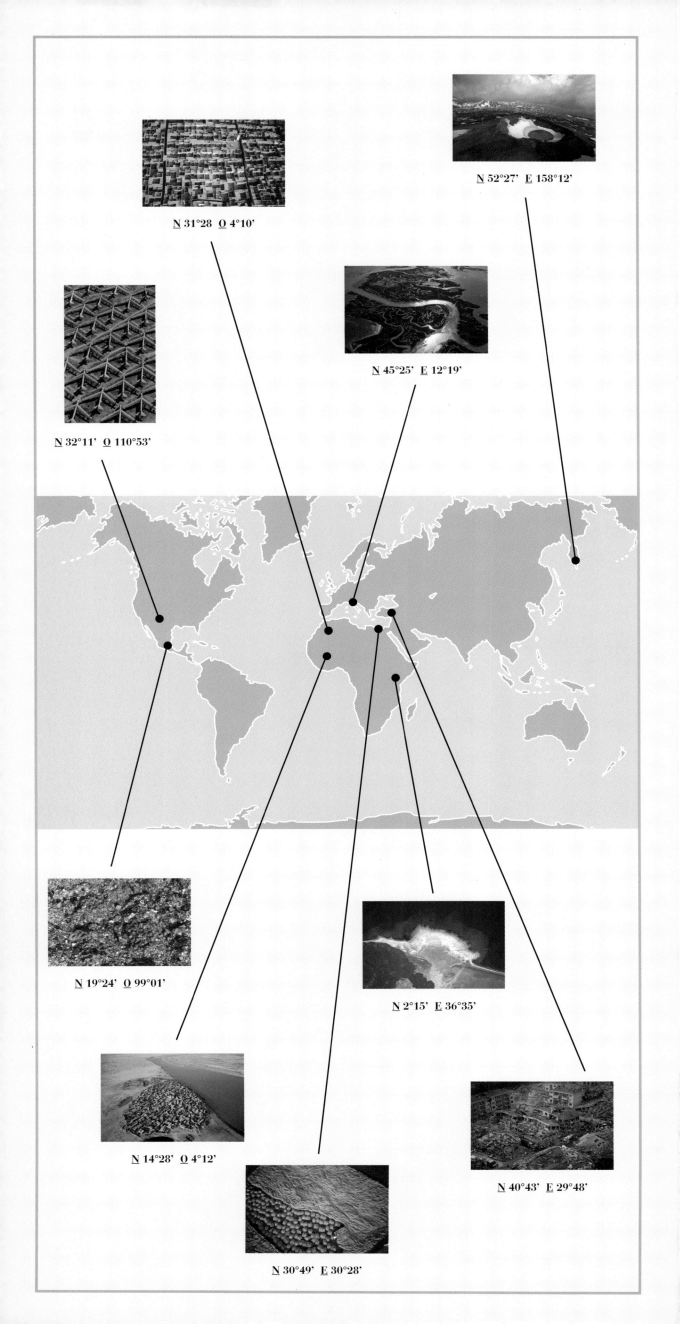

<u>N</u> 52°27' <u>E</u> 158°12'

<u>N</u> 31°28 <u>O</u> 4°10'

<u>N</u> 45°25' <u>E</u> 12°19'

<u>N</u> 32°11' <u>O</u> 110°53'

<u>N</u> 19°24' <u>O</u> 99°01'

<u>N</u> 2°15' <u>E</u> 36°35'

<u>N</u> 14°28' <u>O</u> 4°12'

<u>N</u> 40°43' <u>E</u> 29°48'

<u>N</u> 30°49' <u>E</u> 30°28'

Pages 272-273
LAC
DANS UN CRATÈRE
DU VOLCAN
MUTNOVSKY,
Kamtchatka,
Russie.

Issu de la juxtaposition de deux volcans, le Mutnovsky, au sud du Kamtchatka, en Sibérie, culmine à 2 324 m et abrite à son sommet deux lacs de cratère. Depuis cent cinquante ans, cet ensemble volcanique a connu une quinzaine d'éruptions explosives, la dernière datant de 1961. Aujourd'hui, son activité se limite à l'émission de gaz soufrés, ou fumerolles, à très haute température (600 °C). Géologiquement très jeune, avec moins d'un million d'années d'existence, la péninsule du Kamtchatka est située sur une zone de subduction, là où la plaque tectonique Pacifique plonge sous la plaque Eurasie. Elle abrite 160 volcans, dont 30 encore actifs, inscrits sur la Liste du patrimoine mondial de l'Unesco depuis 1996. On estime que près de 1 400 volcans dans le monde peuvent entrer en éruption à tout moment : 60 % d'entre eux sont situés sur le pourtour de l'océan Pacifique, dans la « ceinture de feu ».

Pages 274-275
VILLAGE
DANS LA VALLÉE
DU RHÉRIS,
région d'Ar-Rachidia,
Haut Atlas,
Maroc.

S'inspirant de l'architecture berbère, qui naguère répondait à la nécessité de se protéger des invasions, les villages fortifiés se succèdent dans la vallée du Rhéris, comme le long de la plupart des oueds du Sud marocain. Aujourd'hui, alors que les menaces de razzias ont disparu, l'imbrication des habitations, l'étroitesse des fenêtres et la structure en terrasse des toitures qui recouvrent maisons et ruelles ont pour destination principale de préserver les occupants de la chaleur et de la poussière. Ces toits plats communicants permettent de faire sécher les récoltes. Parfaitement intégrées dans le paysage, les maisons sont généralement bâties en pisé d'argile et de chaux prélevées sur place. D'apparence robuste, ces constructions sont fragiles, car en matériaux friables ; la moitié des édifices construits il y a cinquante ans sont aujourd'hui en ruine.

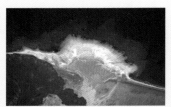

Pages 276-277
FLAMANTS ROSES
AU BORD DU LAC
LOGIPI,
vallée de Suguta,
Kenya.

La blancheur du natron (carbonate de sodium) cristallisé sur la berge noire volcanique du lac Logipi contraste avec le bleu-vert des algues qui prolifèrent dans l'eau alcaline et salée. Vue du ciel, cette partie du rivage dessine curieusement une forme d'huître géante. Attirés par les algues, par les crustacés et les larves d'insectes qui foisonnent dans le lac, un nombre considérable de flamants roses viennent se nourrir dans ses eaux peu profondes. D'ordinaire regroupés en immenses colonies autour de la plupart des lacs de la vallée du Rift, ces échassiers ont cependant déserté la région lors de la cruelle sécheresse qui, pendant près de cinq ans, a sévi en Afrique orientale jusqu'en 1998. Au début de cette même année, les pluies importantes dues au phénomène climatique El Niño ont incité petits flamants et flamants roses à revenir peupler la vallée du Rift, qui en abriterait aujourd'hui près de 3 millions.

Pages 278-279
LA LAGUNE
DE VENISE,
Vénétie,
Italie.

La lagune de Venise, qui s'étend sur 500 km² entre les côtes italiennes et la mer Adriatique, est la plus vaste zone humide d'Italie. Lieu de rencontre d'eaux douces et salées, ce marécage de limon, d'argile et de sable est particulièrement riche en éléments nutritifs qui permettent le développement d'une multitude d'espèces aquatiques et attirent de nombreux oiseaux. La lagune est aujourd'hui menacée par les pollutions urbaines et industrielles, notamment les hydrocarbures et les métaux lourds. Elle présente aussi une concentration importante en phosphates et nitrates issus de l'agriculture, qui favorisent la prolifération d'une algue verte, l'*Ulva rigida*. Celle-ci engendre un phénomène d'eutrophisation, c'est-à-dire une diminution de la teneur en oxygène des eaux, fatale pour les poissons. Dans les pays industrialisés, la concentration en nitrates des eaux continentales a doublé, voire quintuplé pour certains pays, au cours des trente dernières années.

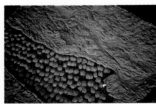

Pages 280-281
MISE EN GERBES
DU BLÉ PAR UN
FELLAH DE LA
VALLÉE DU NIL,
Égypte.

Depuis des siècles, les paysans égyptiens de la vallée du Nil, les fellahs, utilisent les mêmes techniques agricoles ancestrales, labourent les champs à la houe, moissonnant le blé à la faucille et transportent les gerbes à dos d'âne ou de chameau. La vallée du Nil dessine un ruban très fertile qui traverse le pays du sud au nord. Là se concentre la population agricole qui est la plus dense du monde : les terres cultivables ne représentent en effet que 3 % du territoire. La production de blé, bien qu'en progression (+ 37 % entre 1990 et 1997) grâce notamment à l'emploi d'engrais, couvre moins de la moitié des besoins d'une population en rapide augmentation. L'Égypte se situe parmi les plus grands importateurs de céréales au monde (7,8 millions de tonnes en 1997).

Pages 282-283
DÉCHARGE
DE LA VILLE
DE MEXICO,
Mexique.

Capitale la plus polluée du monde en raison d'importantes émanations industrielles, Mexico doit aussi gérer près de 20 000 t d'ordures ménagères produites chaque jour par sa population d'environ 16 millions d'habitants. Seule la moitié de ces détritus est éliminée ; le reste s'entasse dans des décharges à ciel ouvert, quotidiennement visitées par les plus démunis en quête de produits de récupération. Les déchets ménagers s'amoncellent sur tous les continents et constituent l'un des problèmes majeurs des grands centres urbains ; c'est cependant dans les pays industrialisés que les populations rejettent les quantités d'ordures les plus importantes (de 300 à 870 kg par habitant et par an, contre moins de 100 kg pour la majorité des pays en développement). Aujourd'hui, des techniques industrielles de recyclage sont de plus en plus utilisées pour résoudre les problèmes liés à l'accumulation des détritus.

Pages 284-285
VILLAGE
SUR LES RIVES
D'UN BRAS
DU NIGER,
région de Mopti,
Mali.

En traversant le Mali, le fleuve Niger se ramifie, formant un vaste delta intérieur dans la plaine de Massina. D'un débit de 7 000 m³/s, il constitue une manne pour les habitants de cette région aride qui, pour la plupart, se sont installés sur les rives de ses nombreux bras. Vivant au rythme des crues saisonnières qui surviennent entre août et janvier, les habitants pratiquent le commerce fluvial, la pêche, l'élevage et l'agriculture. La région de Mopti est devenue non seulement un centre commercial important mais également un carrefour où se côtoient les diverses populations de la région ; on y rencontre des pêcheurs bozo, des pasteurs nomades peuls, des cultivateurs bambara, mais aussi des Songhaï, des Touareg, des Dogons, des Toucouleurs, etc. Dans ce pays à 90 % musulman, la mosquée constitue généralement le bâtiment central de chaque ville ou village qu'elle domine de sa stature imposante.

Pages 286-287
TREMBLEMENT DE
TERRE À GOLCÜK,
rivage de la mer
de Marmara,
Turquie

Le séisme qui a frappé la région d'Ismit, le 17 août 1999 à 3 h 02, avait une magnitude de 7,4 degrés sur l'échelle de Richter, qui en compte 9. L'épicentre était situé à Golcük, ville industrielle de 65 000 habitants. Ce séisme a officiellement provoqué la mort d'au moins 15 500 personnes, ensevelies pendant leur sommeil. L'effondrement partiel ou total de 50 000 immeubles a suscité une polémique mettant en cause les entrepreneurs, accusés de ne pas avoir respecté les normes de construction antisismique. La Turquie, traversée par la faille coulissante nord-anatolienne soumise à la pression de la plaque arabique qui remonte vers le nord, est régulièrement victime de séismes (1992 : 500 morts ; 1995 : 100 morts, 50 000 sans-abri. Les bordures des plaques tectoniques sont particulièrement exposées aux risques sismiques. C'est le cas de la zone transasiatique qui court des Açores à l'Indonésie en passant par la Turquie, l'Arménie (25 000 morts en 1988) ou l'Iran (45 000 en 1990).

un vieillissement très marqué de la population mondiale, une modification profonde de la répartition des êtres humains sur Terre. Aujourd'hui, près du tiers de la population mondiale a moins de 15 ans. Avec une stabilisation du nombre des habitants de la planète dans les conditions jugées actuellement raisonnables, le tiers de la population aurait, à terme, plus de 60 ans. On retrouve le célèbre adage du grand démographe français Alfred Sauvy : « croître ou vieillir ». Il est difficile d'imaginer le visage de cette société planétaire, où les moins de 15 ans seraient moins nombreux que les plus de 65 ans et où une personne sur dix serait octogénaire.

La marche vers la stabilisation à l'horizon 2150 s'accompagnerait également d'une poursuite de la baisse du poids démographique de l'Europe et d'un doublement de celui de l'Afrique. Ce continent, qui compte aujourd'hui pour 1/10 dans la popu-

lation mondiale, en rassemblerait 1/4 dans un siècle et demi. Bien que très touchée par l'épidémie du sida qui provoque dans certains pays un grand nombre de décès et réduit notablement l'espérance de vie à la naissance, l'Afrique devrait voir sa population continuer de croître à un rythme soutenu. En raison de la forte baisse de la fécondité, le poids démographique de la Chine se réduirait pour sa part très sensiblement, tandis que celui de l'Inde ne varierait guère.

POPULATION ET DÉVELOPPEMENT

Ce scénario d'une population mondiale stationnaire n'est en rien le plus probable. Il correspond avant tout au souhait de l'ensemble des nations réunies au Caire en 1994 pour établir des priorités de développement à l'échelle de la planète, de parvenir le plus rapidement possible à une croissance nulle de la population mondiale. Tous les pays voyaient là une condition nécessaire du développement. Certains considéraient sans doute cela comme une condition suffisante : « Limitons d'abord le nombre des naissances ; pour le reste, nous verrons ensuite. » Une mortalité élevée et une nuptialité très contrôlée assuraient dans le passé l'équilibre des populations. L'un des plus grands progrès de l'histoire humaine fut une lutte efficace contre une mort prématurée, réalisée toutefois au prix d'une période de croissance démographique rapide. La diffusion d'une contraception moderne permettra-t-elle d'assurer, de manière volontariste et à une échelle individuelle, un équilibre de population ? C'est l'hypothèse généralement admise, mais il en existe d'autres.

Faire de la stabilisation du nombre des hommes un préalable du développement, ou opposer de manière radicale la population au développement, ne sont pas des attitudes pertinentes. Pour qu'il y ait stabilisation de la population mondiale, il faut qu'un minimum de développement conduise les populations des pays du Sud à adopter de nouveaux comportements ou à poursuivre les transformations de la société en cours : pourquoi renoncer à la logique de la forte fécondité si rien ne change ? La stabilisation ne saurait en aucun cas être immé-

MARATHON DE NEW YORK PASSANT SUR LE VERRAZANO BRIDGE, États-Unis.
Un milliard d'habitants il y a deux siècles, quelque 6 milliards aujourd'hui. On a craint que la population du monde ne soit un jour, comme une foule de marathoniens, si dense que la vie sur notre planète deviendrait radicalement impossible. Lorsque la croissance semblait indéfinie, il était simple, sinon courant, pour soutenir une vision catastrophiste de l'accroissement de la population mondiale, de calculer le moment où nous serions 1 habitant par m² sur terre. Mais la croissance démographique ne cesse de ralentir. On parle aujourd'hui d'une stabilisation possible de la population mondiale, dans deux siècles, autour de 11 milliards d'habitants. Le défi actuel est celui d'une dynamique démographique compatible avec un développement réellement durable.

diate compte tenu de l'inertie des phénomènes démographiques, c'est-à-dire de l'élan pris par la croissance démographique. Elle ne pourrait être une solution qu'à terme. Les problèmes d'alimentation, d'emploi, de santé publique, etc. se posent dès maintenant. Les 6 milliards d'être humains qui vivent aujourd'hui sur Terre et les 8 ou 9 milliards de demain doivent pouvoir se nourrir, mais aussi vivre sans pour autant exercer de pression excessive sur l'environnement, sans dégradations irréversibles de celui-ci.

L'un des grands défis de l'humanité est sans nul doute de réduire les inégalités entre hémisphères nord et sud, en évitant une extension du mode de développement des pays les plus riches à l'ensemble de la planète. À défaut, l'« effet consommation » accroîtrait singulièrement l'ampleur de l'« effet population » sur l'utilisation des ressources (certaines restent rares, malgré des possibilités de substitution). Le développement ne saurait se réduire à une croissance économique qui tend souvent à baptiser « production » ce qui n'est en réalité que destruction.

INÉGALITÉS DE DÉVELOPPEMENT, INÉGALITÉS DES SEXES

Au sein d'un même pays peuvent coexister richesse et pauvreté extrêmes. Les inégalités entre hommes et femmes sont parfois très marquées. Les grandes conférences tenues dans les années 1990 à l'initiative des Nations unies, et bien sûr celle de Pékin (1995) dont c'était le thème même, ont insisté sur l'urgence absolue d'améliorer le statut des femmes. Il s'agit là d'un enjeu essentiel du développement. C'est aussi une condition de la stabilisation de la population mondiale. Pour que la fécondité continue à diminuer, il est indispensable que la condition des femmes s'améliore.

Une femme peut être en situation défavorisée parce qu'elle vit dans une région très pauvre ou en crise, au Sahel ou en Haïti par exemple. Mais sa condition résulte aussi d'autres causes, internes aux sociétés : une très grande inégalité de scolarisation entre hommes et femmes comme en Asie du Sud, une

forte préférence pour des descendants mâles comme en Chine, la pratique de mutilations génitales des petites filles comme en Afrique de l'Ouest et de l'Est ou au Moyen-Orient, un âge de mariage très précoce comme en Afrique subsaharienne, une violence conjugale attestée statistiquement comme en Colombie mais présente aussi ailleurs, une solitude fréquente des femmes âgées comme en France… Il en va bien sûr de même, plus généralement, des sociétés où le nombre des enfants est très élevé et où la mortalité maternelle est forte.

Le développement doit être humain. L'enjeu n'est pas seulement que, globalement, l'humanité améliore ses conditions de vie ; il est nécessaire qu'*en priorité* le sort des plus pauvres s'améliore. Cela suppose la satisfaction des besoins essentiels – alimentation, éducation et santé –, mais aussi une lutte contre toutes les formes d'exploitation dont sont victimes les femmes ainsi que les enfants. Un changement économique et social fondé sur le travail des enfants ou s'accompagnant de leur utilisation pour des plaisirs sexuels ne saurait être qualifié de développement.

L'avenir du genre humain dépend beaucoup des valeurs que les habitants de la Terre auront à cœur de défendre. Croire à un déterminisme démographique absolu serait une façon de fuir notre responsabilité d'êtres humains face à un monde que nous construisons.

Jacques Véron

Ci-contre : RIVIÈRE SUR L'AUYANTEPUI, région de la Gran Sabana, Venezuela.
La région de la Gran Sabana, au sud-ouest du Venezuela, est une vaste plaine couverte de savane et de forêt dense d'où émergent d'imposants reliefs tabulaires constitués de roches gréseuses, appelés *tepuis*. Sur l'un d'entre eux, l'Auyantepui ou « montagne du diable », qui couvre 700 km² et culmine à 2 580 m, serpente le rio Carrao. Arrivée en bordure du *tepui*, cette rivière se précipite en une cascade vertigineuse de 978 m, le Salto del Angel, chute d'eau libre la plus haute du monde. Riche en gisements d'or et de diamants, la région de la Gran Sabana et ses nombreux cours d'eau suscitent depuis 1930 la convoitise de maints prospecteurs, attirés notamment par des villes comme Icabaru, rendue célèbre par la découverte d'un diamant de plus de 150 carats, ou comme El Dorado, dont le nom évoque à lui seul l'époque des conquistadores.

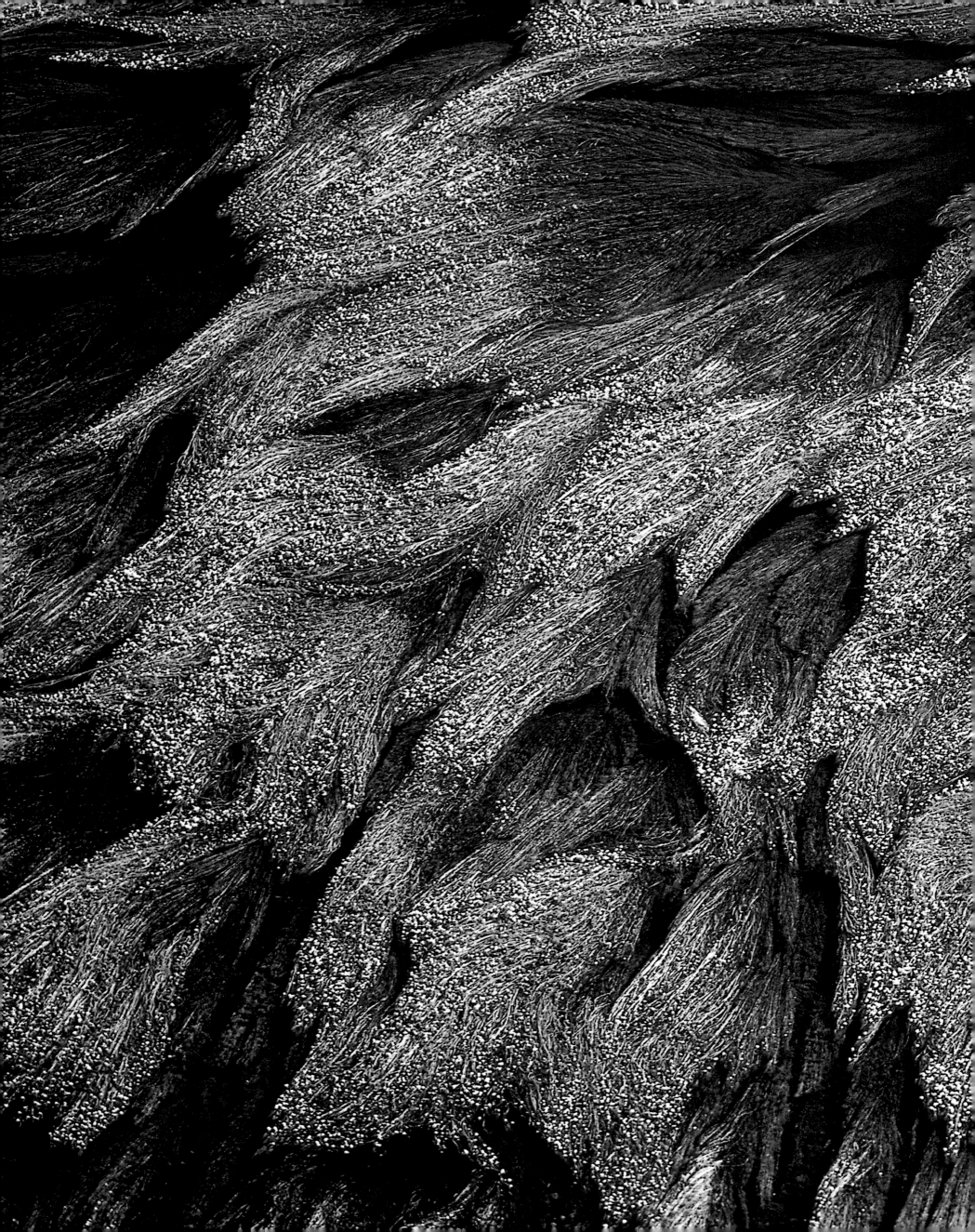

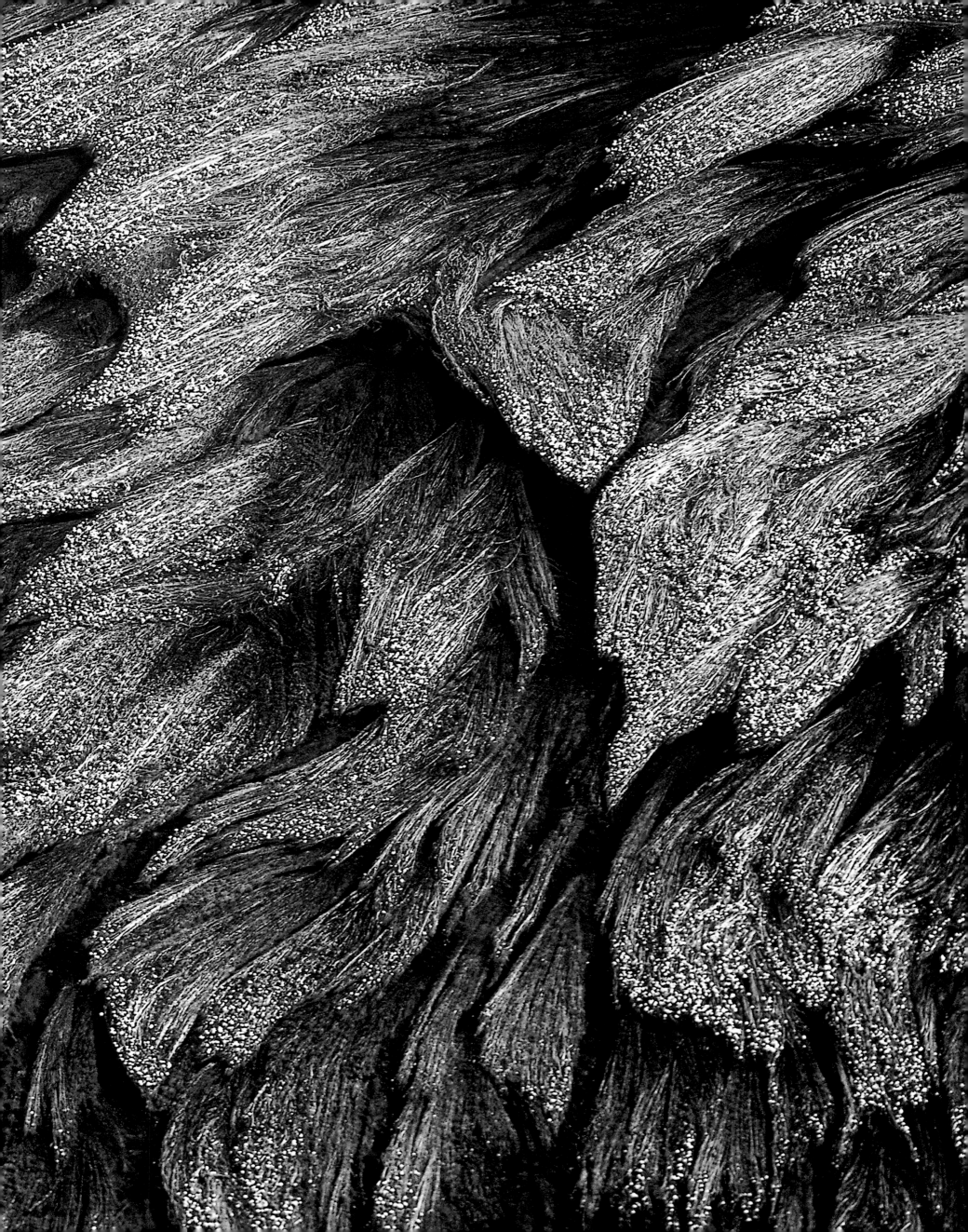

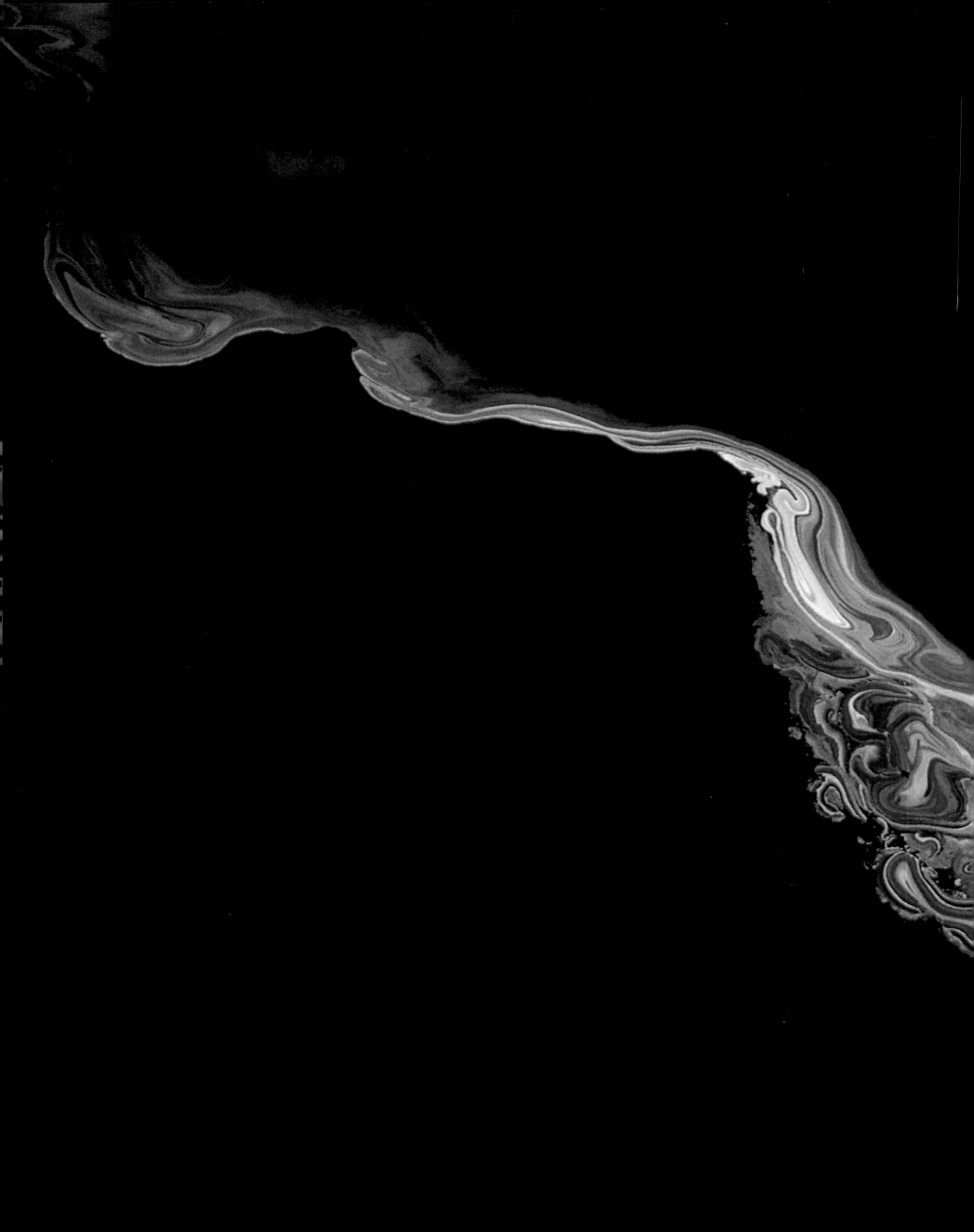

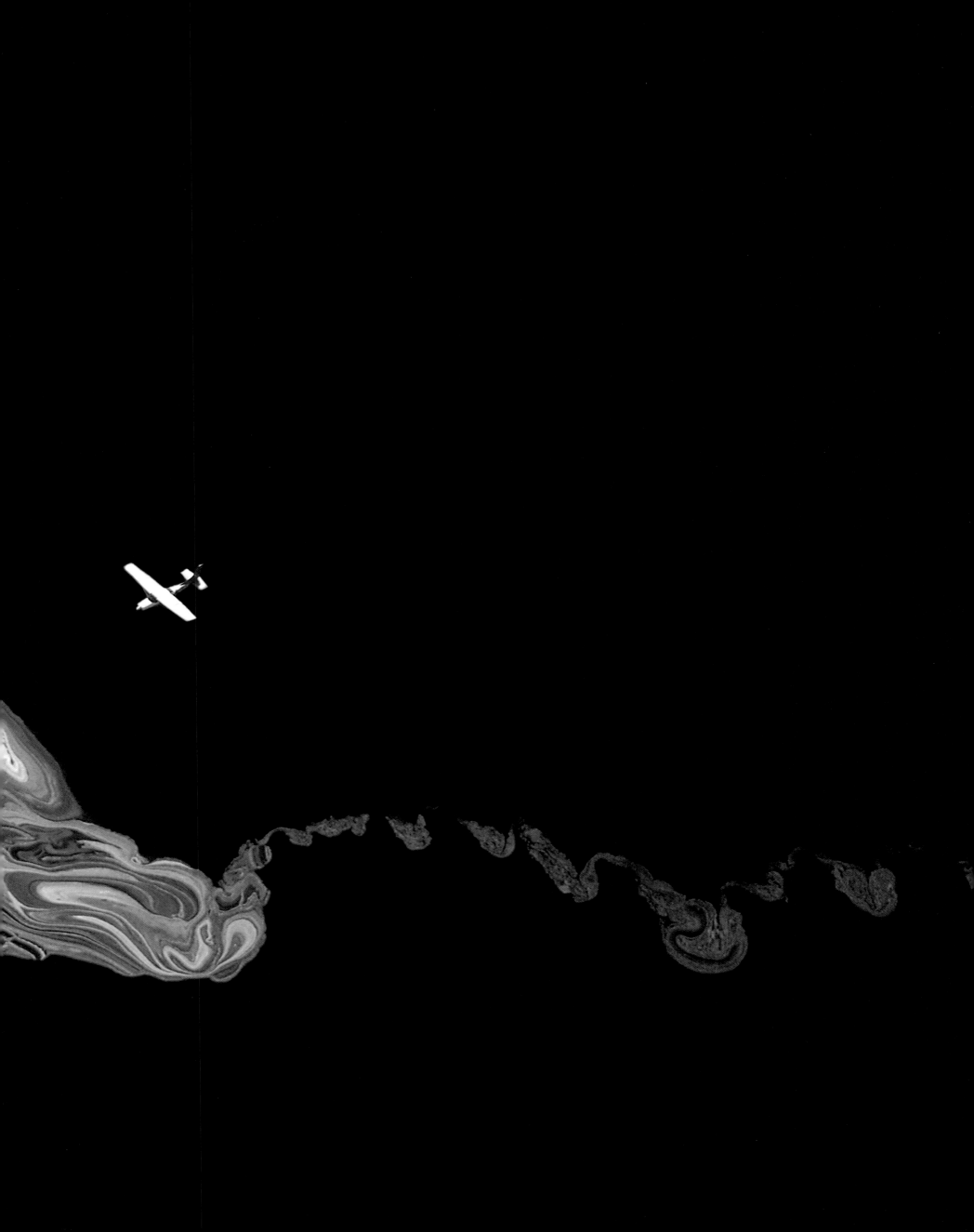

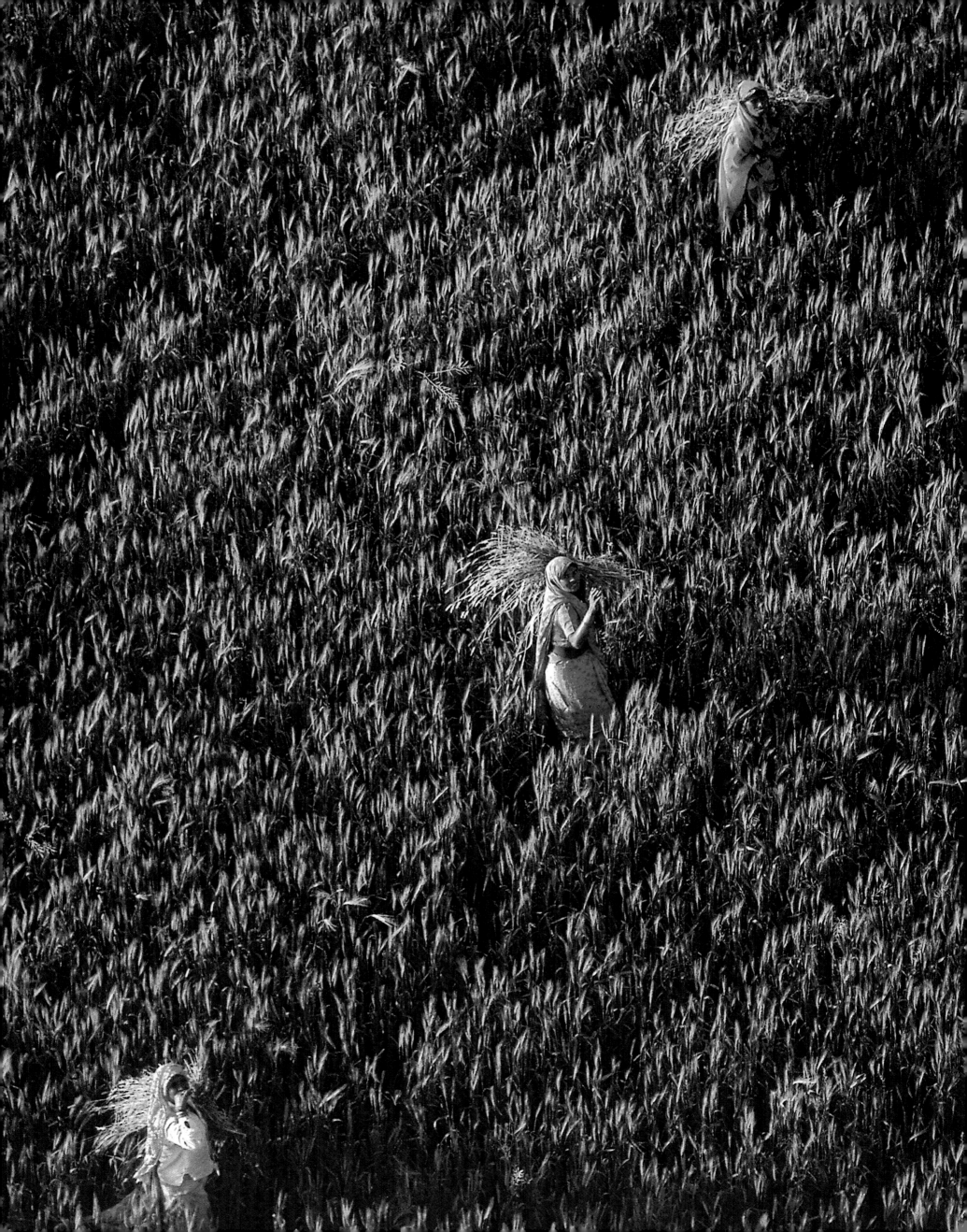

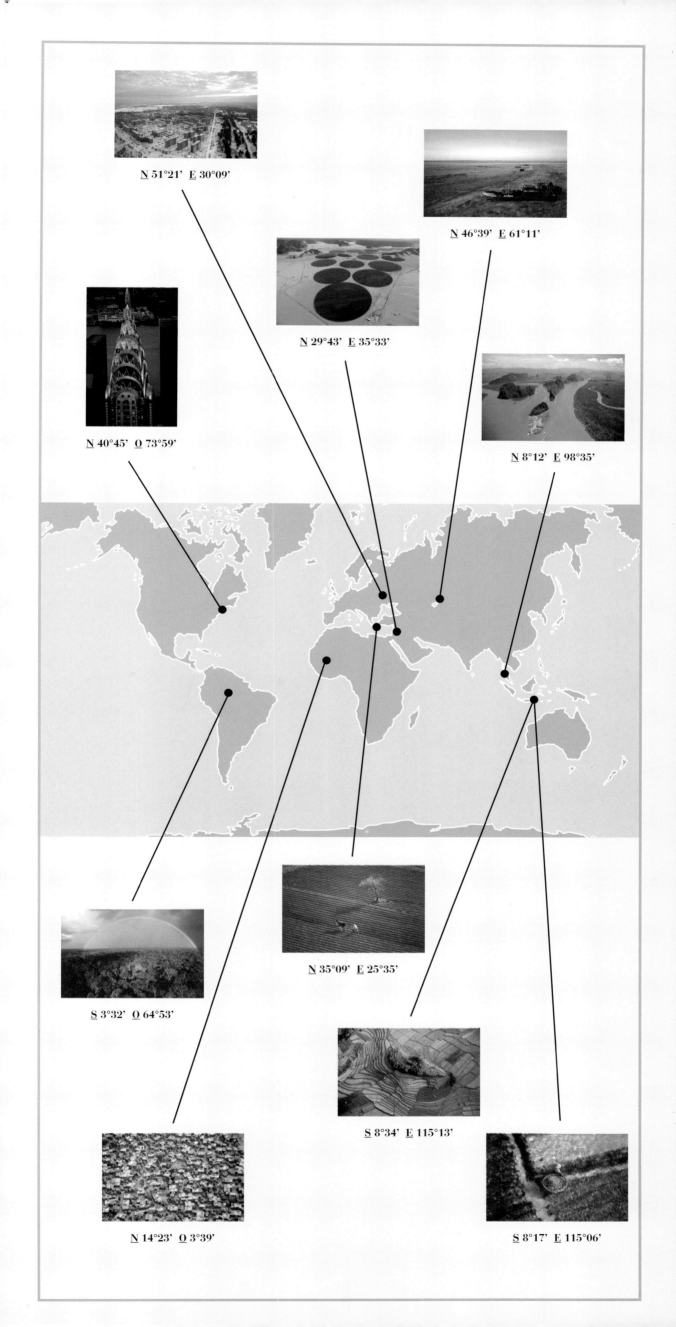

N 51°21’ E 30°09’

N 46°39’ E 61°11’

N 29°43’ E 35°33’

N 40°45’ O 73°59’

N 8°12’ E 98°35’

S 3°32’ O 64°53’

N 35°09’ E 25°35’

N 14°23’ O 3°39’

S 8°34’ E 115°13’

S 8°17’ E 115°06’

Pages 338-339
VILLAGE DE KOH PANNYYI, baie de Phang Nga, île de Phuket, Thaïlande.

Très découpé, le littoral ouest de la Thaïlande présente une succession de baies bordées de nombreuses îles qui baignent dans la mer d'Andaman, notamment Phuket, au bord de la péninsule de Malacca. Autrefois terre aride, la baie de Phan Nga résulte de la montée des eaux à la fonte des glaces, il y a dix-huit mille ans, qui n'a laissé apparaître que le sommet des montagnes calcaires désormais couvertes de végétation tropicale ; elle a été classée parc marin en 1981. On retrouve un relief de karsts à piton similaire dans d'autres sites d'Asie du Sud-Est, les plus connus étant la baie d'Halong au Vietnam et la région de Guilin en Chine. Protégé des moussons par un des versants de la montagne, Koh Pannyyi est un village flottant sur bambous de 400 habitants, qui vivent essentiellement du produit de la pêche traditionnelle. On estime qu'environ 95 % des pêcheurs vivent dans les pays en développement, les pêcheurs asiatiques représentant 85 % du total mondial, fournissant un tiers des produits de pêche de la planète.

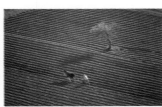

Pages 340-341
PAYSAN LABOURANT SON CHAMP, région de Lassithi, Crète, Grèce.

En Crète, la pratique de l'agriculture et l'accès aux champs sont rendus difficiles par le relief escarpé ; l'âne, moyen traditionnel de locomotion, de transport et de traction, est certainement l'animal le mieux adapté à la topographie de l'île. Malgré l'aridité du climat et des moyens agricoles obsolètes, 30 % des terres sont cultivées, irriguées grâce à un système de puisage par éoliennes. Grenier à blé de la Crète dans l'Antiquité, la plaine fertile du plateau de Lassithi est aujourd'hui encore un lieu de culture intensive de céréales mais aussi de pommes de terre. Depuis plusieurs années, la Grèce a lancé un programme de modernisation des techniques agricoles qui tarde à se mettre en place, notamment en Crète, justement, l'une des rares régions d'Europe où l'utilisation de l'âne est encore généralisée alors qu'elle a été abandonnée dans la plupart des pays industrialisés.

Pages 342-343
ORAGE SUR LA FORÊT AMAZONIENNE PRÈS DE TÉFÉ, État d'Amazonas, Brésil.

La forêt amazonienne couvre 42 % de la superficie du Brésil ; elle occupe la majeure partie de l'Amazonas, le plus grand État brésilien avec toutefois une des plus faibles densités humaines du pays (1,5 habitant au km²). L'Amazonie est le plus vaste écosystème forestier tropical du monde avec 3,3 millions de km². Parmi les innombrables formes de vies végétales et animales qu'elle abrite, les dizaines de milliers d'espèces répertoriées à ce jour représentent 10 % de toutes celles de la planète. Malgré une déforestation inquiétante, l'Amazonie constitue encore à elle seule près de 30 % de l'ensemble des forêts tropicales du monde ; ces dernières abritent 90 % du patrimoine biologique de la planète.

Pages 344-345
BATEAU ÉCHOUÉ, mer d'Aral, région d'Aralsk, Kazakhstan.

Dans la première partie de ce siècle, la mer d'Aral, au Kazakhstan, atteignait une superficie de 66 500 km² qui la situait par son importance au 4ᵉ rang mondial des lacs endoréiques (ou mers intérieures) ; la pêche au chalut y était d'ailleurs couramment pratiquée. Après la construction, dans les années 1960, d'un vaste réseau d'irrigation destiné à la monoculture du coton de la région, le débit des cours d'eau Amou Daria et Syr Daria, qui alimentaient la mer d'Aral, a diminué de manière inquiétante ; et la mer a perdu 50 % de sa superficie et 75 % de son volume en eau. Conséquence directe de la diminution hydrique, sa salinité n'a cessé d'augmenter au cours des trente dernières années, pour atteindre aujourd'hui 30 g/l, soit trois fois sa concentration originelle en sel, entraînant notamment la disparition de plus d'une vingtaine d'espèces de poissons. De plus, les poussières salées, portées par les vents, brûlent toute végétation sur plusieurs centaines de kilomètres alentour, contri-

buant ainsi à la désertification des milieux. S'il est l'un des plus connus, l'exemple de la mer d'Aral n'est pas unique : 400 000 km² de terres irriguées dans le monde seraient touchées par un excès de sel.

Pages 346-347
VILLAGE DOGON PRÈS DE BANDIAGARA, Mali.

Présents depuis plus de cinq siècles au Nord-Est du Mali, les Dogons, agriculteurs sédentaires, se sont réfugiés aux abords de la falaise de Bandiagara, près de Mopti, afin d'échapper à l'islamisation. Leurs villages sont constitués d'un ensemble de concessions dont chacune, fermée par un mur d'enceinte, abrite une famille. Construites en banco (mélange de terre, de paille et de balle de riz), les habitations, de forme rectangulaire et dépourvues de fenêtre, disposent d'un toit en terrasse utilisé pour faire sécher les récoltes. Chaque concession compte plusieurs greniers à mil, généralement cylindriques et coiffés d'un toit conique en paille, où sont stockées les réserves de grain. Les Dogons, qui seraient au nombre de 300 000, sont connus tant pour la qualité de leur artisanat que pour leurs pratiques animistes spécifiques.

Pages 348-349
PRIPIAT, VILLE ABANDONNÉE, PRÈS DE LA CENTRALE NUCLÉAIRE DE TCHERNOBYL, Ukraine.

L'explosion en avril 1986 d'un des réacteurs de la centrale de Tchernobyl, en Ukraine (alors faisant partie de l'URSS), a engendré la plus grande catastrophe nucléaire civile de tous les temps. Un nuage radioactif s'est échappé du réacteur détruit et a contaminé de larges zones en taches de léopard, non seulement en Ukraine, mais aussi en Biélorussie et en Russie voisine. Les 120 localités environnantes, comme Pripiat (50 000 habitants), à 3 km de l'épicentre, ont été évacuées, bien que tardivement. Poussé par les vents, le nuage s'est ensuite propagé à toute l'Europe. Aujourd'hui, le nombre exact de victimes n'est pas connu mais on estime que plusieurs millions de personnes souffrent de maladies liées à l'irradiation (cancers, déficiences immunitaires...). La poursuite de l'activité du troisième réacteur de la centrale et le délabrement du sarcophage de béton qui emprisonne le réacteur détruit, toujours radioactif, suscitent des inquiétudes pour la sécurité des populations riveraines (encore un million d'habitants dans la zone contaminée) et, plus largement, des populations de toute l'Europe.

Pages 350-351
ÎLOT DANS LES RIZIÈRES EN TERRASSE DE BALI, Indonésie.

Organisés en *subaks* (coopératives agricoles), les Balinais ont exploité le relief volcanique et les quelque 150 cours d'eau de leur île en aménageant un vaste système d'irrigation qui permet de pratiquer la riziculture. L'eau retenue dans les collines est conduite dans les champs en terrasse par un réseau de canaux creusés selon les courbes de niveau. Considéré comme un don des dieux par les agriculteurs indonésiens, le riz donne lieu à un véritable rituel religieux : à chaque étape de la récolte, des offrandes sont déposées dans les temples édifiés au milieu des rizières en l'honneur de Dewi Sri, déesse de cette céréale. L'introduction, en 1976, d'une nouvelle variété à croissance rapide a permis de passer de deux à trois récoltes annuelles, et le pays se place aujourd'hui au 3ᵉ rang mondial des producteurs (51 millions de tonnes en 1997, soit 1/5 de la production totale de la planète), après la Chine et l'Inde.

Les légendes concernant les photographies 352 à 367 sont placées sur le rabat de droite du cahier de texte suivant

légendes 338 à 351   légendes 352 à 367

RÉCOLTE DES ALGUES, Bali, Indonésie.
L'eau étant susceptible, comme la terre ferme, de fournir des produits commercialisables, il suffit de remplacer l'ager (le champ) par l'aqua (l'eau) pour qu'une aquaculture s'ajoute à une agriculture et que les exploitations d'élevage de poissons se juxtaposent à celles d'élevage de volailles (eux-mêmes aujourd'hui souvent conçus en « hors sol »). La culture des algues (algoculture) finit par ressembler, jusque dans la constitution de rangées, billons, rigoles, à la culture des céréales. Manière habile de rentabiliser des espaces réputés difficiles à aménager et de fournir à bon compte des éléments nutritifs supplémentaires aux populations croissantes. L'agriculture, la pêche, l'aquaculture et la sylviculture occupent 55 % de la population active indonésienne âgée de plus de 15 ans (dont 40 % est féminine). À pouvoir d'achat comparable des monnaies, la richesse moyenne créée chaque année par habitant ne représente que 13 % de celle créée en Suisse.

Nombre d'observateurs s'inscrivent toutefois en faux contre une vision qu'ils jugent catastrophiste. S'il est vrai que la population mondiale a augmenté entre 1950 et 1980 avec une inquiétante rapidité, le *rythme* de sa croissance se ralentit rapidement depuis dix ans. En outre, jusqu'à présent la production alimentaire mondiale a largement relevé le défi de la croissance démographique, et les disponibilités théoriques par habitant sont plus élevées qu'il y a cinquante ans. La FAO, qui fixe à 1 900 calories par jour le minimum nutritionnel en deçà duquel un individu peut être considéré comme chroniquement sous-alimenté, constatait en 1946 que l'humanité disposait pour se nourrir de 2 250 calories par personne et par jour. Ce niveau est passé à 2 700 calories en 1995. Malgré la croissance démographique, on compte aujourd'hui 800 millions de sous-alimentés, contre 920 millions en 1970.

Quant à l'avenir, il ne s'annoncerait pas aussi sombre que d'aucuns veulent le dire. Selon trois études effectuées en 1995 respectivement par la FAO, la Banque mondiale et l'IFPRI (International Food Policy Research Institute de Washington), la production mondiale de grains devrait atteindre 2,3 à 2,4 milliards de tonnes en 2010, soit une augmentation de plus de 500 millions de tonnes en quinze ans. Ces études estiment aussi que le palier atteint aujourd'hui en matière de rendements pourra être dépassé sans pression majeure sur l'environnement et que ces derniers pourraient recommencer à croître. Selon la FAO, la superficie cultivée des pays en développement, aujourd'hui de 700 millions d'hectares, pourrait être doublée sans toucher aux équilibres essentiels. Enfin, si la production mondiale semble aujourd'hui s'essouffler, c'est parce que la demande stagne faute d'augmentation du niveau de vie, parce que les pays développés ont réduit ces dernières années leurs emblavures pour des raisons relevant des politiques agricoles, et surtout parce que la production de l'ex-Union soviétique et des pays d'Europe de l'Est s'est effondrée depuis le début des années 1990. Celle-ci devrait se rétablir au terme de leur dou-

loureuse transition. Le déficit céréalier mondial pourrait ainsi se limiter à 200 millions de tonnes en 2020, sans tenir compte toutefois de la demande non solvable, ni des incidences de la probable augmentation de la consommation de viande dans les pays du Sud les plus riches.

Ces perspectives globales cachent d'importantes disparités régionales. Dans l'Asie des moussons, où la population rurale est toujours largement majoritaire, des pays comme le Bangladesh connaîtront de sérieux problèmes d'approvisionnement. C'est en Afrique subsaharienne, où plus de 60 % de la population est encore composée de ruraux et qui devrait ravir à l'Asie la première place pour le nombre de sous-alimentés, que la situation sera la plus préoccupante. Selon la FAO, le nombre d'Africains souffrant de la faim augmenterait de 70 % en quinze ans, passant de 175 millions en 1990 à 296 millions en 2010, et atteindrait à la même date 200 millions en Asie du Sud.

INÉGALITÉS ET MODÈLES DE CONSOMMATION SONT EN CAUSE

Tout n'est cependant pas affaire de production. Les études soulignent aussi que le nombre des humains sous-alimentés ne diminuera presque pas au cours des quinze prochaines années – et cela quelle que soit l'importance de l'augmentation de la production alimentaire – si des politiques spé-

DÉFIS AGRICOLES, DÉFIS ALIMENTAIRES

La planète serait-elle aujourd'hui incapable de répondre à la croissance de la demande provoquée par la progression numérique de l'humanité, et risque-t-elle d'entrer à nouveau dans une époque de grandes famines ? Dans les années 1960 et 1970, on éloigna un tel danger en mettant à la disposition des pays déficitaires au plan alimentaire des innovations techniques regroupées sous le terme de « révolution verte », pour satisfaire leurs besoins en expansion et leur permettre de parvenir à l'autosuffisance. Les résultats ne se firent pas attendre. À partir des années 1960, la croissance de la production agricole mondiale a été régulièrement supérieure à celle de la population, y compris dans les pays du Sud les plus peuplés. De grands pays qui souffraient jadis de famines récurrentes ont connu un véritable bond. La production céréalière indienne a fait plus que tripler, celle de la Chine a augmenté de 50 % en vingt ans, pendant que la production de viande de porc de ce même pays quadruplait. Les progrès ont été si spectaculaires que la production mondiale permettrait aujourd'hui en théorie de nourrir la totalité de la population du globe. Les famines ont donc disparu, sauf dans les pays en guerre ou dans ceux dont les dirigeants utilisent la nourriture comme une arme politique.

Selon certains augures, pourtant, le siècle à venir pourrait renouer avec elles. Le monde entrerait dans une nouvelle période d'insécurité alimentaire, qui serait le résultat de la guerre que livre une humanité trop nombreuse à une Terre dont les richesses ne sont pas inépuisables. La surexploitation des ressources naturelles non renouvelables, le caractère prédateur de l'agriculture moderne, l'urbanisation galopante qui soustrait chaque année des milliers d'hectares à la production agricole entraînent, il est vrai, un ralentissement de la croissance de la production alimentaire au moment même où l'humanité connaît une explosion démographique inédite dans l'histoire.

UNE VISION CATASTROPHISTE

Certes, la progression du nombre des affamés n'a pas suivi celle de la population, mais quelque 800 millions d'individus – dont près de 200 millions d'Africains et plus de 500 millions d'Asiatiques – souffrent toujours de la faim dans les continents du Sud. Les statistiques disponibles confirment le bien-fondé d'un certain alarmisme : selon la FAO (Organisation des Nations unies pour l'alimentation et l'agriculture), la pêche océanique a enregistré une croissance zéro entre 1990 et 1996, la production céréalière mondiale n'a augmenté que de 0,5 % par an depuis le début de la décennie 1990, et les disponibilités céréalières par tête auraient baissé de 1,1 %.

Ci-contre : RÉCOLTE DE BLÉ DANS LA RÉGION DE MATHURA, Uttar Pradesh, Inde.
Bénéficiant de terrains alluviaux irrigués en permanence par les eaux du Gange et de ses nombreux affluents pérennes qu'alimentent les neiges de l'Himalaya, la plaine du nord de l'Inde, dans laquelle se trouve l'État de l'Uttar Pradesh, est la région la plus fertile du pays. Son climat, marqué par des hivers doux et des étés chauds et humides, contribue également à en faire l'une des plus importantes régions agricoles du territoire. Très cultivé dans la région, le blé est, comme ici près de Mathura, récolté manuellement par les femmes à la fin de la saison sèche ; il est principalement destiné à la consommation locale et au marché national. Avec une récolte annuelle de 69 millions de tonnes, l'Inde se place aux premiers rangs mondiaux des pays producteurs, juste derrière la Chine et faisant jeu égal avec les États-Unis. Le blé, dont 600 millions de tonnes sont produites chaque année dans le monde, est la céréale la plus consommée de la planète.

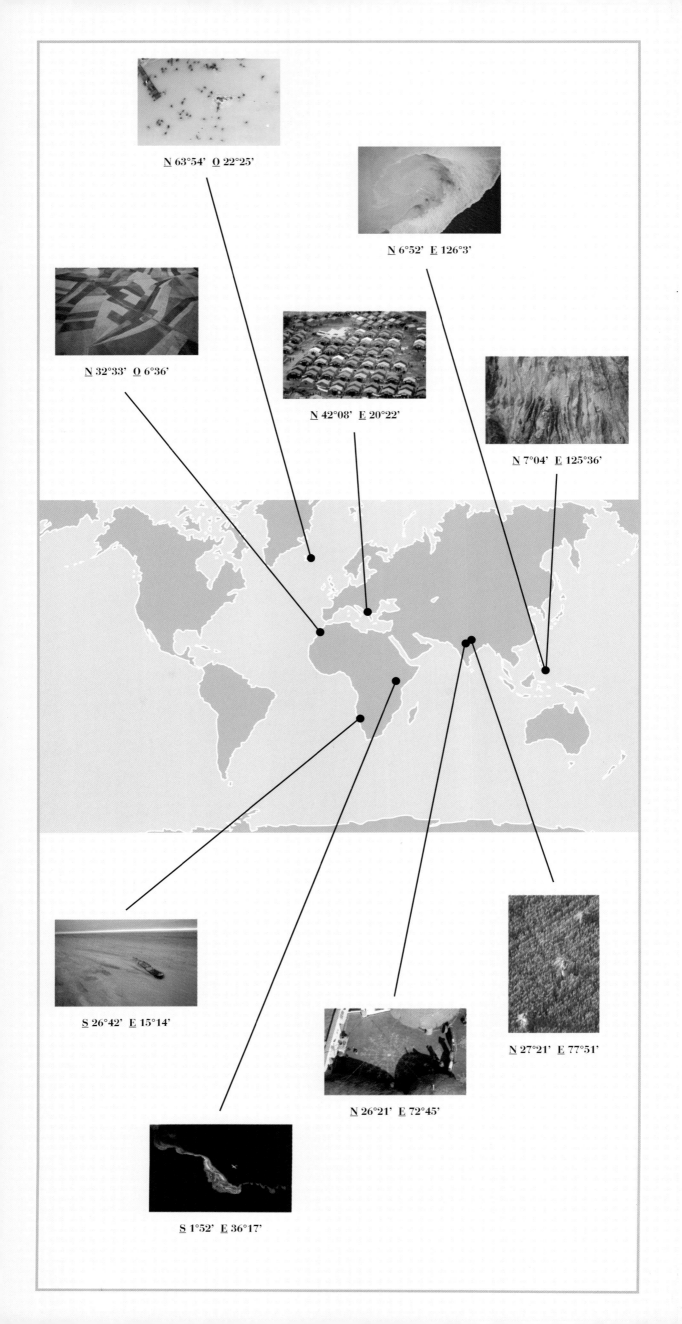

<u>N</u> 63°54' <u>O</u> 22°25'

<u>N</u> 6°52' <u>E</u> 126°3'

<u>N</u> 32°33' <u>O</u> 6°36'

<u>N</u> 42°08' <u>E</u> 20°22'

<u>N</u> 7°04' <u>E</u> 125°36'

<u>S</u> 26°42' <u>E</u> 15°14'

<u>N</u> 27°21' <u>E</u> 77°51'

<u>N</u> 26°21' <u>E</u> 72°45'

<u>S</u> 1°52' <u>E</u> 36°17'

**Pages 312-313
EXPLOITATION
AURIFÈRE PRÈS
DE DAVAO,
île de Mindanao,
Philippines.**

Installés sur les sites d'exploitation des filons aurifères de l'île de Mindanao, les chercheurs d'or philippins occupent des abris précaires de branchages et de bâches accrochés aux flancs des montagnes. Creusés sans répit, les versants sont fragilisés par le réseau de galeries qui s'effondrent fréquemment sous les pluies torrentielles des moussons, causant la mort de dizaines de mineurs. Souvent extrait au moyen d'un outillage rudimentaire tel que marteaux ou ciseaux, le métal précieux serait ici prélevé à raison de 40 kg par jour. Depuis la préhistoire, 150 000 t d'or auraient été exploitées sur l'ensemble du globe, un tiers étant utilisé pour la fabrication d'objets, un tiers thésaurisé par les États, et le reste perdu notamment par usure. Actuellement, 3 000 t sont extraites chaque année dans le monde, principalement en Afrique du Sud, aux États-Unis et en Australie.

**Pages 314-315
REJETS DE MINE
D'OR SUR LE
LITTORAL DE L'ÎLE
DE MINDANAO,
Philippines.**

L'exploitation des gisements aurifères de l'île de Mindanao, au sud des Philippines, constitue un apport économique substantiel pour le pays, qui ces dernières années a produit en moyenne 8 t d'or par an. Cependant, les déchets et sédiments issus des opérations de lavage et triage du métal précieux sont quotidiennement déversés dans les rivières et dans la mer. Ces rejets, appelés *haldes*, opacifient les eaux et mettent en péril la faune et la flore marines, tant sur le littoral que plus au large, en particulier les polypes coralliens dont la survie dépend en grande partie de la lumière. Par ailleurs, des produits chimiques, comme le mercure et l'acide chlorhydrique utilisés pour le nettoyage et le raffinage des particules d'or, sont également rejetés dans les eaux, amplifiant par leur toxicité les effets de cette pollution marine.

**Pages 316-317
BATEAU ÉCHOUÉ SUR
UNE PLAGE DANS LA
RÉGION DE
LÜDERITZ,
Namibie.**

Alternant plages et récifs, la côte de Namibie, dont un épais brouillard dissimule souvent les contours, est en permanence soumise à une forte houle et à de violents courants marins. Elle constitue un passage redouté par les navigateurs qui croisent au large pour rejoindre le cap de Bonne-Espérance. Dès 1846, les marins portugais la qualifient de « sables de l'enfer » et, dans sa partie nord, elle porte depuis 1933 le nom de côte des Squelettes. Des dizaines d'épaves rouillées de cargos, paquebots, chalutiers ou bâtiments de guerre parsèment le littoral ; certaines sont parfois ensablées à plusieurs centaines de mètres du rivage, comme ici près de la ville de Lüderitz, témoignant de la violence des naufrages. Chaque année, dans le monde, près de 6 000 navires font naufrage (environ la moitié sont des bateaux de plaisance).

**Pages 318-319
PAYSAGE AGRICOLE
ENTRE LE BARRAGE
AL MASSIRA ET
RABAT,
Maroc.**

Soucieux d'améliorer ses rendements agricoles, le Maroc encourage le développement, sur de vastes zones d'exploitation, d'une agriculture moderne essentiellement orientée vers la production intensive de céréales (blé, orge, maïs...). Le pays ne bénéficiant pas d'une pluviosité suffisante sur la totalité de son territoire, le recours à l'irrigation s'avère souvent indispensable. Plus riche en cours d'eau que les autres pays du Maghreb, le Maroc s'est depuis longtemps engagé dans la construction de grands barrages qui permettent de pourvoir en eau d'importants périmètres cultivés pouvant atteindre 1 000 km². La superficie des terres irriguées du Maroc représente près de 800 000 ha, soit plus de 11 % du territoire ; la construction de nouveaux barrages, tel celui de Mjaàra, le plus grand du pays, devrait permettre d'augmenter encore ces surfaces.

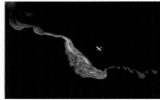

**Pages 320-321
FORMATION
CRISTALLINE SUR LE
LAC MAGADI,
Kenya.**

Née d'une déchirure de la croûte terrestre survenue 40 millions d'années environ avant notre ère, la grande fracture du Rift s'étend sur près de 7 000 km à l'est de l'Afrique. Bordée de hauts plateaux volcaniques, son vaste fossé d'effondrement, succession de dépressions (Rift Valleys) allant de la mer Rouge jusqu'au Mozambique, abrite un chapelet de grands lacs (Turkana, Victoria, Tanganyka...) et de plans d'eau, comme le lac Magadi, le plus méridional du Kenya. Alimenté par les eaux des pluies qui lessivent les pentes volcaniques avoisinantes en emportant des sels minéraux, celui-ci contient une eau à haute teneur en sel. Par endroits, sa surface est marbrée de *licks*, dépôts salins cristallisés mêlés à l'eau saumâtre. Bien qu'inhospitalier, ce milieu n'est toutefois pas exempt de vie : des millions de petits flamants viennent se nourrir des microalgues, crevettes et autres crustacés qui prolifèrent dans les eaux du lac.

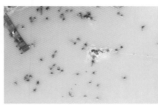

**Pages 322-323
BLUE LAGOON,
PRÈS DE GRINDAVIK,
presqu'île
de Reykjanes,
Islande.**

Région volcanique, la péninsule de Reykjanes, en Islande, compte de nombreuses sources chaudes naturelles. Le Blue Lagoon (ou Blaá Lónidh) est un lac artificiel alimenté par le surplus d'eau de la centrale géothermique de Svartsengi. Captée à 2 000 m sous terre, l'eau, portée à 240 °C par le magma en fusion, atteint la surface à 70 °C, où elle est utilisée pour chauffer les villes voisines. La couleur bleu laiteux du lagon résulte du mélange minéral de silice et de calcaire du bassin combiné avec la présence d'algues en décomposition. Riche en sels minéraux et matières organiques, le Blue Lagoon est notamment réputé pour ses propriétés curatives (maladies de peau). Source d'énergie renouvelable relativement récente, la géothermie est de plus en plus exploitée ; en Islande, 85 % de la population du pays bénéficie de cette source de chaleur.

**Pages 324-325
CAMP DE RÉFUGIÉS
AU NORD-OUEST
DE KUKÈS,
près de Tirana,
Albanie.**

Fin mars 1999, au Kosovo, province de Serbie peuplée à 90 % d'Albanais, la politique discriminatoire des autorités de Belgrade a engendré de très fortes tensions. Les puissances occidentales ont aussitôt engagé une opération militaire contre la Serbie, la soumettant à des bombardements intensifs. La police et l'armée serbes ont provoqué et organisé l'exode de centaines de milliers de Kosovars. Accueillis dans l'urgence par les pays riverains, dans des conditions précaires, près d'un million de réfugiés sont installés dans des campements de toile, essentiellement en Albanie (440 000), comme ici au nord-ouest de Kukès, et en Macédoine (250 000). Hormis les réfugiés du Kosovo, environ 50 millions de personnes dans le monde sont en ce tournant de siècle victimes de déplacements forcés.

**Pages 326-327
DESSIN DANS LA
COUR D'UNE MAISON
VILLAGEOISE
À L'OUEST DE
JODHPUR,
Rajasthan, Inde.**

Dans l'État du Rajasthan, en Inde, les murs et les cours des maisons sont souvent ornés de motifs décoratifs généralement réalisés à la chaux ou au moyen d'autres substances d'origine minérale. Vieille de près de cinq mille ans, cette tradition est plus particulièrement ancrée dans les milieux ruraux. Les dessins réalisés sont de deux types : on appelle *mandana* les figures géométriques et *thapa* les représentations de personnages ou d'animaux. Exécutés par les femmes, ils sont renouvelés lors de chaque fête sur des murs et des sols recrépis d'un mélange de boue et de bouse de vache. Personnalisant chaque demeure, ils ont, outre leur caractère purement esthétique, une importante fonction sociale : ils témoignent de la prospérité des habitants du lieu et apportent, dit-on, bonheur et félicité. Seuls les foyers endeuillés s'abstiennent de décorer ainsi leur maison durant toute l'année suivant un décès.

cifiques de lutte contre la pauvreté ne sont pas mises en place. Le paradoxe (ou le scandale) est là : la permanence de la faim sur une planète qui produit de tout en abondance est avant tout la conséquence d'une inégale distribution des richesses à la surface du globe.

Tant que la faim chronique est restée cantonnée aux pays les plus pauvres ou aux pays structurellement déficitaires au plan alimentaire, on a pu facilement invoquer l'insuffisance de la production ou les caprices du climat comme seules causes de la sous-alimentation. Mais, aujourd'hui, la détresse alimentaire frappe une part croissante de la population des principaux pays producteurs agricoles de la planète. Le Brésil est à cet égard une caricature : 3e exportateur agricole mondial, il ne parvient pas à nourrir correctement ses 160 millions d'habitants. L'archaïsme de structures agraires héritées de la période esclavagiste, le poids politique démesuré des grands propriétaires fonciers expliquent notamment que 8 à 12 millions de paysans sans terre et leurs familles sont mis dans l'impossibilité de cultiver, tandis que des *latifundia* gardés par des armées privées sont laissés en friche. Plus paradoxal encore, la faim sévit aujourd'hui au cœur des métropoles les plus riches du globe, aux États-Unis comme en Europe occidentale.

L'apparition dans les pays riches d'un fléau que l'on croyait depuis longtemps éliminé contraint désormais les analystes à penser la question en termes politiques et non plus seulement techniques, comme cela fut le cas pendant des décennies. Si la misère interdit aujourd'hui à des Européens ou à des Nord-Américains de se nourrir convenablement, cela ne signifie cependant pas que les pays du Nord aient globalement restreint leur niveau de consommation alimentaire. Ne représentant que 21 % des habitants de la Terre, ils absorbent environ 60 % de la nourriture produite dans le monde. L'inclination occidentale pour la viande (en moyenne plus de 100 kg par an et par habitant) est à l'origine d'une surconsommation céréalière dommageable à l'équilibre mondial. Au début des années 1950, la planète produisait 970 millions de tonnes d'équivalents céréales (céréales, plantes fourragères, tubercules, oléagineux et oléoprotéagineux), dont 31 % étaient réservés à l'alimentation animale. Au début des années 1990, la production mondiale atteignait 2 950 millions de tonnes d'équivalents céréales, dont 54 % étaient consacrés à la nourriture du bétail. Un rééquilibrage de la consommation des populations les plus riches permettrait donc de lutter efficacement contre la permanence planétaire de la faim.

Il ne fait ainsi nul doute que les inégalités se creusant aujourd'hui entre les nantis – dont la majorité vit dans les pays riches mais qui comptent dans leurs rangs les classes dirigeantes du Sud – et les groupes en voie d'exclusion de la sphère productive – majoritaires au Sud mais existant aussi au Nord – sont une des causes principales de la faim et de la malnutrition dans le monde. Nul doute non plus que l'optimisme affiché par les instituts spécialisés serait moins crédible si l'on tenait compte des besoins réels des catégories « insolvables » de la population mondiale.

BESOINS ALIMENTAIRES ET PRÉSERVATION DES RESSOURCES NATURELLES

Cet optimisme doit être d'autant plus nuancé que les atteintes aux écosystèmes sont de plus en plus préoccupantes. D'un côté, les systèmes productivistes qui dominent aujour-

IRRIGATION EN CARROUSEL, Ma'an, Wadi Rum, Jordanie.
Dans le désert où les sols alluviaux riches en éléments nutritifs demeurent stériles faute d'eau fertilisante, investir dans un système d'irrigation permet d'engendrer une réelle prospérité agricole. En 1952, Frank Zybach, l'inventeur américain de ce carrousel d'arrosage autopropulsé n'imaginait pas qu'il deviendrait une installation automatique programmée par ordinateur. Ici, à partir du centre où se trouve le forage qui va chercher l'eau dans les couches profondes (de 30 à 400 m), le bras portant les buses d'arrosage est constitué de plusieurs segments mis bout à bout. Il pivote plus ou moins lentement. Chaque segment est mû par l'électricité et monté sur des roues de tracteur. Le rayon apparent est d'environ 500 m et la surface irriguée de 78 ha. L'agriculture consomme les 2/3 de l'eau utilisée dans le monde, prélevée dans les rivières, les lacs et les nappes phréatiques. Le dernier tiers est utilisé par l'industrie et les besoins domestiques.

d'hui au Nord de la planète et dans les enclaves « performantes » du Sud semblent en bout de course et causent des dommages irrémédiables à leur environnement. La stérilisation des terres trop irriguées dans les régions d'Asie depuis longtemps vouées à la « révolution verte », la pollution et l'épuisement des nappes phréatiques là où la consommation de fertilisants chimiques a atteint des records, la perte de fertilité des sols trop sollicités d'Europe et d'Amérique du Nord et d'autres alertes encore, n'ont guère inquiété jusqu'alors les concepteurs des politiques agro-alimentaires des grands pays producteurs. D'un autre côté, les régions qui n'ont pas connu de révolution technique voient, pour d'autres raisons, s'épuiser leur potentiel productif : sous la pression d'une explosion de la demande, une grande partie de l'Afrique subsaharienne a ainsi abandonné la pratique des jachères qui permettaient, en l'absence d'engrais, de reconstituer la fertilité des sols. Ailleurs, le surpâturage cause de graves dommages au couvert végétal. Enfin, la croissance démographique, la misère et l'absence de politiques énergétiques de substitution accroissent la demande en bois de chauffe, entraînant une dégradation parfois irréversible du couvert forestier. De telles pratiques accélèrent les processus de désertification à l'œuvre, notamment, dans toute la zone sahélienne.

Deux logiques s'affrontent aujourd'hui dans le domaine agricole. D'un côté, les partisans d'une « super-révolution verte » voient dans la poursuite des progrès techniques et le recours systématique au génie génétique la seule réponse possible à l'augmentation de la demande, sans guère se préoccuper des dangers d'épuisement du potentiel productif planétaire. Les nouvelles plantes alimentaires génétiquement modifiées représentent pour eux la panacée du XXIe siècle. Elles risquent toutefois, avant de faire la preuve de leur utilité, de dégrader encore davantage une biodiversité déjà menacée, sans pour autant réduire les déficits vivriers des paysanneries du Sud, pour lesquelles ces plantes demeureront financièrement hors de portée. De l'autre, des chercheurs prônent la mise en œuvre d'une « révolution doublement verte ». Cette nouvelle révolution agricole devrait répondre au double défi d'être plus productive et plus « verte » encore que la première. Il lui faudrait en effet répondre à un accroissement considérable de la demande, mais aussi, objectif nouveau, ne pas négliger la question de la conservation des ressources naturelles et limiter les pollutions. Enfin, contrairement à celle des années 1960 qui ne se préoccupa guère de la misère sociale des campagnes, cette seconde révolution aurait pour objectif d'assurer la sécurité alimentaire de tous.

Des politiques agricoles tenant compte à la fois de l'augmentation des besoins immédiats et de la sauvegarde des ressources naturelles dans le but d'assurer la satisfaction des besoins à long terme n'ont rien d'utopique. Mais elles demanderaient, dans les pays du Nord comme dans ceux du Sud, un changement radical des orientations actuelles. Grâce au ralentissement de la croissance démographique et aux progrès que l'on peut raisonnablement attendre d'une recherche agronomique qui n'a pas dit son dernier mot, le monde n'est pas en danger de pénurie. À condition toutefois de réduire rapidement les inégalités qui sont aujourd'hui la principale cause de la faim, et de ne pas céder à la folie de la rentabilité à court terme qui pourrait compromettre les chances de nourrir les 8 à 10 milliards d'humains que nous serons demain.

Sophie Bessis

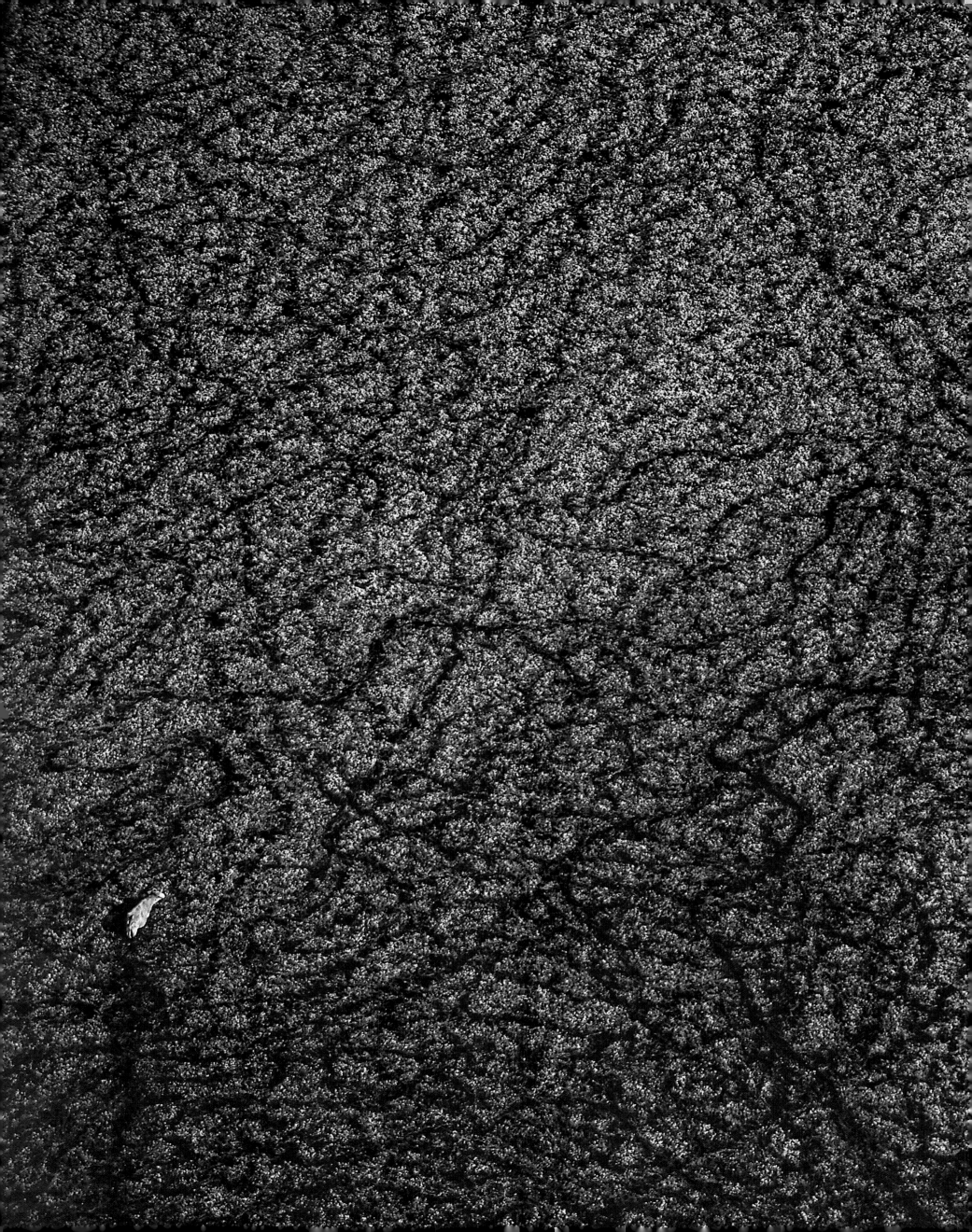

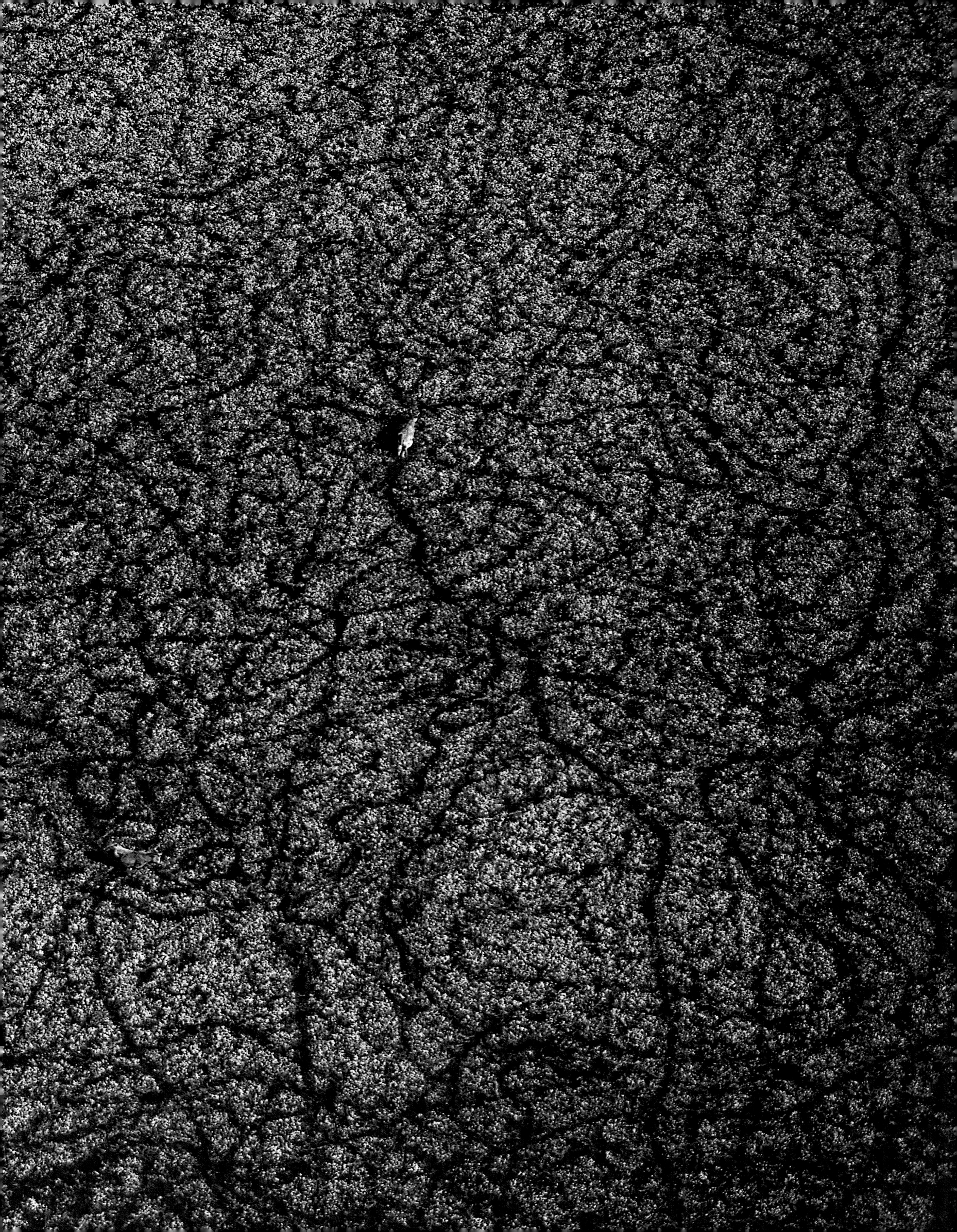

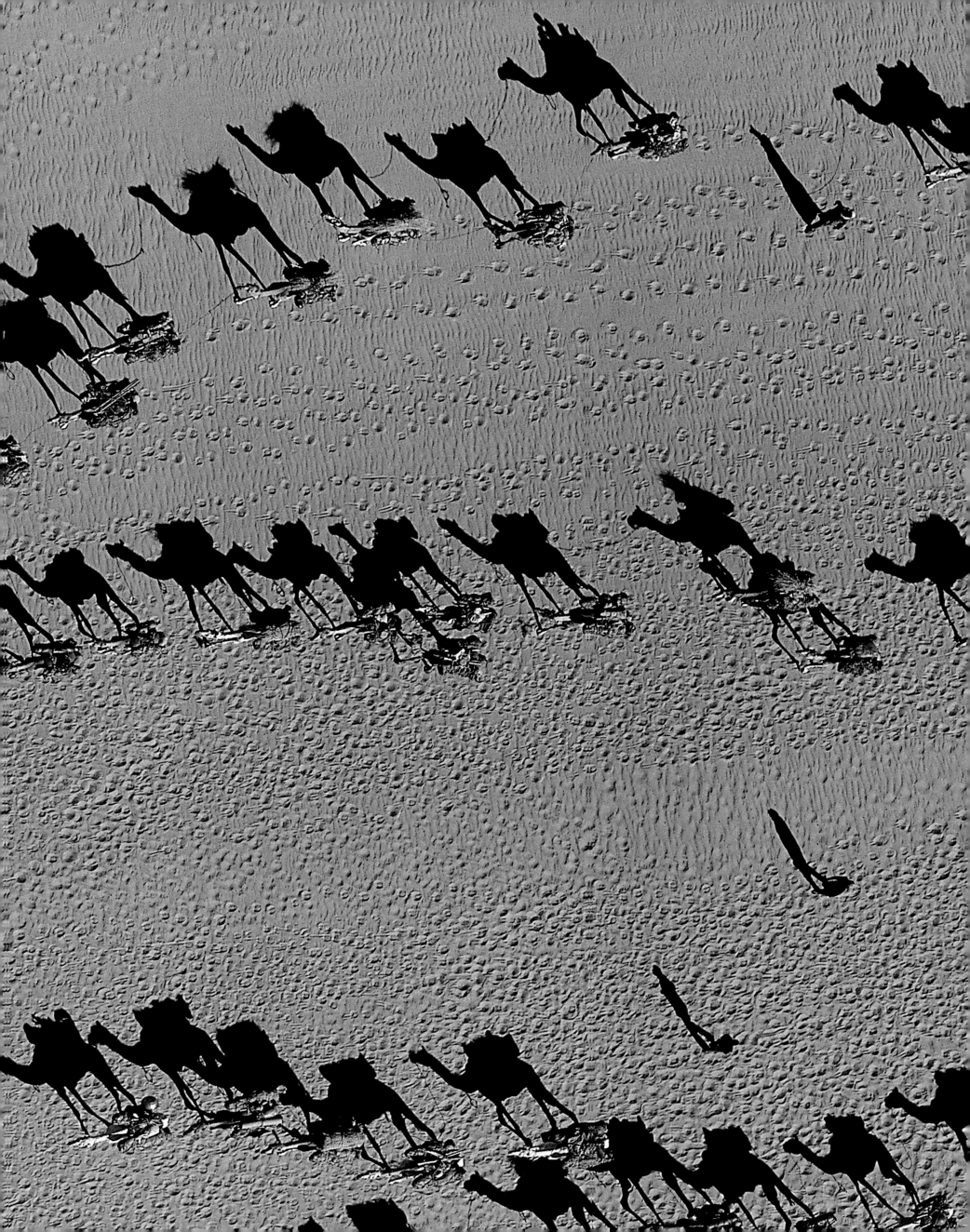

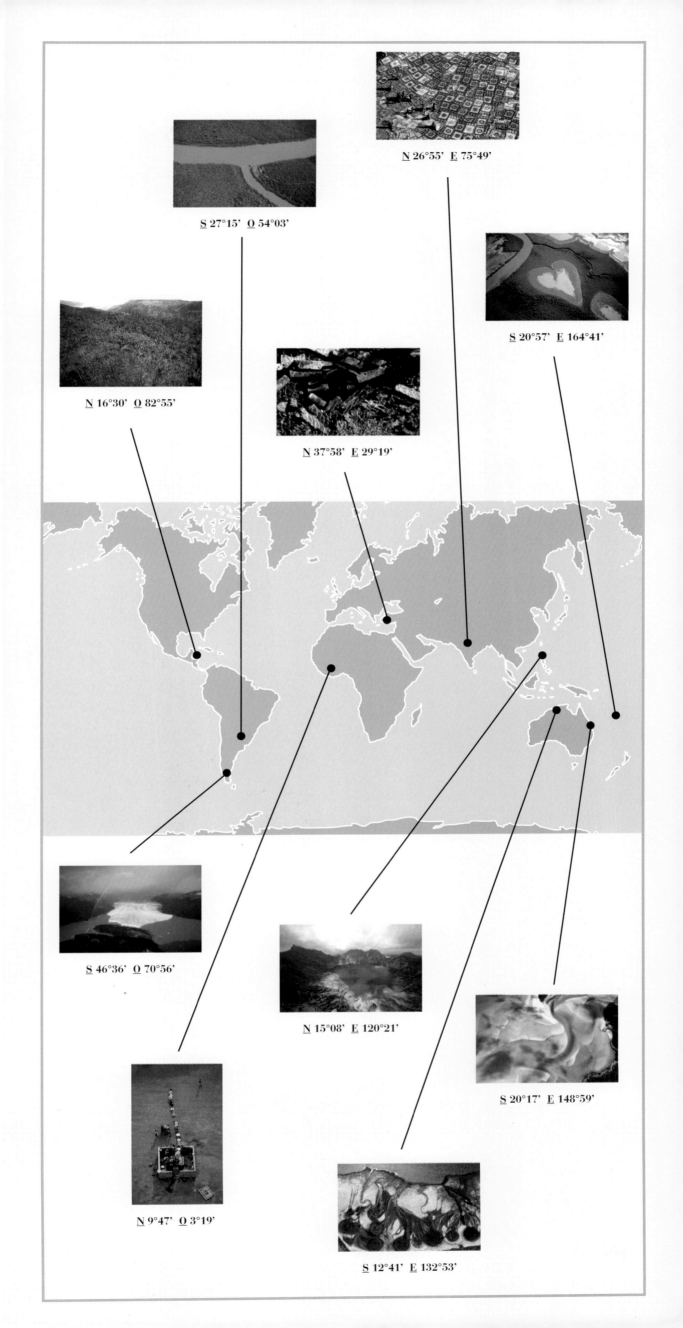

N 26°55' E 75°49'

S 27°15' O 54°03'

S 20°57' E 164°41'

N 16°30' O 82°55'

N 37°58' E 29°19'

S 46°36' O 70°56'

N 15°08' E 120°21'

S 20°17' E 148°59'

N 9°47' O 3°19'

S 12°41' E 132°53'

**Pages 378-379
GLACIER
PERITO MORENO,
Santa Cruz,
Argentine.**

Dans le Sud de l'Argentine, près de la frontière chilienne, se trouve le parc national de Los Glaciares, créé en 1937. D'une superficie de 4 459 km², cet espace protégé abrite 47 glaciers issus du manteau glaciaire continental de Patagonie, le plus grand au monde après l'Antarctique et le Grœnland. D'une largeur frontale de 5 000 m et d'une hauteur de 60 m, le Perito Moreno progresse sur l'un des bras du lac Argentino, entraînant dans sa course des débris de roches arrachés aux berges qui érodent et modèlent le paysage. Tous les trois ou quatre ans, à la confluence des deux bras du lac, le glacier interrompt l'écoulement de l'eau ; la pression croissante de celle-ci sur la barrière de glace finit par la rompre, en produisant une détonation qui peut être entendue à plusieurs kilomètres alentour. Les glaciers et les calottes polaires représentent 9 % des terres émergées du globe. Le réchauffement global de la planète, en partie lié aux activités humaines, est susceptible, par la fonte des glaces, d'élever le niveau des océans et de noyer des littoraux fertiles.

**Pages 380-381
RENCONTRE
DU RIO URUGUAY
ET UN DE SES
AFFLUENTS,
Misiones,
Argentine.**

La forêt tropicale argentine, considérablement déboisée au profit de l'agriculture, ne constitue plus par endroit une barrière anti-érosion aussi efficace que naguère. Les fortes pluies qui s'abattent sur la province de Misiones (2 000 mm par an) lessivent le sol et entraînent désormais des quantités importantes de terre ferrugineuse dans le rio Uruguay, qui se teinte en ocre-rouge. Gonflé par des affluents chargés de débris végétaux, le rio Uruguay (1 612 km) se jette dans l'océan Atlantique au niveau du rio de la Plata – le plus vaste estuaire de la planète (200 km de large) – où se déposent les sédiments charriés par le fleuve. Ceux-ci comblent les chenaux d'accès au port de Buenos Aires qui sont dragués régulièrement afin de rester navigables. Les alluvions accumulées aux embouchures des fleuves peuvent modifier les paysages en formant des deltas ou en gagnant du terrain sur la mer.

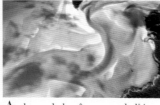

**Pages 382-383
BANC DE SABLE
SUR LE LITTORAL
DE L'ÎLE DE
WHITSUNDAY,
Queensland, Australie.**

Au large de la côte ouest de l'Australie, Whitsunday est, avec 109 km², la plus grande des 74 îles qui constituent l'archipel du même nom. Comme sur cette plage de White Haven, le littoral des îles se caractérise par l'exceptionnelle blancheur du sable, essentiellement composé de sédiments coralliens provenant notamment de la Grande Barrière, à quelques kilomètres à l'est. Dans les méandres de la côte, le sable s'amoncèle pour former des dunes qui se déplacent au gré des courants et entre lesquelles l'eau du Pacifique s'insinue à marée montante. Découvertes en 1770 par le navigateur britannique James Cook, les îles de l'archipel sont en majorité restées inhabitées et inexploitées. Cependant, à partir de 1930, quelques-unes ont progressivement été aménagées en stations balnéaires.

**Pages 384-385
CŒUR DE VOH,
Nouvelle-Calédonie,
France.**

La mangrove est une formation arborée amphibie caractéristique des littoraux tropicaux et subtropicaux, qui se développe sur les sols salés et vaseux exposés aux alternances de marées. Constituée de diverses plantes halophytes (capables de vivre sur les sols salés), avec une prédominance de palétuviers, elle est présente sur quatre continents, couvrant une superficie totale de 170 000 km², soit près de 25 % des zones côtières du monde. La Nouvelle-Calédonie, ensemble d'îles du Pacifique qui couvre 18 575 km², compte 200 km² d'une mangrove assez basse (8 à 10 m) mais très dense, principalement sur la côte ouest de l'île la plus importante, Grande-Terre. À certains endroits, à l'intérieur des terres, là où l'eau marine ne pénètre qu'au moment des grandes marées, la végétation cède la place à des étendues nues et sursalées, qui sont appelées tannes ; c'est le cas à proximité de la ville de Voh, où la nature a dessiné cette clairière en forme de cœur. Riche en diversité biologique, la mangrove est un habitat fragile, qui subit la pression de diverses activités humaines : surexploitation des ressources naturelles, assèchement des milieux, expansion agricole, urbanisation du littoral, pollution…

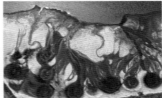

**Pages 386-387
MINE D'URANIUM
DANS LE PARC
NATIONAL
DE KAKADU,
territoire du Nord,
Australie.**

Le parc national de Kakadu, en Australie, dispose d'importantes ressources en uranium (10 % des réserves mondiales) réparties sur trois parcelles : Ranger, Jabiluka et Koongarra, qui, bien que situées dans l'enceinte d'un espace protégé, en sont statutairement exclues. De ces trois gisements situés sur des terres sacrées, au mépris des aborigènes, seul Ranger bénéficie d'une autorisation d'extraction. L'exploitation des autres sites suscite une controverse quant aux risques de pollution. Dans cette zone de rejets de déchets, de larges sprinklers arrosent les berges du marais, afin d'augmenter l'évaporation et de réduire les risques de propagation en poussière, laissant des dépôts de sels et de sulfate. Avec deux autres grands gisements sur son territoire, l'Australie possède 1/4 des réserves du globe et a produit en 1996 près de 14 % de l'uranium extrait chaque année dans le monde, celui-ci étant principalement destiné à alimenter les centrales nucléaires.

**Pages 388-389
COTONNADES
SÉCHANT AU SOLEIL
À JAIPUR,
Rajasthan,
Inde.**

Important centre de production textile, l'État du Rajasthan, au nord-est de l'Inde, est réputé depuis des siècles pour son artisanat de teinture et d'impression sur tissus de coton et de soie. Cette activité est essentiellement pratiquée par les Chhipa, communauté de teinturiers et de peintres qui emploient les techniques ancestrales de décoration à la cire et d'impression au tampon. La sérigraphie est cependant de plus en plus utilisée pour une production à plus grande échelle et les pigments naturels sont progressivement délaissés au profit de colorants chimiques. En revanche, les multiples trempages destinés à fixer la couleur et le séchage des tissus au soleil, comme ici au cœur de Jaipur, capitale de l'État, sont toujours pratiqués. Exportées dès le Moyen Âge vers la Chine, le Moyen-Orient et l'Europe, les cotonnades et soieries du Rajasthan font l'objet d'un commerce international florissant.

**Pages 390-391
TOURISTE
DANS UNE PISCINE
À PAMUKKALE
(HIERAPOLIS),
Anatolie,
Turquie.**

La ville de Pamukkale, dans l'Ouest de l'Anatolie, en Turquie, dispose de sources d'eau chaude riche en sels minéraux dont les propriétés curatives sont connues depuis l'Antiquité. En 129 av. J.-C., les Romains y établirent la cité thermale de Hierapolis qui, victime de quatre tremblements de terre, fut reconstruite plusieurs fois avant de connaître le déclin sous l'Empire byzantin. Aujourd'hui, le site archéologique de Hierapolis accueille de nombreux visiteurs. Un motel a même été bâti sur les vestiges d'une ancienne fontaine sacrée ; sa piscine, dont le fond est jonché de fragments de colonnes romaines, constitue une attraction appréciée des touristes. Inscrit sur la Liste du patrimoine mondial de l'Unesco en 1988, le site de Hierapolis-Pamukkale est dénaturé par la présence de nombreuses infrastructures hôtelières, dont la démolition prévue depuis 1992 n'a toujours pas été effectuée.

Les légendes concernant les photographies
392 à 407 sont placées sur le rabat de droite
du cahier de texte suivant

légendes 378 à 391   légendes 392 à 407

réémis par la Terre l'est essentiellement sous forme infrarouge. Or, l'atmosphère terrestre réabsorbe fortement ce rayonnement par l'intermédiaire de la vapeur d'eau et du gaz carbonique, mais aussi par d'autres gaz qu'elle contient en très petites quantités. Ces molécules jouent un rôle comparable à celui d'une serre vitrée en laissant passer la lumière solaire et en retenant le rayonnement infrarouge terrestre réémis : il s'agit de l'« effet de serre ». Sans ce dernier, la Terre serait probablement inhabitable, puisque sa température moyenne serait d'environ -20 °C au lieu des +15 °C actuels. C'est l'augmentation de cet effet de serre sous l'effet des activités humaines qui est au centre des débats actuels sur les changements climatiques futurs.

Le conflit existant entre la croissance matérielle indéfinie de la civilisation industrielle et les limites de la nature se manifeste dans le phénomène de la dérive anthropogénique (c'est-à-dire due aux activités humaines) des climats. En 1957 déjà, un article de la revue scientifique *Tellus* soulignait : « Les êtres humains procèdent actuellement à une expérience de géophysique à grande échelle. En l'espace de quelques siècles, nous renvoyons dans l'atmosphère et les océans du carbone organique concentré accumulé sur des centaines de millions d'années dans les roches sédimentaires ». Le réchauffement climatique, qui n'était encore qu'une hypothèse dans les années 1960, est devenu une certitude. La raison en est l'augmentation de l'effet de serre de certains composants de l'atmosphère produits par l'homme : le gaz carbonique provenant de l'expansion continue des activités industrielles et du trafic automobile (multiplié par un facteur 20 depuis 1945), le méthane dont la croissance suit celle de la démographie humaine, elle-même directement responsable de l'augmentation des émetteurs principaux (métabolisme des rizières et des ruminants), les CFC (chlorofluorocarbones), etc.

Outre l'augmentation globale de l'effet de serre (la température terrestre moyenne a augmenté de 0,7 degré en un

siècle) subsistent des questions sur ses conséquences réelles pour le XXIe siècle. Car la science de l'effet de serre global est prise en défaut lorsqu'il s'agit de comprendre ses impacts régionaux (par exemple, l'augmentation de la couverture nuageuse des régions subarctiques et tempérées) ou concernant les changements du régime de la circulation atmosphérique qui s'est notoirement accélérée depuis un demi-siècle.

L'OCÉAN, VÉRITABLE MAÎTRE DU CLIMAT

L'océan mondial présente une capacité de stockage thermique environ mille fois supérieure à celle de l'atmosphère. Il joue un rôle modérateur dans la répartition des températures terrestres et dans leur inertie. Plus encore : le bilan radiatif de l'atmosphère montre que cette dernière est essentiellement chauffée par le bas. En effet, elle tire son énergie pour 35 % du rayonnement direct du Soleil, pour 22 % de l'énergie réémise par les continents et pour 43 % de celle provenant de l'océan, principalement par évaporation de l'eau.

Principal fournisseur d'énergie de l'atmosphère, pompe à chaleur et vecteur d'énergie, puits pour le gaz carbonique, l'océan est donc en réalité l'éminence grise qui, derrière l'atmosphère, est le véritable maître de l'évolution du climat, à toutes les échelles d'espace et de temps.

En termes temporels, circulations atmosphérique et océanique se déroulent sur des échelles bien différentes. Des per-

LES CLIMATS EN DANGER ?

'expérience de chacun n'incite guère à concevoir que le climat puisse varier de façon importante sur la longue durée, même si nous savons qu'autrefois le Sahara a connu un climat relativement humide et que la Scandinavie était recouverte de 2 à 3 kilomètres de glaces. La variation des climats passés s'explique pour l'essentiel par des causes astronomiques. Or voici qu'un nouvel acteur est apparu sur la scène des changements climatiques : l'humanité elle-même !

Notre perception quotidienne est celle de la température, de la pluie ou du vent au fil des jours et des saisons. Ces fluctuations à court terme sont traitées par la météorologie. Par opposition au caractère variable du temps au quotidien, le Sahara, l'Amazonie ou la taïga sibérienne sont des régions naturelles auxquelles est associée une certaine image de stabilité et de régularité des conditions météorologiques et la notion même de climat. La climatologie s'intéresse aux évolutions des conditions météorologiques « moyennes » sur des périodes longues (pluridécennales, séculaires ou multi-

séculaires). Le mot climat évoque donc un ensemble de conditions naturelles qui, au fil des siècles, laissent une trace durable sur les populations vivant dans une région du monde. Le mot *fûdo*, qui se compose dans la langue japonaise de deux idéogrammes, le vent et la terre, exprime assez bien une vision large du climat, partagée sans doute par l'immense majorité des humains.

L'ATMOSPHÈRE ET L'AUGMENTATION DE L'EFFET DE SERRE

Sous forme de rayonnement, le Soleil est la source d'énergie de la machine climatique. L'énergie reçue par la Terre est renvoyée vers l'espace, non sans avoir subi de nombreuses transformations, dont le bilan global est dit « bilan radiatif ». L'atmosphère redistribue la chaleur des régions tropicales excédentaires vers les hautes latitudes, mais les océans, qui recouvrent 71 % de la surface du globe, participent aussi à cette redistribution par deux mécanismes essentiels : les courants marins (comme le Gulf Stream) et l'évaporation initiant le cycle de l'eau.

Environ 30 % de l'énergie solaire arrivant aux confins de l'atmosphère sont directement réfléchis dans l'espace par les nuages et les poussières. Sur les 70 % restant, 23 % sont absorbés par l'atmosphère et 47 % atteignent la surface terrestre. L'atmosphère est transparente au rayonnement reçu de la lumière visible du Soleil. En revanche, le rayonnement

Ci-contre : MINARET DE LA GRANDE MOSQUÉE D'AGADEZ, massif de l'Aïr, Niger.
La grande mosquée d'Agadez, dans le massif de l'Aïr, au centre du Niger, a été édifiée au XVIᵉ siècle, époque où la ville était à son apogée. Ce bâtiment en terre séchée de style « soudanais » est surmonté d'un minaret pyramidal de 27 m de haut, hérissé de treize rangées de pieux qui renforcent la fragile structure mais servent aussi d'échafaudage pour restaurer périodiquement son enduit. Dernière grande agglomération avant le Sahara et important carrefour commercial, Agadez, surnommée la « porte du désert », se situe au croisement des grandes pistes de caravanes transsahariennes. Elle est une des villes saintes de l'Islam et la majorité de ses habitants sont musulmans, comme 99 % de la population nigérienne. À l'aube de l'an 2000, l'islam compte plus de 1,1 milliard de fidèles sur toute la planète, ce qui en fait la seconde religion du monde par le nombre d'adeptes.

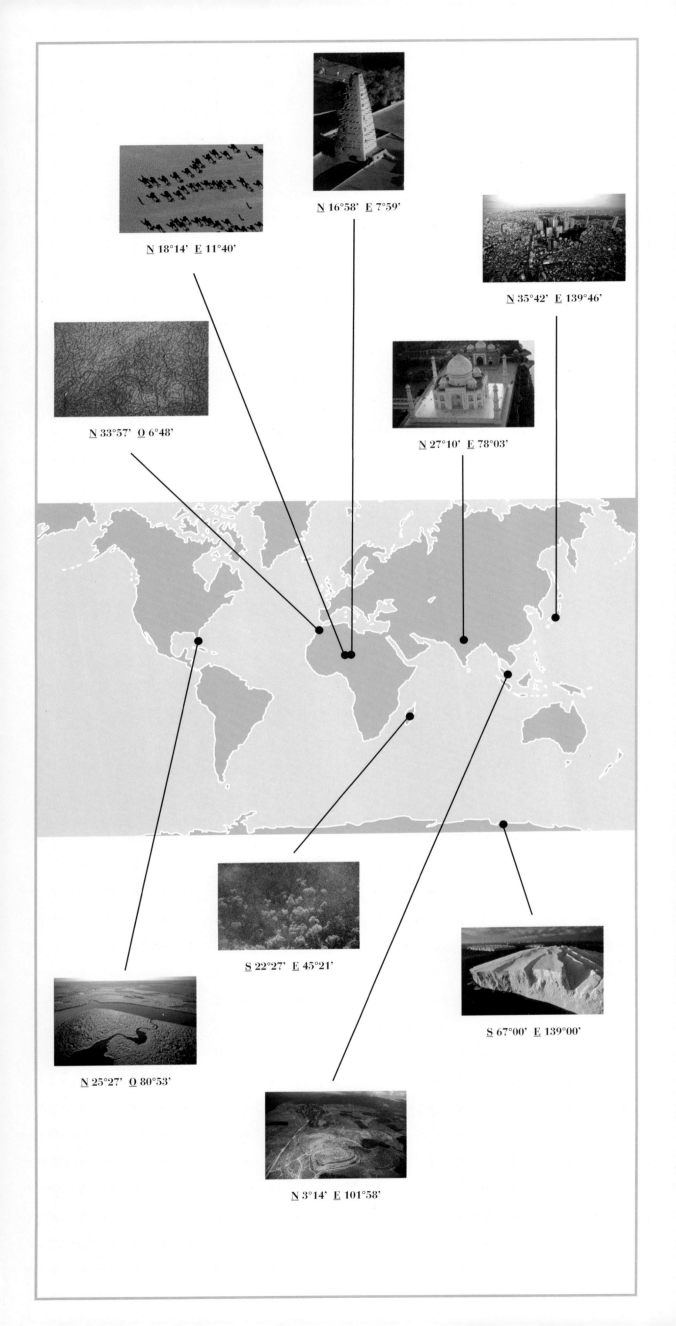

<u>N</u> 18°14' <u>E</u> 11°40'

<u>N</u> 16°58' <u>E</u> 7°59'

<u>N</u> 35°42' <u>E</u> 139°46'

<u>N</u> 33°57' <u>O</u> 6°48'

<u>N</u> 27°10' <u>E</u> 78°03'

<u>S</u> 22°27' <u>E</u> 45°21'

<u>S</u> 67°00' <u>E</u> 139°00'

<u>N</u> 25°27' <u>O</u> 80°53'

<u>N</u> 3°14' <u>E</u> 101°58'

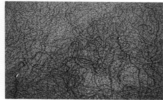

Pages 352-353
VACHES DANS UNE RIVIÈRE MARÉCAGEUSE, région de Rabat, Maroc.

La région de Rabat, comme tout le Nord de la côte Atlantique marocaine, bénéficie de précipitations relativement abondantes (jusqu'à 800 mm par an). Dans cette partie du pays, considérée comme l'une des mieux drainées du Maroc, les pluies de novembre et de mars alimentent les cours d'eau et sont à l'origine de crues importantes. Cependant, à partir du mois de mai, un vent du sud-est chaud et sec, le *chergui*, assèche peu à peu leur lit. Celui-ci, devenu temporairement marécageux, se recouvre d'un tapis éphémère d'herbes et de fleurs que parcourent quelques vaches en quête de nourriture, échappées des troupeaux alentour. Le cheptel bovin du Maroc, dominé par des races locales élevées à la fois pour leur lait et leur viande, compte un peu plus de 2,5 millions de têtes. Les élevages caprin (4,4 millions de têtes) et, surtout, ovin (17,6 millions de têtes) ont des effectifs beaucoup plus importants.

Pages 354-355
LE TAJ MAHAL À AGRA, Uttar Pradesh, Inde.

Construit entre 1632 et 1653 à la demande de l'empereur moghol Shah Djahan, le Taj Mahal est dédié à son épouse, Mumtaz Mahal (l'« élue du palais »), morte en mettant au monde leur quatorzième enfant. Du haut de ses 74 m, il surplombe la rivière Yamuna, à Agra, en Inde. Orné de fines sculptures (versets coraniques, motifs floraux et géométriques) et de pierres semi-précieuses, ce mausolée de marbre blanc est l'œuvre d'une trentaine d'architectes et 20 000 ouvriers. Inscrit sur la Liste du patrimoine mondial de l'Unesco en 1983, cet édifice a commencé à être altéré par la pollution industrielle du XXᵉ siècle. Aussi, en 1993, 212 usines d'Agra ont été fermées afin de préserver sa blancheur, symbole de la pureté de l'âme dans la religion musulmane. Si l'islam (2ᵉ religion du pays avec environ 100 millions d'adeptes) prédomine dans certaines régions de l'Uttar Pradesh, l'Inde demeure hindouiste pour les 4/5 de sa population et abrite à elle seule plus de la moitié des Hindous du monde.

Pages 356-357
MANGROVES DANS LE PARC NATIONAL DES EVERGLADES, Floride, États-Unis.

Lieu de rencontre des eaux douces provenant du lac Okechobee et des eaux salées du golfe du Mexique, le parc national des Everglades, à l'extrême sud de la Floride, est principalement constitué de marécages occupés par des mangroves. D'une superficie de 6 066 km², il constitue le dernier fragment de la zone humide d'origine qui, avant les travaux d'assèchement réalisés à partir de 1880 pour l'urbanisation, était cinq fois plus vaste, couvrant le tiers de la Floride. Le parc national est le refuge de 40 espèces de mammifères, 347 d'oiseaux, 65 de reptiles et amphibiens et 600 de poissons. Inscrit sur la Liste du patrimoine mondial de l'Unesco, et zone humide d'importance internationale en 1976, ce fragile écosystème est menacé par les pollutions d'origine agricole et par divers aménagements hydrauliques, mais fait l'objet, depuis 1994, d'un programme visant à restaurer la qualité de ses eaux et à en réguler le flux.

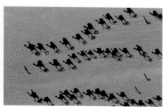

Pages 358-359
CARAVANES DE DROMADAIRES PRÈS DE FACHI, massif de l'Aïr, Niger.

Depuis des décennies, les Touareg de l'Aïr parcourent régulièrement avec leurs caravanes de dromadaires les 785 km qui séparent la ville d'Agadez des salines de Bilma, pratiquant le commerce traditionnel du sel, denrée rare dans ce pays enclavé. Attachés les uns derrière les autres et guidés par un homme de tête, les dromadaires circulent en convoi au rythme de 40 km par jour, malgré des températures atteignant 46 °C à l'ombre et des charges de près de 100 kg par animal. Sur le trajet, Fachi, seule localité importante, constitue une halte indispensable pour se sustenter et décharger une partie de la cargaison. Les caravanes de sel, autrefois constituées de plusieurs milliers de bêtes, ne dépassent guère aujourd'hui la centaine d'animaux ; peu à peu elles sont supplantées par le camion qui, pour le transport de marchandises, équivaut à lui seul à quelques centaines de dromadaires.

Pages 360-361
QUARTIER DE SHINJUKU, Tokyo, Japon.

À l'origine village de pêcheurs bâti au milieu des marécages, Edo devient Tokyo, « la capitale de l'est », en 1868. Ne cessant de s'agrandir sous l'impulsion de ses commerçants, la ville, dévastée par un tremblement de terre en 1923 et par les bombardements en 1945, renaît par deux fois de ses cendres. Aujourd'hui, la mégalopole de Tokyo (incluant Yokohama, Kawasaki, Chiba...) qui s'étend sur 70 km et compte 28 millions d'habitants, est devenue la plus vaste agglomération du monde. Construite sans schéma global d'urbanisation, elle dispose de plusieurs centres qui satellisent les différents quartiers. Shinjuku, quartier des affaires, est dominé par un ensemble impressionnant de bâtiments administratifs, parmi lesquels l'hôtel de ville, structure de 243 m de haut inspirée de la cathédrale Notre-Dame de Paris. À l'aube de l'an 2000, 320 agglomérations de la planète, dont 180 dans les pays en développement, dépassent le million d'habitants.

Pages 362-363
ICEBERGS AU LARGE DE LA TERRE ADÉLIE, Antarctique (pôle Sud).

Ces icebergs qui dérivent au gré des courants marins se sont récemment détachés des plates-formes glaciaires de l'Antarctique, comme en témoignent leur forme tabulaire et les strates de glace encore visibles sur leurs flancs anguleux. Seule émerge une faible partie du volume de chacun, plus de 80 % restant sous le niveau de l'eau. Comme les 2 000 km³ de glace détachés chaque année de l'Antarctique, ces icebergs subiront lentement l'érosion des vents et des vagues avant de basculer puis de fondre complètement. Continent des extrêmes avec une superficie de 14 millions de km², des températures descendant jusqu'à -70 °C et des vents atteignant 300 km/h, l'Antarctique recèle 90 % des glaces et 70 % des réserves d'eau douce de la planète. Enjeu de revendications territoriales dès le XIXᵉ siècle, il est régi depuis 1959 par le traité de Washington qui limite son utilisation aux seules activités pacifiques et scientifiques.

Pages 364-365
PLANTATION DE PALMIERS À HUILE, région de Kuala, Malaisie.

Originaires d'Afrique occidentale, les palmiers à huile ont été introduits en Malaisie dans les années 1970 afin de diversifier une activité agricole reposant presque exclusivement sur la culture d'hévéas. Se substituant à la forêt équatoriale du pays sur plus de 20 000 km², ces palmiers sont cultivés sur les pentes des collines, aménagées en terrasses suivant les courbes de niveau afin d'éviter l'érosion provoquée par le ruissellement de l'eau. Classée au premier rang des pays producteurs et exportateurs, la Malaisie fournit les 2/3 de l'huile de palme consommée dans le monde. Cette huile, dont la production mondiale a quadruplé en cinquante ans, est devenue le deuxième corps gras végétal le plus utilisé après l'huile de soja. Principalement destinée à l'alimentation, elle entre également dans la fabrication de savons, cosmétiques et produits pharmaceutiques.

Pages 366-367
INVASION DE CRIQUETS PRÈS DE RANOHIRA, région de Fianarantsoa, Madagascar.

Depuis des siècles, les cultures céréalières et les pâturages de Madagascar sont dévastés de manière chronique par des myriades de criquets. À partir de 1992, les invasions de criquets migrateurs (*Locusta migratoria*) et criquets nomades (*Nomadacris septemfasciata*), jusqu'alors localisées au sud-ouest, se sont progressivement étendues aux 4/5 de l'île. Atteignant des densités de 5 millions d'insectes à l'hectare, les essaims de plusieurs kilomètres de long progressent au rythme de 40 km par jour, dévastant toute végétation sur leur passage. Malgré l'épandage massif d'insecticides – par ailleurs nocifs pour l'environnement –, ce fléau n'a pu être enrayé et fait planer sur l'île le spectre de pénuries alimentaires. La plupart des pays du globe, surtout ceux de l'hémisphère Sud, sont victimes de telles invasions ; il existe dans le monde dix espèces de criquets ravageurs de cultures.

turbations qui surgissent et disparaissent en quelques jours aux variations saisonnières du temps pour l'atmosphère ; des courants équatoriaux de surface qui se modifient au rythme des saisons à la très lente circulation des eaux profondes, dont l'échelle de temps caractéristique est le millier d'années.

Les modèles globaux ignorent les variations plus locales des changements dépendant des activités humaines, en particulier les conséquences des modifications apportées au cycle de l'eau, dont la vapeur présente dans l'air est l'une des composantes principales de l'effet de serre. Or la quantité d'eau utilisée par les sociétés humaines a triplé en une cinquantaine d'années. Cela a surtout été engendré par les pratiques d'irrigation. Cette quantité représente en ce tournant de siècle 10 % des eaux de ruissellement qui sont presque directement évaporées, car l'irrigation touche surtout les régions chaudes de la planète dont l'air est loin du seuil de vapeur saturante. Cette vapeur, entraînée vers des latitudes plus élevées, y modifie la couverture nuageuse. À ces effets directement liés à l'extension des surfaces agricoles irriguées se conjuguent ceux des destructions de la forêt dont le rôle de réservoir d'humidité décroît au rythme de celui de la déforestation tropicale.

Ces remarques conduisent à des interrogations scientifiques sur les évolutions du climat au XXIe siècle. À côté des émissions de gaz carbonique, d'autres activités conduisent à des modifications climatiques qui ne peuvent être réduites au réchauffement global, pratiquement seul évoqué et discuté dans les grandes négociations internationales.

CHANGEMENT CLIMATIQUE ET RESPONSABILITÉ HUMAINE

Il ne fait cependant aucun doute qu'un changement climatique d'une immense portée géopolitique est en cours, dans lequel la responsabilité humaine est lourdement engagée, au travers de processus complexes qui touchent à tous les cycles biogéochimiques terrestres, et dont aucun modèle global ni aucune approche scientifique parcellaire ne suffit désormais à rendre compte.

Les dérèglements météorologiques des dernières années du XXe siècle pourraient bien avoir été les signes avant-coureurs d'un changement global annoncé par les 4 000 spécialistes fédérés par le GIEC (Groupe intergouvernemental d'experts sur l'évolution du climat de l'ONU). Ces derniers évoquent traditionnellement comme premier risque l'élévation du niveau de l'océan mondial consécutif au réchauffement en cours. Les effets d'une élévation d'un mètre prévue par les scénarios les plus pessimistes rayeraient de la carte les petits États îliens du Pacifique ; cette hausse noierait aussi des millions d'hectares des deltas surpeuplés des fleuves tropicaux. En Asie, la Thaïlande, le Vietnam, l'Indonésie et le Japon ont implanté près de la moitié de leurs installations industrielles au bord de l'eau, et certains de ces pays pourraient voir remis en cause près de 10 % de leur production nationale !

Plus généralement, même si beaucoup d'incertitudes demeurent, les effets des changements sur une planète déjà mal en point pourraient prendre des dimensions catastrophiques, avec une amplification des conditions climatiques extrêmes : si en ce tournant de siècle, 19 pays – surtout au Moyen-Orient et au Maghreb – souffrent déjà de la sécheresse, leur nombre devrait doubler d'ici 2025. En Afrique, l'aridité gagnerait surtout les bordures sahéliennes, ainsi que l'Ouest et le Sud du continent. Le Sud de l'Europe subirait aussi une diminution

LE PINATUBO, VOLCAN AU NORD DE MANILLE, île de Luçon, Philippines.
En 1991, l'éruption du volcan Pinatubo, la plus importante du siècle, a injecté dans l'atmosphère environ 30 millions de tonnes de sulfates jusqu'à des altitudes voisines de 25 km, formant un voile d'aérosols qui a fait passer temporairement le rayonnement solaire disponible pour la planète de 200 à 196 watts par m² (ce qui correspond à une diminution de 2 %). Cet épisode géologique a entraîné en 1992-1993 un abaissement des températures globales terrestres de plusieurs dixièmes de degrés. Au XXe siècle, on avait déjà noté les conséquences de deux autres éruptions violentes, celles du mont Agung (Indonésie) en 1963 et d'El Chichón (Mexique) en 1982. Les effets atmosphériques et climatiques de tels événements sont toutefois limités dans le temps et ne doivent pas faire oublier les risques de réchauffement global des climats terrestres liés aux activités humaines, en particulier la déforestation et la consommation croissante de combustibles fossiles.

des pluies, de 20 % (en hiver) à 30 % (en été), tandis que le Nord-Ouest du continent verrait les pluies et le risque des inondations s'amplifier, à l'image de celles qui ont ravagé les bassins de l'Oder et de la Neisse en juillet 1997. Un scénario comparable serait à attendre en Australie, avec une aridité accrue de l'immense désert central et des pluies diluviennes dans les régions côtières aujourd'hui les plus arrosées.

Ainsi, loin d'être uniformes, les changements auraient plutôt tendance à amplifier les situations extrêmes : baisse de température dans le prolongement des observations des trente dernières années pendant la nuit polaire au-dessus de l'océan Arctique ; extension du désert chaud et sec au sud du Sahel ; ou encore amplification des oscillations pluri-annuelles du phénomène climatique El Niño-La Niña au-dessus du Pacifique sud, ainsi que de la violence des cyclones tropicaux.

CERNER ET PRÉVENIR LES RISQUES MAJEURS !

Dans tous les cas, quelle que soit la légitimité des discussions scientifiques sur l'amplitude précise des changements de climat, leur portée globale ne fait aucun doute. En moyenne, les glissements climatiques vers les pôles et les sommets montagneux seraient respectivement de 150 km vers le nord et de 150 m vers le sommet par degré d'élévation de température. Certaines espèces végétales auxquelles la vitesse du changement ne laisserait aucune chance de survie disparaîtraient purement et simplement. Enfin, et ce n'est pas le moindre des risques, le réchauffement pourrait aussi affecter directement la santé humaine. Selon un rapport de l'OMS (Organisation mondiale de la santé) publié en 1996, une hausse de la température terrestre moyenne de 5 °C permettrait au paludisme de coloniser 17 millions de km² supplémentaires (environ deux fois la surface de l'Eu-

rope), menaçant ainsi 60 % de la population mondiale, contre 45 % aujourd'hui. Déjà, aux États-Unis, on s'inquiète pour le Texas et, en Europe, pour la zone méditerranéenne. Parmi les autres maladies tropicales qui pourraient être transmises, l'OMS prévoit également l'expansion de la fièvre jaune et de la maladie du sommeil.

L'importance des risques climatiques rend légitimes des recherches scientifiques poussées, ainsi qu'une information sérieuse des citoyens. De même qu'ils rendent impératives des mesures inspirées du principe de précaution qu'aucun choix politique soucieux de la vie des générations futures ne saurait désormais éluder !

Jean-Paul Deléage

Ci-contre : FORAGE HYDRAULIQUE VILLAGEOIS PRÈS DE DOROPO, région de Bouna, Côte-d'Ivoire.
Partout en Afrique, la collecte de l'eau est un rôle habituellement dévolu aux femmes, comme ici près de Doropo, au nord de la Côte-d'Ivoire. Les forages hydrauliques, équipés de pompes généralement manuelles, remplacent peu à peu les puits traditionnels des villages et les récipients en matière plastique, métal émaillé ou aluminium, supplantant les canaris (grandes jarres en terre cuite) et calebasses pour transporter la précieuse ressource. Puisée dans les nappes phréatiques, l'eau de ces forages présente moins de risques sanitaires que celle des puits traditionnels qui, dans plus de 70 % des cas, est impropre à la consommation. À l'aube de l'an 2000, les 3/4 des habitants de la planète ne bénéficient pas d'eau courante, environ 1,6 milliard de personnes ne disposent pas d'eau potable, et les maladies dues à l'insalubrité de l'eau constituent la première cause de mortalité infantile des pays en développement.

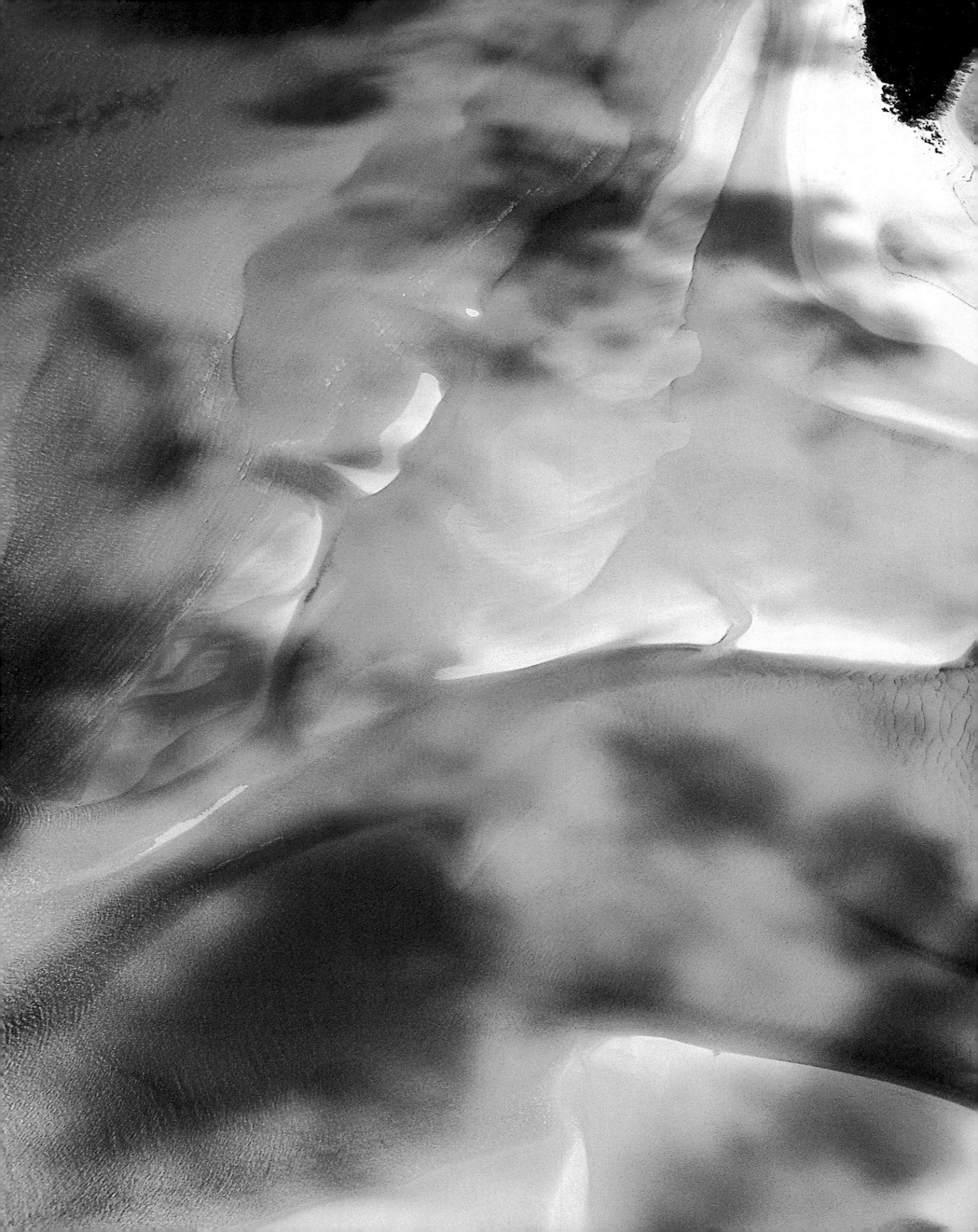

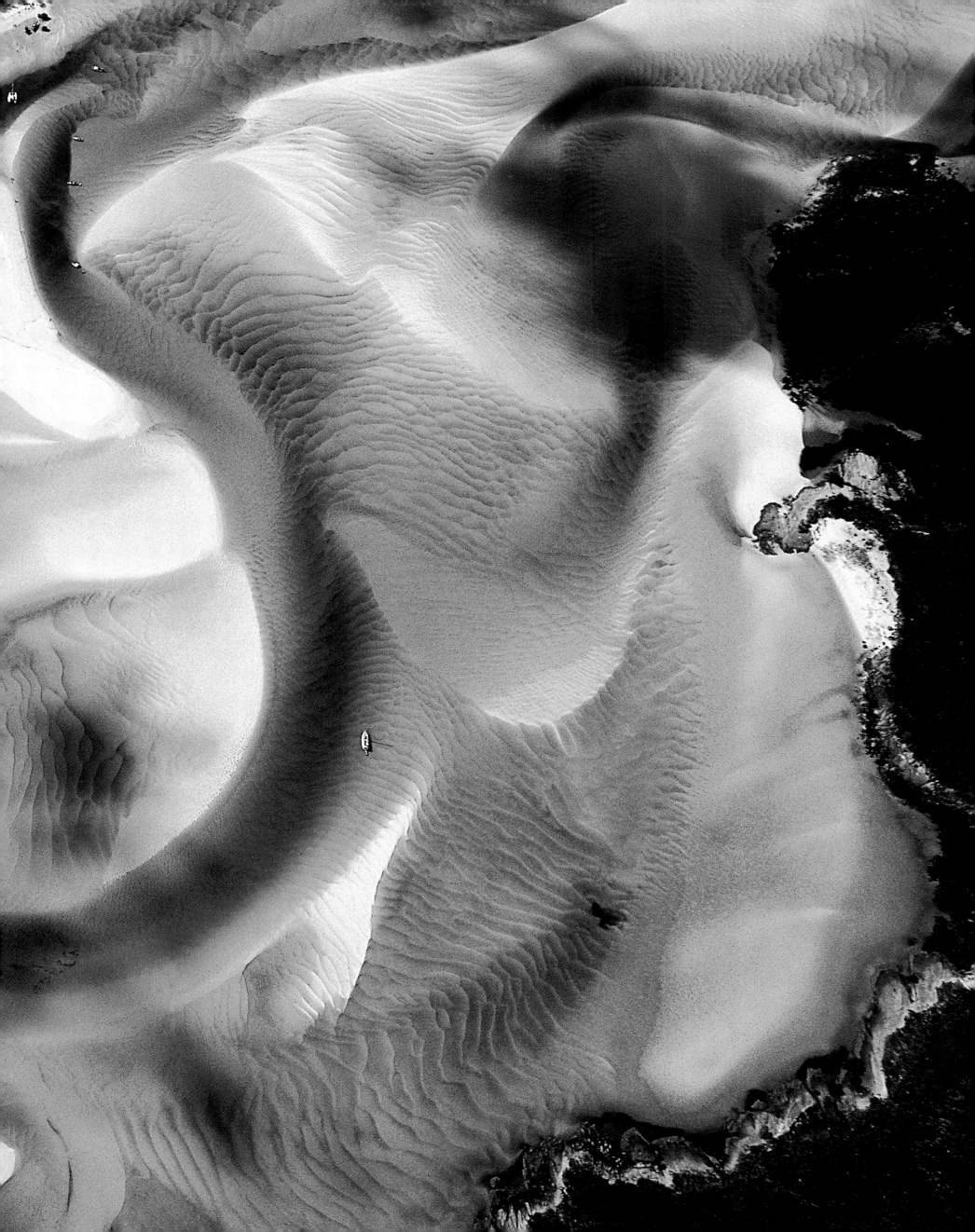

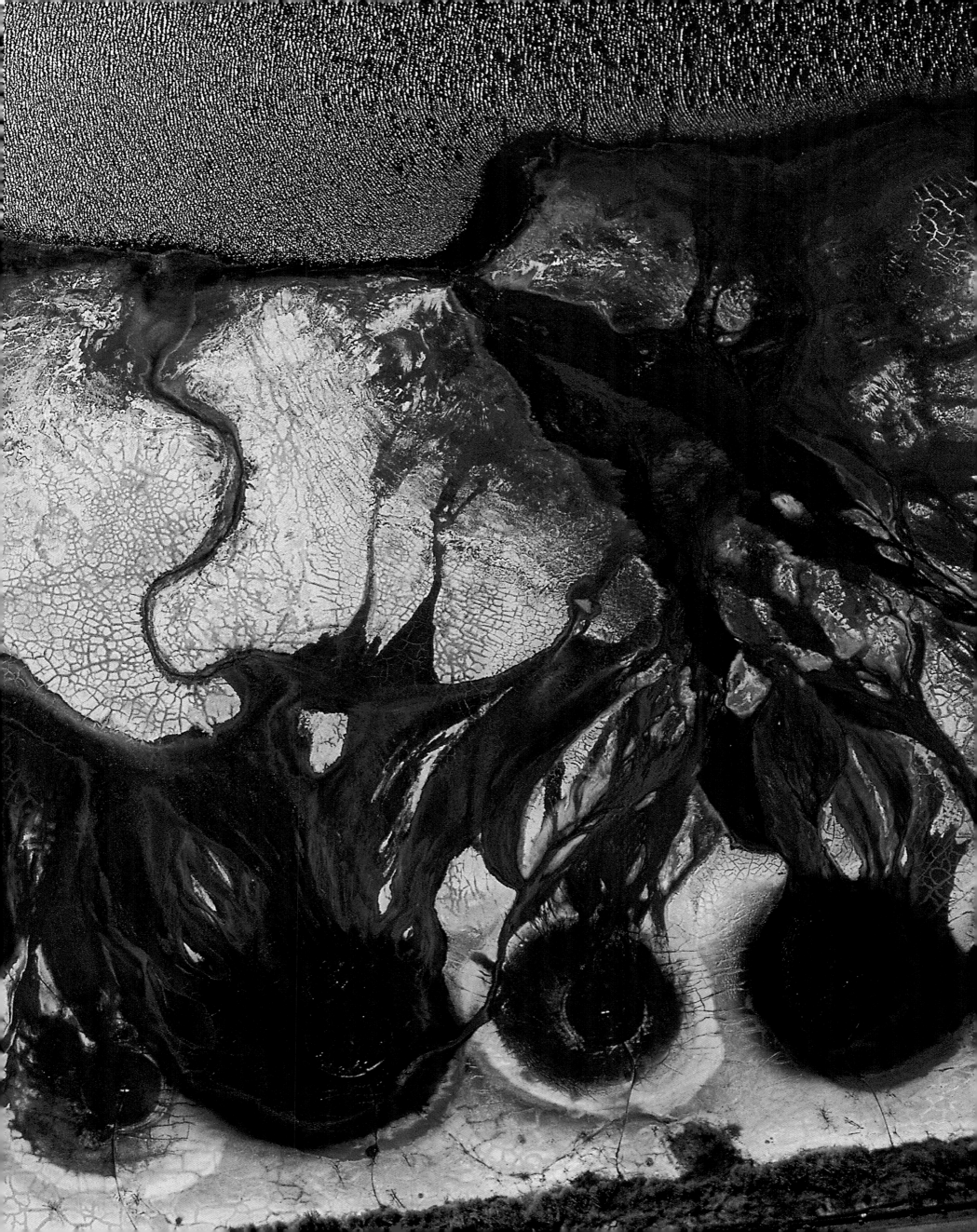

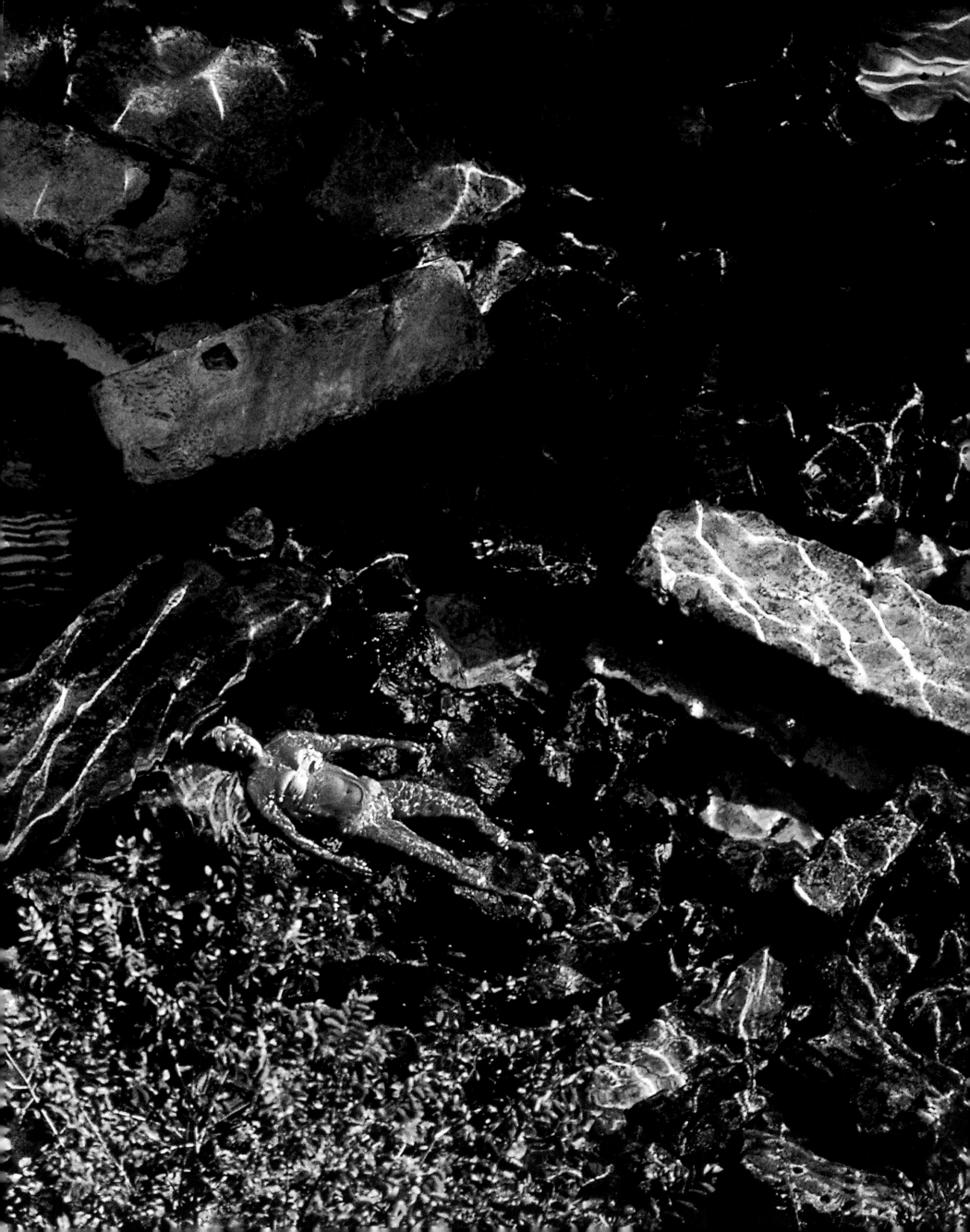

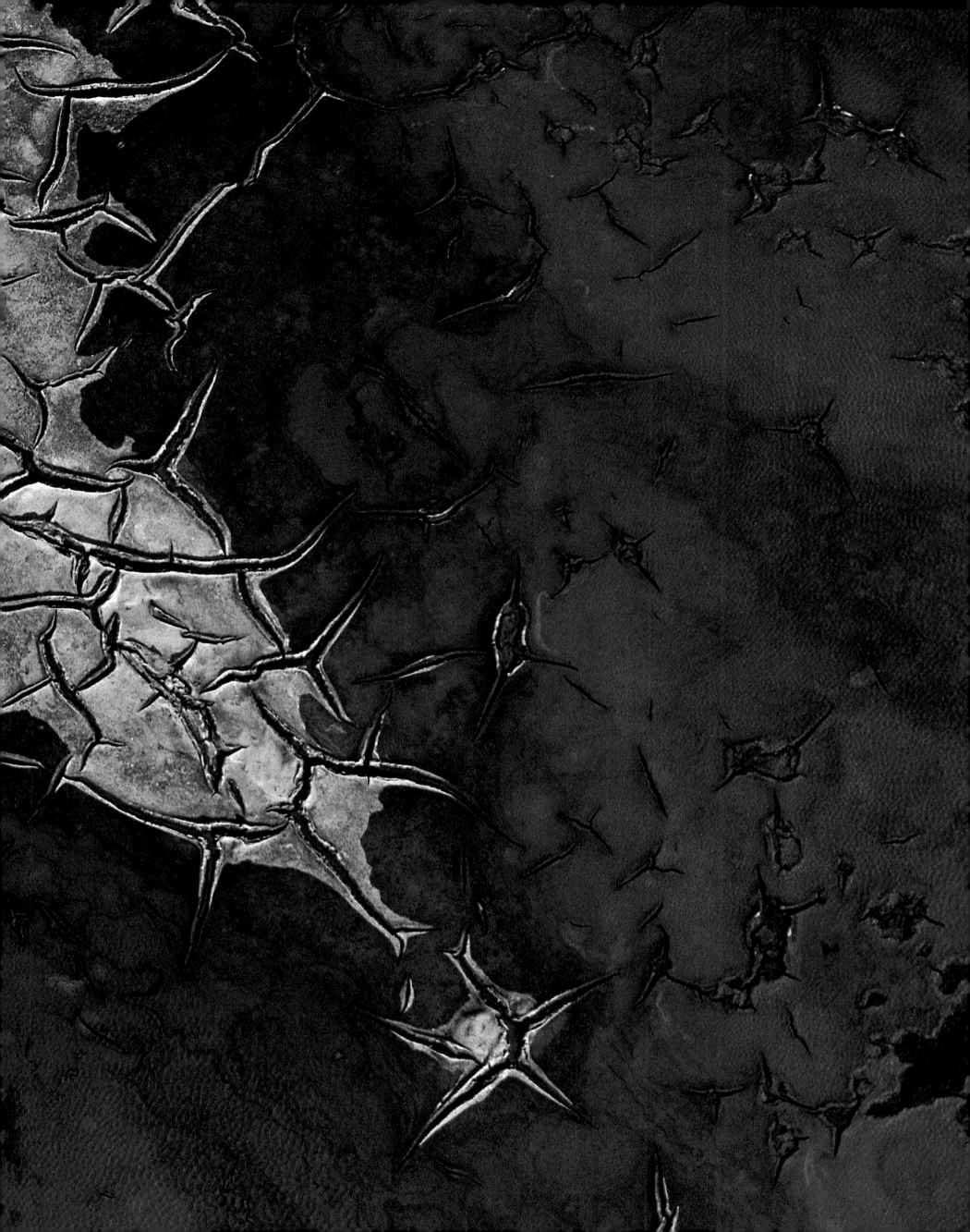

POUR UN DÉVELOPPEMENT DURABLE

Le « sommet de la Terre » de Rio, en 1992, a mis les conditions d'un « développement soutenable » au centre de ses préoccupations en associant dans une même problématique les deux termes environnement et développement. Selon le rapport *Notre avenir à tous*, préparatoire à Rio et publié en 1988, il s'agit d'« un développement qui satisfait les besoins des générations présentes sans compromettre la capacité des générations futures à satisfaire les leurs ».

Ces conditions supposent plusieurs démarches. La première consiste à hiérarchiser les urgences des risques environnementaux ; la deuxième, à définir les engagements concrets à prendre pour éviter les pires désastres ; la troisième, à dégager les ressources que les pays riches, en particulier, devraient consacrer à la réalisation de ces engagements ; la dernière, enfin, à évaluer les changements qu'implique le choix du développement soutenable.

Une hypothèse fonde implicitement ces propositions : le caractère insoutenable du type et des rythmes actuels de croissance. Les ressources de la planète ne sont pas inépuisables. La biosphère constitue un monde limité, et l'espèce humaine lui a déjà porté des coups irréparables. Il a fallu moins de deux siècles pour rompre les cycles du métabolisme homme-nature en multipliant le nombre et la quantité des déchets rejetés sans précaution dans l'environnement. Comment réorienter le développement économique sans entamer de façon irréversible le patrimoine naturel ? Comment concilier cette nécessité avec l'ambition légitime de satisfaire les besoins vitaux de l'ensemble des humains ?

LES MIRAGES DE LA THÉORIE DU RATTRAPAGE

Il faut d'abord comprendre la dynamique de la croissance démographique afin d'en mieux maîtriser les conséquences. La population mondiale augmente actuellement chaque année d'environ 80 millions d'âmes, dont plus de 80 % dans les pays en développement (PED). C'est une responsabilité historique de rendre les conditions d'accueil sur Terre des nouveaux venus compatibles avec la dignité d'être humain. Les statistiques de l'Organisation des Nations unies pour l'agriculture et l'alimentation (FAO) indiquent que 800 millions de personnes souffrent de malnutrition dans le monde, que 13 millions d'enfants de moins de 5 ans meurent chaque année des suites directes de la malnutrition ou d'infections qui lui sont liées ; celles de l'Organisa-

---

Ci-contre : **TEMPLE D'ABOU-SIMBEL, vallée du Nil, Égypte.**
Le site archéologique d'Abou-Simbel, en Nubie, abrite deux temples monumentaux en grès rose, construits sous le règne de Ramsès II (1290-1224 av. J.-C.) pour marquer la limite sud de l'Empire égyptien. La façade du plus grand d'entre eux, orientée vers le soleil levant, présente quatre statues du pharaon de 20 m de haut. Quand, en 1954, est décidée la construction sur le Nil du haut barrage d'Assouan, une vingtaine de nations alertées par l'Unesco se mobilisent, mettant en œuvre des moyens tant financiers que matériels pour éviter que ce patrimoine ne soit englouti par les eaux du lac de retenue. À partir de 1963 et pendant plus de dix ans, une armée de 900 ouvriers, conseillée par les experts de 24 pays, découpe ces temples en 1 305 blocs de plusieurs dizaines de tonnes pour les reconstruire à l'identique 60 m plus haut, sur une falaise artificielle soutenue par une voûte de béton. Comme 582 sites dans le monde, Abou-Simbel est inscrit sur la Liste du patrimoine mondial de l'Unesco.

LA VILLE DE MEXICO, Mexique.
Dépassant 17 millions d'habitants à la fin du XX° siècle et 20 millions avec sa périphérie, la ville de Mexico se situe au 4° rang mondial des villes plurimillionnaires. Elle est représentative du nouveau gigantisme qui marque de nombreuses villes des pays en développement. L'ampleur des problèmes est à l'échelle de leur démesure : logement, accès à l'eau, transport, traitement des déchets et maîtrise des rejets. L'insuffisance des transports collectifs et l'usage de plus en plus fréquent de l'automobile sont sources d'une pollution considérable de l'air et de graves problèmes de santé. Soumise à un smog quasi permanent, Mexico est l'une des villes les plus polluées du monde avec Changqing, Bangkok, Santiago du Chili, etc.

tion mondiale pour la santé (OMS) annoncent que 1,8 milliard d'êtres humains manquent d'eau potable.

Il importe par ailleurs de modifier les tendances actuelles du développement économique et de la répartition des richesses entre le Nord et le Sud, mais aussi au sein du Sud comme au sein du Nord. Pour cela, il faut abandonner une idée reçue qui inspire encore bien des visions du futur : la théorie du rattrapage selon laquelle les bienfaits d'une croissance économique ininterrompue atteindront inéluctablement toute l'humanité, en se diffusant du haut en bas des sociétés. Cette théorie du rattrapage repose sur une idée simpliste que l'on peut résumer de la façon suivante : si les pauvres avancent plus vite que les riches, ils les rattraperont inéluctablement, un jour ou l'autre. Or ce jour béni est un mirage, surtout si l'on tient compte des contraintes écologiques.

À supposer en effet que l'on veuille assurer aux 6 milliards de Terriens de l'an 2000 le revenu du modèle des modèles, celui de la *middle class* américaine, il faudrait multiplier le flux des ressources consommées par la machine économique mondiale par un facteur 5 environ ; et plus élevé encore si l'on veut assurer ce rattrapage pour les 9 à 11 milliards d'hommes qui peupleront la planète au milieu du XXI° siècle ! Les difficultés écologiques qui s'annoncent déjà exploseraient alors en catastrophe. Car si pour rattraper les plus opulents il faut imiter leur modèle de développement, cette tentative rencontrera, bien avant le succès escompté, d'infranchissables contraintes. Notamment en ce qui concerne la dégradation des ressources naturelles.

La question du développement soutenable pose celle de la croissance économique, dont les bénéfices profitent aujourd'hui à un peu plus d'un tiers de l'humanité, que veulent légitimement rejoindre les deux autres tiers. Ne devrions-nous pas nous interroger sur cette croissance exceptionnelle qui n'a fait disparaître de nos sociétés, ni la pauvreté, ni des injustices criantes, ni l'exclusion ?

Vers la fin du XVIII° siècle, les écarts de niveau de vie existant entre Européens et habitants d'autres régions du monde ne dépassaient pas le rapport 1 à 2. Au début du XX° siècle, ce rapport était d'environ 1 à 10. D'après un calcul du Programme des Nations unies pour le développement (PNUD), les 20 % les plus riches de la population mondiale disposaient en 1960 d'un revenu 30 fois plus élevé que les 20 % les plus pauvres. Selon la même source, ce rapport était de 1 à 60 au milieu des années 1990 ! Autant de données qui mettent, elles aussi, en question la théorie du rattrapage.

LE FOSSÉ NORD/SUD

Il n'est donc guère possible d'imaginer une croissance soutenable qui ne soit d'abord équitable, c'est-à-dire qui ne corrige cette tendance historique au creusement inexorable des inégalités. Autrement dit, qualifier le développement de « soutenable », ce n'est pas seulement se préoccuper de préserver les ressources et un environnement habitable pour nos enfants et nos petits-enfants ; c'est aussi mettre le cap vers une réelle équité dans un monde qui obéit encore à des pulsions agressives et possessives plutôt qu'à des valeurs de solidarité et de créativité. C'est œuvrer pour un développement *humain*.

On a tenté d'évaluer concrètement, en termes financiers, ce que suppose la mise en œuvre de ce dernier. À l'occasion du « sommet » de Copenhague de 1995 consacré au

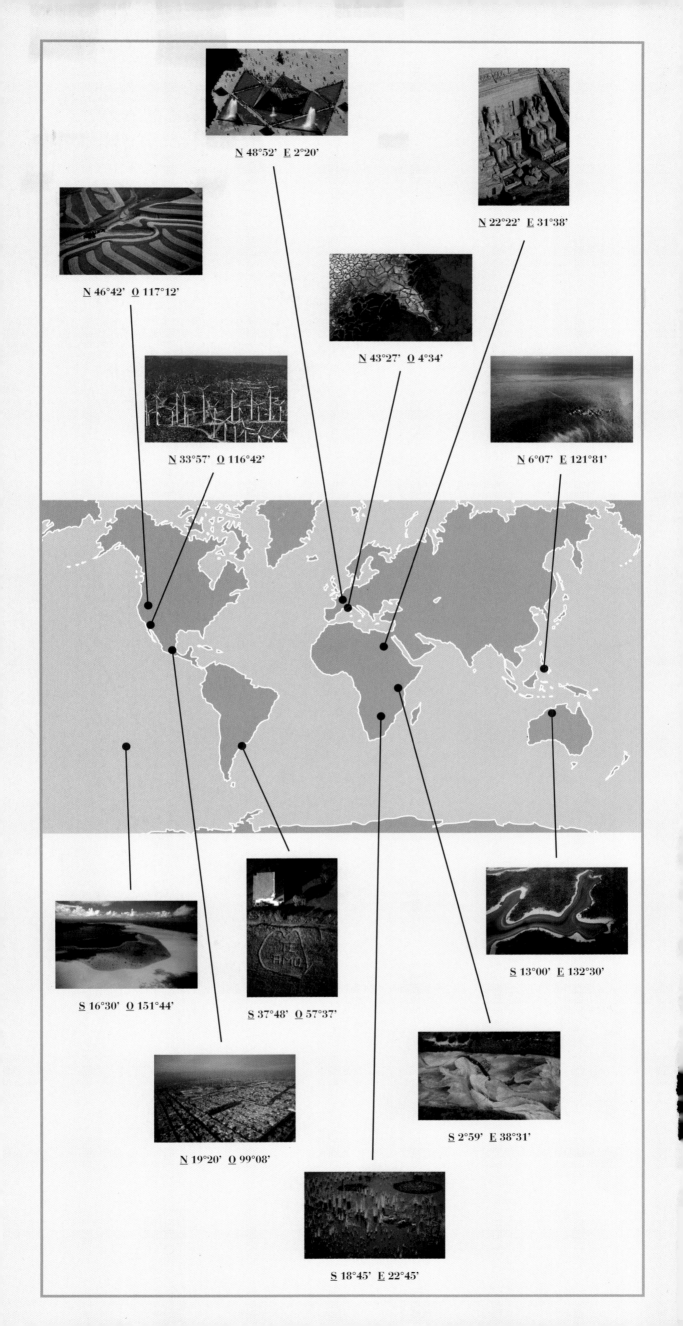

N 48°52' E 2°20'

N 22°22' E 31°38'

N 46°42' O 117°12'

N 43°27' O 4°34'

N 33°57' O 116°42'

N 6°07' E 121°81'

S 16°30' O 151°44'

S 37°48' O 57°37'

S 13°00' E 132°30'

N 19°20' O 99°08'

S 2°59' E 38°31'

S 18°45' E 22°45'

**Pages 392-393
VILLAGE
SUR PILOTIS
DE TONGCQUIL,
groupe d'îles
de Samales,
Philippines.**

Au sud des Philippines, notamment dans l'archipel de Sulu au sein duquel sont situées les îles de Samales, vivent les Badjaos, surnommés « Gitans de la mer ». Si certains d'entre eux habitent en permanence sur leurs bateaux, véritables maisons flottantes, d'autres occupent des villages sur pilotis isolés, comme ici où ils ont taillé un chenal dans le récif corallien afin de rejoindre la haute mer à bord de leurs embarcations. Vivant de la récolte de coquillages et d'huîtres perlières prélevées en plongeant en apnée jusqu'à des profondeurs dépassant 80 m, ce peuple pratique aussi la pêche et le commerce maritime. Au nombre d'environ 30 000, les Badjaos appartiennent à une minorité musulmane des Philippines, les Moros, qui ne représentent que 4 % de la population et sont principalement concentrés dans la partie sud du pays.

**Pages 394-395
PARC NATIONAL
DE KAKADU,
territoire du Nord,
Australie.**

Le parc national de Kakadu, dans le territoire du Nord, est l'un des plus grands d'Australie, avec près de 20 000 km² ; il a été inscrit sur la Liste du patrimoine mondial de l'Unesco en 1981 pour son intérêt tant culturel (peintures rupestres aborigènes) que naturel. Au nord, ses plaines herbeuses drainées par plusieurs cours d'eau (rivières Alligator) sont inondées chaque année par les pluies d'octobre. Doté d'une flore et d'une faune riche, Kakadu réunit près de 1 000 espèces végétales, 77 de poissons, 120 de reptiles et amphibiens, 300 d'oiseaux, et de nombreux mammifères. En raison de son détachement précoce du reste du monde, il y a 150 millions d'années, l'Australie et certaines îles voisines ont vu se développer des espèces originales qui n'existent sur aucun autre continent ; c'est notamment le cas des monotrèmes (ornithorynque, échidné) et de la plupart des marsupiaux (kangourou, koala...).

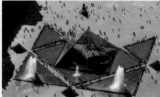

**Pages 396-397
LA PYRAMIDE
DU LOUVRE
À PARIS,
France.**

Inaugurée à la fin de l'année 1988, cette grande pyramide translucide de 21,65 m de haut, édifiée au cœur du palais du Louvre à Paris, abrite le hall d'accueil de l'un des plus grands musées du monde. Composée de 673 losanges et triangles de verre montés sur une armature métallique de plus de 95 t, la pyramide constitue une véritable prouesse technologique. Elle n'est cependant que la partie apparente des aménagements apportés au musée dans le cadre d'un vaste projet de restructuration confié à l'architecte sino-américain Ieoh Ming Pei. Cette structure contemporaine, enchâssée au sein de bâtiments historiques qui furent le lieu de résidence de nombreux rois de France, est devenue le symbole du musée du Louvre. Celui-ci présente une collection de 30 000 objets d'art, peintures et sculptures, à près de 5 millions de visiteurs chaque année.

**Pages 398-399
AGRICULTURE
PRÈS DE PULLMAN,
État de Washington,
États-Unis.**

Surnommé *Evergreen state*, « État toujours vert », l'État de Washington développe depuis des décennies la culture du blé, s'efforçant aujourd'hui de l'adapter à la topographie du terrain afin de ménager un sol fragilisé par d'anciennes pratiques agricoles érosives. L'« agro-business », qui allie agriculture, industrie, recherche et investissements financiers, maintient les États-Unis au 1er rang des exportateurs mondiaux de céréales (environ 40 % du total mondial). 70 % des céréales américaines sont utilisées pour l'alimentation du bétail, contre 2 % en Inde. Des modifications génétiques introduites pour la production de semences de blé, de maïs, et de riz ont permis de créer des variétés à haut rendement, résistantes aux parasites et aux maladies. Bien que répandus sur le continent américain, les organismes génétiquement modifiés (OGM) sont objets d'interdictions et de controverses dans l'Union européenne, soucieuse de mieux connaître les effets de leur consommation.

**Pages 400-401
VASE CRAQUELÉE
EN CAMARGUE,
Bouches-du-Rhône,
France.**

Avant de se jeter dans la mer Méditerranée, le Rhône (812 km) se sépare en deux bras qui forment un delta de 750 km² essentiellement composé de dépôts alluvionnaires : la Camargue. Cette vaste zone humide est à 40 % couverte de marécages et d'étangs aux eaux plus au moins saumâtres (0 à 12 g de sel/litre), dont certains, appelés « baisses », s'assèchent en été, laissant apparaître un sol vaseux qui se craquelle et se couvre de dépôts salins sous l'effet du soleil. En partie classée réserve naturelle depuis 1927, la Camargue abrite une faune variée, notamment de nombreux oiseaux : échassiers, anatidés, limicoles... Profitant également de la richesse de ce milieu naturel, l'homme pratique diverses activités dans le delta : outre l'élevage (chevaux et taureaux), riziculture, viticulture, pêche et exploitation de plus de 100 km² de marais salants – les plus vastes d'Europe – dont on extrait près d'un million de tonnes de sel par an.

**Pages 402-403
COBES LECHWE
DANS LE DELTA
DE L'OKAVANGO,
Botswana.**

Abondants dans le delta de l'Okavango, au Botswana, les cobes lechwe sont des antilopes caractéristiques des milieux marécageux ; cette espèce vit surtout dans l'eau et trouve dans les îlots de végétation sa nourriture ainsi qu'une protection face aux prédateurs. Le delta de l'Okavango abrite 40 espèces de grands mammifères, 400 d'oiseaux, 95 de reptiles et amphibiens, 70 de poissons et 1 060 de végétaux. Il y a deux millions d'années, la rivière Okavango rejoignait le fleuve Limpopo pour se jeter dans l'océan Indien, mais les failles créées par une intense activité tectonique l'ont déviée de son parcours initial, lui faisant achever sa course en un vaste delta de 15 000 km² à l'entrée du désert du Kalahari. Depuis 1996, le delta de l'Okavango est protégé par la convention de Ramsar, relative aux zones humides d'importance internationale, et qui concerne 957 sites dans le monde.

**Pages 404-405
BORA BORA,
Polynésie française,
France.**

Cette île de 38 km² dont le nom signifie la « première née » est constituée de la partie émergée du cratère d'un ancien volcan, vieux de 7 millions d'années, et entourée d'un récif-barrière de corail. Sur ce dernier se sont développés des motus, îlots coralliens couverts d'une végétation constituée presque exclusivement de cocotiers. La seule ouverture du lagon sur l'océan est la passe de Teavanui, suffisamment profonde pour permettre l'entrée des cargos et navires de guerre. L'île a d'ailleurs été utilisée comme base militaire par les Américains de 1942 à 1946 et fut, jusqu'à la construction de l'aéroport de Tahiti, l'une des seules de la région à disposer d'une piste d'aviation. Comme dans la plupart des régions coralliennes, qui représentent près de 18 millions de km² dans le monde, les eaux de Bora Bora comportent une grande diversité biologique ; on y dénombre plus de 300 espèces différentes de poissons. Les activités principales de l'île sont la pêche et le tourisme.

**Pages 406-407
RIVIÈRE ATHI
ASSÉCHÉE DANS
L'OUEST DU PARC
NATIONAL DE TSAVO,
Kenya.**

Comme la plupart des cours d'eau kenyans, la rivière Athi, qui traverse le parc national de Tsavo, n'est pas pérenne. En période de sécheresse, les bergers Masaï mènent néanmoins leur troupeau de bovins et de chèvres dans le lit asséché de cette rivière, afin que le bétail puisse s'abreuver dans les flaques d'eau providentielles maintenues dans des cuvettes rocheuses. Pasteurs semi-nomades dont la subsistance dépend du seul produit de l'élevage, les Masaï sont encore 15 000 à parcourir de longues distances entre le Kenya et la Tanzanie à la recherche de points d'eau et de pâturages pour leurs troupeaux. Selon les croyances de ce peuple, le bétail lui aurait été offert par En-kai, créateur du monde. Aujourd'hui, des programmes de « développement » incitent les Masaï à se reconvertir dans l'agriculture et donc à se sédentariser.

développement social, le PNUD a chiffré ce coût à un total annuel minimum de 40 milliards de dollars, répartis entre quatre priorités : éducation, population, santé et accès à l'eau potable. Selon les recommandations de l'Agenda 21 (qui tire son nom des 21 recommandations principales issues de la conférence de Rio de 1992), ce sont près de 120 milliards de dollars qui devraient être consacrés chaque année à un développement humain respectueux des exigences environnementales. Ces chiffres n'ont de signification que si on les replace dans le cadre plus général des rapports Nord-Sud.

Au Nord, la crise de l'environnement et les pollutions massives sont directement imputables au formidable accroissement de la production de biens de consommation intervenu depuis la fin de la Seconde Guerre mondiale. Que l'on songe à l'automobile… Aujourd'hui, au Sud, la destruction de l'environnement est au contraire l'injuste prix à payer de la misère et de la pénurie. Pour se développer selon le schéma dominant, la plupart des pays du Sud sous-utilisent leur force de travail tout en surexploitant leurs ressources naturelles : mines, forêts, sols, littoraux. Simultanément, ils accumulent une dette énorme, une part essentielle de leurs exportations servant à en payer le service.

La crise de l'environnement se manifeste donc en des termes dissymétriques. Certes, les maladies infligées à la planète par un système économique qui recherche la productivité et le profit à tout prix ont un caractère universel. Mais au Nord, leur forme dominante n'est-elle pas d'abord une crise

de gaspillage ? Au Sud, en revanche, et bien souvent désormais à l'Est, dont certains pays sont entrés dans un véritable cycle de « tiers-mondialisation », des centaines de millions de personnes sont dans l'incapacité de faire face à leurs besoins les plus élémentaires. Il s'agit dans ce cas d'une crise de pénurie, pénurie de ressources de moyens financiers et techniques. Il est donc impératif de poser les problèmes globalement, et la question clef est bien celle du rééquilibrage des rapports Nord-Sud dans leurs dimensions économique, politique et culturelle.

En termes d'environnement, des pas significatifs sont possibles. Lorsque les représentants des pays du Nord exigent de ceux du Sud un développement respectueux des équilibres écologiques, ils doivent conjointement en assurer le surcoût financier ; ne serait-ce que parce que la pollution des pays du Sud est qualitativement différente de celle du Nord. Par exemple, on ne peut pas traiter globalement les contributions à l'effet de serre résultant de la culture du riz dans les pays sous-alimentés et menacés de famine, et celles venant du parc automobile américain absurdement surdimensionné : le riz et les voitures, ce n'est pas la même chose ! Les pays du Nord ne sont en droit de demander des comptes à ceux du Sud sur l'environnement mondial, sur ce qu'on appelle les « communaux planétaires » (*global commons*), que s'ils remettent en cause leur propre modèle de développement et adressent aux peuples du Sud leur demande légitime de protection de l'environnement sous la forme de la solidarité.

LA NÉCESSITÉ D'UN TOURNANT RADICAL

Penser et agir en termes de solidarité, ce n'est pas se complaire dans un tiers-mondisme culpabilisant. C'est au contraire admettre que les règles de la durabilité du développement valent pour tous et imposent une réduction de la

ÉOLIENNES DE BANNING PASS DANS LES ENVIRONS DE PALM SPRING BANNING, Californie, États-Unis.
Ce superbe paysage étoilé d'éoliennes est désormais classique aux États-Unis et en Europe du Nord. L'Allemagne tient le premier rang pour la puissance installée. L'utilisation de l'énergie du vent, bien qu'encore marginale dans le bilan énergétique mondial (sa puissance installée approchait 10 000 mégawatts au début de 1999), a connu une croissance exceptionnelle dans les trois dernières années du siècle. Les projets déjà engagés devraient porter la puissance éolienne mondiale à plus de 20 000 mégawatts à la fin de l'année 2002. Parfaitement renouvelable et non polluante, l'énergie éolienne utilise aujourd'hui les méthodes les plus modernes mises au point dans l'industrie aéronautique.

pression destructrice et polluante exercée sur la biosphère. De nombreuses pistes ont été suggérées pour s'attaquer tout à la fois au problème de l'emploi et à celui de l'environnement : efforts accrus en matière de recyclage des matériaux et d'économies d'énergie ; soutien massif et différencié à la petite agriculture paysanne ; développement des services sociaux, de l'éducation et de la santé ; travaux publics pour améliorer les infrastructures dans les pays dont la compétitivité globale est très faible.

Les sources de financement possibles sont connues. Une écotaxe d'un dollar par baril de pétrole correspondrait à 60 milliards de dollars annuels. La proposition du prix Nobel d'économie James Tobin de taxer à 0,05 % les gains spéculatifs sur les transactions en devises au comptant pourrait rapporter annuellement 150 milliards de dollars. Quant à l'objectif jamais atteint de l'affectation de 0,7 % du produit national brut des pays industriels à l'aide au développement de ceux du Sud, il correspondrait à environ 140 milliards de dollars.

La question posée a donc bien moins trait au financement du développement soutenable qu'à la volonté politique de sa mise en œuvre : maîtriser la croissance matérielle au Nord et réorienter l'économie vers les dimensions culturelles du développement telles que l'éducation ; faciliter le développement au Sud grâce à des combinaisons productives plus économes en ressources et tournées vers les besoins primaires des populations ; enfin, réaliser les transferts financiers et technologiques qui s'imposent entre le Nord et le Sud.

Le système actuel des États souverains est-il le plus apte à assumer ces objectifs et à affronter la crise écologique dont les racines lointaines remontent aux origines de la révolution industrielle et de la colonisation du monde par les Européens ? Ne peut-on pas soupçonner que l'État-nation, avec le découpage de l'espace et le morcellement des mesures écologiques qu'il implique, a contribué à la dynamique de dégradation de l'environnement ? C'est bien à l'échelle transnationale que s'imposera l'objectif d'un développement soutenable.

Les sociétés les plus opulentes sont réticentes face aux contributions financières qui leur sont demandées. Les plus pauvres ne sauraient comprendre que des restrictions leur soient imposées alors qu'elles restent exclues des aménités de la consommation de masse. Pourtant, le nœud gordien de la question de l'environnement est bien là, dans la nécessité d'un véritable tournant historique, dans l'émergence d'un système de gouvernabilité de la planète, d'une nouvelle éthique de la solidarité planétaire et de la responsabilité à l'égard des générations futures.

La crise de l'environnement et du développement met aujourd'hui en jeu l'avenir de l'humanité. Belle occasion de renouveler l'inspiration de la Charte des Nations unies, qui s'ouvre par cette grande formule : « Nous les peuples du monde » !

Jean-Paul Deléage

HÉLICOPTÈRE PRÈS DE KORHOGO.
Côte d'Ivoire. <u>N</u> 9°28' <u>O</u> 5°36'

INDEX

L'HISTOIRE D'UN LIVRE

Philippines. En attendant de bonnes conditions météorologiques, l'hélicoptère se pose dans la cour d'une école.

Une gigantesque carte du monde couvre une cloison tout entière. Des flèches en carton y sont fixées. Rouges, elles indiquent les endroits photographiés. Bleues, ceux qui vont l'être. Des points noirs stigmatisent les pays qui se refusent encore à Yann Arthus-Bertrand, sans l'avoir convaincu de renoncer. « Avec lui, souligne un de ses assistants, j'ai appris que rien n'est impossible. Quand on lui dit "Non", il entend "Peut-être". Il finit toujours par obtenir ce qu'il veut. »

Ainsi le photographe a-t-il fait progresser, souvent à marche forcée, le projet colossal qui fédère son amour de la nature, ses préoccupations écologiques et sa fascination pour son métier.

Sa première passion, les animaux, conduit au Kenya cet ancien directeur d'une réserve naturelle du centre de la France. Avec sa femme Anne, il photographie une famille de lions pendant deux ans. Afin de financer ce reportage, Yann emmène les touristes en balade au-des-

Les problèmes de logistiques sont réglés grâce au téléphone satellite.

sus de la brousse en montgolfière. Naît alors son goût pour la photo aérienne. L'idée du projet va s'imposer peu à peu, au fil des voyages, à mesure que s'affine son regard d'homme-oiseau et que se précisent ses exigences. « J'ai toujours voulu donner un sens à mon travail, explique-t-il. Quand j'ai commencé la photographie, j'ai tout de suite bâti mes propres sujets avec la volonté de dépasser l'anecdote. J'ai la chance de faire un boulot formidable et

je suis content de partager ce que je vois d'en haut. Pour moi, un photographe n'est pas un artiste. L'artiste transforme la réalité. Moi j'essaie justement de ne pas la transformer. »

En soi, la photographie aérienne demande beaucoup d'organisation. Telle que la pratique Yann Arthus-Bertrand, elle réclame dynamisme et résolution. Dans le cadre de *La Terre vue du ciel*, elle a exigé une débauche d'énergie. Une fois affirmé le grand dessein, il a fallu l'inscrire dans la réalité. En clair, se donner les moyens de le réaliser. Très vite, l'Unesco a proposé son patronage. Un appui précieux qui a facilité bien des démarches. Puis sont venus les Japonais Fuji, les Américains Corbis et, dernièrement, Air France qui fournit les billets d'avion. Cette aide a permis l'essor d'une aventure où l'amateurisme et l'improvisation n'ont pas leur place. Le promeneur des nuages qui, en se jouant, glane les paysages au jardin de la Terre n'existe que dans l'imagination des rêveurs.

Toute une équipe s'est rassemblée autour de Yann Arthus-Bertrand afin d'assurer la préparation et la gestion de ses reportages. Une entreprise au long cours. Il aura fallu 5 ans de travail, 2 000 heures de vol, plusieurs tours du monde, 15 000 films et quelque 100 000 photos sélectionnées pour aboutir à cet album qui présente 195 vues du ciel de 75 pays.

Dans le Q.G. parisien de « Earth from above », un vaste rez-de-chaussée du XVe arrondissement, la carte du monde piquée de flèches domine un bureau où s'ouvre un atlas. Partout, des tables de lumière pour visionner les diapos, des tiroirs de classement, des étagères chargées d'ouvrages de géographie et d'économie, de livres de voyages, de guides, de plans, d'encyclopédies, de revues. Sur les casiers, une collection de biplans et d'hélicoptères à base de fil de fer et de canettes, rapportés du monde entier. À moitié caché dans un coin sombre, le grand tableau naïf qui montre Yann à bord de son hélico au-dessus d'une plage ivoirienne paisible ignore tout des opérations complexes et précises accomplies dans cette agence aux armoires gavées de dossiers.

Namibie. Une femme Himba demande à Yann de survoler son village

Parallèlement à la quête du financement, le montage d'un sujet, surtout s'il s'agit de photographier un pays « sensible » qui voit dans le moindre survol de son territoire une tentative d'espionnage, passe par un labyrinthe d'autorisations où l'on peut rester bloqué des mois. Cet obstacle vaincu, c'est à l'intendance de jouer. Elle ne suit pas, elle précède. Chaque problème doit trouver sa solution. Il peut s'agir de dénicher, au fin fond des contrées les plus sauvages, un hélicoptère maniable, léger, ni trop petit ni trop grand, et de préférence prêté par un gouvernement pour éviter les frais de location (entre 5 000 F et 20 000 F l'heure). D'en faire venir un jusqu'au site choisi s'il n'y en a pas sur place. Ou de supprimer l'abominable suspense lié au temps qu'il va faire. Avec l'aide de Météo France Internationale, on s'efforce d'affiner les prévisions, mais il est déjà arrivé qu'on annule au dernier moment, pour cause de temps couvert, un reportage préparé pendant des mois ; la photographie aérienne réclame un ciel très dégagé. De plus, Yann

Au-dessus de l'Everest... À partir de 5 000 m, l'oxygène est obligatoire.

Arthus-Bertrand privilégie les lumières chaudes. Il commence avec le lever du soleil une séance de prises de vue qui dure deux heures, puis se remet à photographier deux ou trois heures avant la fin du jour. Il aime aussi les ciels de traîne ou d'après-orage. Il évite de travailler en plein jour, en lumière franche, sauf pour les fonds marins qui doivent être très éclairés.

Philippines. L'insécurité de la zone de Bornéo contraint l'équipage à se munir d'armes.

Quand tout se passe bien, qu'il peut ramener ce qu'il veut, rien n'est encore gagné. Reste à négocier le droit de publier.

Juste avant la sortie de ce livre une photo d'abattoir a été censurée, sous prétexte qu'elle donnait une mauvaise image d'un pays.

Pendant cinq ans, Yann a parcouru la planète bleue quinze jours par mois, traquant le miracle de sa diversité dont il livre aujourd'hui un premier inventaire aux générations du troisième millénaire. « Je n'aurais jamais pu si je n'avais pas été soutenu par ma famille, qui a accepté de me voir peu, par ma femme qui a pris le relais dans ma vie lorsque je n'étais pas là. Et les reportages ont été réalisés grâce aux gens qui travaillent avec moi. » Le regard vert frisant, un demi-sourire au coin des lèvres, il concède que son entourage a parfois quelque mérite à le supporter : « Je suis un gueulard. »

Bangladesh. Pendant les inondations, Yann travaille avec les ONG. Ici, un hydravion suédois.

Mention spéciale pour le sort de ses assistants : « Ils ont un rôle très important. Ils préparent tout. Ils portent le matériel. Ils prennent des notes. Ils s'occupent des légendes. Et, comme je fais énormément de photos, à bord de l'hélico ils ont le nez sur les appareils. » Soit six boîtiers 24 x 36 avec dix objectifs, trois boîtiers moyen format, qui doivent être toujours chargés. Plus les filtres polarisants, un spotmètre, une petite caméra vidéo sur laquelle ils suivent le parcours et le GPS qui donne la situation dans l'espace à vingt mètres près.

Deux assistants travaillent en « tiroir ». Pendant que l'un accompagne Yann, l'autre s'occupe des clichés du voyage précédent et prépare le suivant. La phase de développement des clichés, de sélection, d'élaboration des légendes et d'intégration dans la base de don-

nées dure une vingtaine de jours pour un reportage de deux semaines. Les assistants disposent d'un carnet de vol maison, mis au point en mission, qui, au sein d'une check-list détaillée, comprend une recommandation insolite : « avoir un vêtement rouge pour photos »… Car, pour saisir tout le sens d'une prise de vue aérienne, le spectateur doit percevoir la taille de ce qu'il voit, les distances. Quand aucun repère ne le permet, l'assistant, déposé au sol, bien visible en rouge, donne l'échelle.

« Il faut qu'il soit passionné par la photographie, constate Yann. Et il faut que je l'aime. » Ses collaborateurs le lui rendent bien, même s'il les mène à rude école. « Il nous demande tant qu'on a parfois, au début surtout, des baisses de régime, mais on apprend

Le principal ennui avec la photographie aérienne c'est le froid ! Le vol s'effectue toujours sans porte.

vite avec une "pointure comme lui". Ils forment un groupe soudé, solidaire, attaché à l'ambiance familiale, porté par l'envergure du projet, en effervescence au moment de chercher sur les planches-contact, après chaque nouveau reportage, les bonnes photos. Et parmi celles-ci, les meilleures, dites « images-calendrier » parce qu'elles forment la matière première de l'opus en treize tableaux (la couverture et douze mois) présenté chaque année depuis 1994 par l'agence. Au bistrot du coin, chez Gérard, l'équipe a ses habitudes gastronomiques. Autour

du plat du jour, les commentaires ne varient guère : « Yann nous montre ce qu'on ne saurait pas voir. Il a l'œil graphique. »

Yann Arthus-Bertrand proteste toujours. « S'il y a de l'art dans mes photos, c'est qu'il est dans la nature, c'est que le monde est art. »

« D'en haut, dit-il encore, il n'y a pas de différence entre la ville et la nature. La ville est composée de morceaux de nature assemblés. » Ainsi, le divorce n'est pas consommé entre l'animal humain et son territoire.

Il répète qu'à parcourir le monde en témoignant de sa splendeur, il en a senti la fragilité. L'album, espère-t-il, aidera un peu à prendre conscience des dangers générés par l'accroissement de la population, par la puissance de destruction aujourd'hui atteinte. Et peut-être amènera-t-il

Madagascar. Yann explique aux enfants d'un village son trajet sur l'île.

d'autres firmes, d'autres hommes à participer au projet dont le livre marque la première étape.

Le photographe raconte maintenant comment, en hélico, il indique par gestes au pilote la direction à prendre pour trouver le bon angle. Ses mains voltigent comme celles d'un chef d'orchestre. Il compose, en images, son *Chant de la Terre*.

Joëlle Ody

L'équipe de « La Terre vue du ciel ». De gauche à droite : Franck Charel, assistant photo, Isabelle Lechenet, documentation iconographique, Catherine Arthus-Bertrand, coordination des expositions, Françoise Le Roch'-Briquet, coordination de l'édition, Hélène de Bonis, coordination de la production, Françoise Jacquot et Christophe Daguet, assistants photo (manque sur la photo : Florence Frutoso).

REMERCIEMENTS

UNESCO : M. Federico Mayor, directeur général, M. Pierre Lasserre, directeur de la division des Sciences écologiques, Mmes Mireille Jardin, Jane Robertson, Josette Gainche et M. Malcolm Hadley, Mme Hélène Gosselin, M. Carlos Marquès, M. Oudatchine, de l'Office de l'information au public, M. Francesco di Castri et Mme Jeanne Barbière, de la coordination environnement, ainsi que M. Gérard Huber qui a bien voulu appuyer notre projet auprès de cet organisme

FUJIFILM : M. Masayuki Muneyuki, Président, MM.Toshiyuki « Todd » Hirai, Minoru « Mick » Uranaka, de Fujifilm à Tokyo, M. Peter Samwell de Fujifilm Europe et Mme Doris Goertz, Mme Develey, MM. Marc Héraud, François Rychelewski, Bruno Baudry, Hervé Chanaud, Franck Portelance, Piotr Fedorowicz et Mmes Françoise Moumaneix et Anissa Auger de Fujifilm France

CORBIS : MM. Stephen B. Davis, Peter Howe, Graham Cross, Charles Mauzy, Marc Walsh, Mmes Vanessa Kramer, Tana Wollen et Vicky Whiley

AIR FRANCE : M. François Brousse et Mme Christine Micouleau ainsi que Mmes Mireille Queillé et Bodo Ravoninjatovo.

A l'heure où nous terminons cette page qui nous évoque de bons souvenirs aux quatre coins (!) de la planète, nous craignons d'avoir oublié certains d'entre vous qui nous ont aidés à concrétiser ce projet. Nous en sommes sincèrement désolés et vous remercions tous très chaleureusement. Nous avons également une pensée pour tous les « anonymes » qui ont contribué dans l'ombre à cette folle entreprise.

AFRIQUE DU SUD
SATOUR, Mme Salomone
South African Airways, Jean-Philippe de Ravel
Victoria Junction, Victoria Junction Hotel

ALBANIE
ECPA, Ltd-Colonel Aussavy
DICOD, Colonel Baptiste, Capitaine Maranzana et Capitaine Saint Léger
SIRPA, M. Charles-Philippe d'Orléans
DETALAT, Capitaine Ludovic Janot
Equipages de l'armée de l'air française,
MM. Etienne Hoff, Cyril Vasquèz, Olivier Ouakel, José Trouille, Frédéric Le Mouillour, François Dughin, Christian Abgral, Patrice Comerier, Guillaume Maury, Franck Novak, pilotes

ANTARCTIQUE
Institut Français pour la Recherche et la Technologie Polaires,
M. Gérard Jugie
L'Astrolabe, Capitaine Gérard R. Daudon,
Sᵈ Capitaine Alain Gaston
Heli Union France,
M. Bruno Fiorese, pilote
MM. Augusto Leri et Mario Zucchelli,
Projetto Antartida, Italie
Terra Nova

ARGENTINE
M. Jean-Louis Larivière,
Ediciones Larivière
Mmes Mémé et Marina Larivière,
M. Felipe C. Larivière
Mme Dudú von Thielman
Mme Virginia Taylor de Fernández Beschtedt
Cdt Sergio Copertari, pilote, Emilio Yañez et Pedro Diamante, co-pilotes, Eduardo Benítez, mécanicien
Escadron de la police fédérale de l'air, Commissaire Norberto Edgardo Gaudiero Capt. Roberto A. Ulloa, ancien gouverneur de la Province de Salta
Gendarmerie de Orán, Province de Salta, Cdt Daniel D. Pérez
Institut Géographique Militaire
Commissaire Rodolfo E. Pantanali
Aerolineas Argentinas

AUSTRALIE
Mme Helen Hiscocks
Australian Tourism Commission,
Mmes Kate Kenward et Gemma Tisdell et M. Paul Gauger
Jairow Helicopters
Heliwork, M. Simon Eders

Thaï Airways, Mme Pascale Baret
les Club Med de Lindeman Island et Byron Bay Beach

BAHAMAS
les Club Med d'Eleuthera, Paradise Island et Columbus Isle

BANGLADESH
M. Hossain Kommol et M. Salahuddin Akbar, External publicity Wing du Ministère des Affaires étrangères
S.E. M. Tufail.K. Haider, ambassadeur du Bangladesh à Paris et M. Chowdhury Ikthiar, premier secrétaire
S.E. Mme Renée Veyret, ambassadeur de France à Dacca
MM. Mohamed Ali et Amjad Hussain de la Biman Bangladesh Airlines ainsi que Vishawjeet
M. Nakada, Fujifilm à Singapour
M. Ezaher du laboratoire Fujifilm de Dacca
M. Mizanur Rahman, directeur, Rune Karlsson, pilote et J. Eldon. Gamble, technicien, MAF Air Support
Mme Muhiuddin Rashida, Sheraton Hotel de Dacca, M. Minto

BOTSWANA
M. Maas Müller, Chobe Helicopter

BRESIL
Governo do Mato Grosso do Norte e do Sul
Fundação Pantanal, M. Erasmo Machado Filho et les Parcs Naturels Régionaux de France, MM. Emmanuel Thévenin et Jean-Luc Sadorge
M. Fernando Lemos
S.E. M. Pedreira, ambassadeur du Brésil auprès de l'Unesco
Dr Iracema Alencar de Queiros, Instituto de Proteção Ambiental do Amazonas et son fils Alexandro
Office du Tourisme de Brasilia
M. Luis Carlos Burti, Editions Burti
M. Carlos Marquès, Division OPI de l'Unesco
Mme Ethel Leon, Anthea Communication
TV Globo
Golden Cross, M. José Augusto Wanderley et Mme Juliana Marquès
Hotel Tropical à Manaus
VARIG

CANADA
Mme Anne Zobenbuhler, Ambassade du Canada à Paris et Office du Tourisme
Mme Barbara di Stefano et M. Laurent Beunier, Destination Québec
Mme Cherry Kemp Kinnear, Office du Tourisme du Nunavut
Mmes Huguette Parent et Chrystiane Galland, Air Canada
First Air
Vacances Air Transat
André Buteau, pilote, Essor Helicopters
Louis Drapeau, Canadian Helicopters
Canadian Airlines

CHINE
Office du Tourisme de Hong Kong,
M. Iskaros
Ambassade de Chine à Paris,
S.E.M. Caifangbo, Mme Li Beifen
Ambassade de France à Beijing,
S.E.M. Pierre Morel, ambassadeur de France à Beijing
M. Shi Guangeng du Ministère des Affaires étrangères,
M. Serge Nègre, cervoliste,
M. Yan Layma

COTE-D'IVOIRE
Vitrail & Architecture, M. Pierre Fakhoury
M. Hugues Moreau et les pilotes,
MM. Jean-Pierre Artifoni et Philippe Nallet, Ivoire Hélicoptères
Mme Patricia Kriton et M. Kesada,
Air Afrique

DANEMARK
Weldon Owen Publishing,
toute l'équipe de production de « Over Europe »

EGYPTE
Rallye des Pharaons, « Fenouil », organisateur, MM. Bernard Seguy, Michel Beaujard et Christian Thévenet, pilotes

EQUATEUR
MM. Loup Langton et Pablo Corral Vega, Descubriendo Ecuador
M. Claude Lara, ministère équatorien des Affaires étrangères
M. Galarza, consulat de l'Equateur en France
MM. Eliecer Cruz, Diego Bouilla, Robert Bensted-Smith, Parc Nᵈ des Galapagos
Mmes Patrizia Schrank, Jennifer Stone, « European Friends of Galapagos »
M. Danilo Matamoros, Jaime et Cesar, Taxi Aero Inter Islas M.T.B.
M. Etienne Moine, Latitude 0°
M. Abdon Guerrero, aéroport de San Cristobal

ESPAGNE
S. E. M. Jesus Ezquerra, ambassadeur d'Espagne auprès de l'Unesco
les Club Med Don Miguel, Cadaquès, Porto Petro et Ibiza
Canaries : Tomás Azcárate y Bang, Viceconsejería de Medio Ambiente Fernando Clavijo, Protección Civil de las Islas Canarias
MM. Jean-Pierre Sauvage et Gérard de Bercegol, IBERIA
Mmes Elena Valdés et Marie Mar, Office Espagnol du Tourisme
Pays basque : la présidence du gouvernement basque.
M. Zuperia Bingen, directeur,
Mmes Concha Dorronsoro et Nerea Antia, département presse et communication de la présidence du gouvernement basque
M. Juan Carlos Aguirre Bilbao, chef de l'Unité des hélicoptères de la police basque (Ertzaintza)

ETATS-UNIS
Wyoming : Yellowstone National Park, Marsha Karle et Stacey Churchwell
Utah : Classic Helicopters
Montana : Carisch Helicopters, M. Mike Carisch
Californie : Robin Petgrave, de Bravo Helicopters à Los Angeles et les pilotes Miss Akiko K. Jones et Dennis Smith ;
M. Fred London, Cornerstone Elementary School
Nevada : John Sullivan et les pilotes Aaron Wainman et Matt Evans, Sundance Helicopters, Las Vegas
Louisiane : Suwest Helicopters et M. Steve Eckhardt
Arizona : Southwest Helicopters et Jim Mc Phail
New York : Liberty Helicopters et M. Daniel Veranazza ; M. Mike Renz,

Analar helicopters,
M. John Tauranac
Floride : M. Rick Cook, Everglades National Park, Rick et Todd, Bulldog Helicopters à Orlando, Chuck et Diana, Biscayne Helicopters, Miami, le Club Med de Sand Piper
Alaska : M. Philippe Bourseiller
M. Yves Carmagnole, pilote

FRANCE
Mme Dominique Voynet, Ministre de l'Aménagement du territoire et de l'environnement
Ministère de la Défense/SIRPA
Préfecture de Police de Paris,
M. Philippe Massoni et Mme Seltzer

Montblanc Hélicoptères,
MM. Franck Arrestier et Alexandre Antunes, pilotes
Office du Tourisme de Corse,
M. Xavier Olivieri
Comité Départemental du Tourisme d'Auvergne, Mme Cécile da Costa
Conseil Général des Côtes d'Armor, MM. Charles Josselin et Gilles Pellan
Conseil Général de Savoie,
M. Jean-Marc Eysserick
Conseil Général de Haute-Savoie, MM. Georges Pacquetet et Laurent Guette
Conseil Général des Alpes-Maritimes, Mmes Sylvie Grosgojeat et Cécile Alziary
Conseil Général des Yvelines,
M. Franck Borotra, président,
Mme Christine Boutin, M. Pascal Angenault et Mme Odile Roussillon
CDT des départements de la Loire
Rémy Martin,
Mme Dominique Hériard-Dubreuil
Mme Nicole Bru
Mme Jacqueline Alexandre
Editions du Chêne, M. Philippe Pierrelee, directeur artistique
Hachette, M. Jean Arcache
Moët et Chandon/Rallye GTO, MM. Jean Berchon et Philippe des Roys du Roure
Printemps de Cahors,
Mme Marie-Thérèse Perrin
M. Philippe Van Montagu et Willy Gouere, pilote
SAF hélicoptères, M. Christophe Rosset, Hélifrance, Héli-Union, Europe Hélicoptère Bretagne, Héli Bretagne, Héli-Océan, Héli Rhône-Alpes, Hélicos Légers Services, Figari Aviation, Aéro service, Héli air Monaco, Héli Perpignan, Ponair, Héli-inter, Héli Est
La Réunion : Office du Tourisme de La Réunion, M. René Barrieu et Mme Michèle Bernard
M. Jean-Marie Lavèvre, pilote, Hélicoptères Helilagon
Nouvelle-Calédonie : M. Charles de Montesquieu
Antilles : les Club Med des Boucaniers et de la Caravelle
M. Alain Fanchette, pilote
Polynésie : le Club Med de Moorea

GRECE
Ministère de la Culture à Athènes
Mme Eleni Méthodiou, délégation de la Grèce auprès de l'Unesco
Office Hellenique du Tourisme
les Club Med de Corfou Ipsos, Gregolimano, Hélios Corfou, Kos et Olympie
Olympic Airways
INTERJET, MM.Dimitrios Prokopis et Konstantinos Tsigkas, pilotes et Kimon Danilidis
Meteo Center à Athènes

GUATEMALA & HONDURAS
MM. Giovanni Herrera, directeur et

Carlos Llarena, pilote, Aerofoto à
Guatemala City
M. Rafael Sagastume, STP villas
à Guatemala City

INDE
Ambassade de l'Inde à Paris,
S.E.M. Kanwal Sibal, ambassadeur,
M. Rahul Chhabra, premier secrétaire,
M.S.K. Sofat, Général de brigade
aérienne, M. Lal, M. Kadyan
et Mme Vivianne Tourtet
Ministère des Affaires étrangères,
MM. Teki E. Prasad et Manjish Grover
M.N.K.Singh du bureau du Premier
ministre
M. Chidambaram, membre
du Parlement
Air Headquarters, S.I Kumaran,
M. Pande
Mandoza Air Charters, M. Atul Jaidka
Indian International Airways,
Cpt Sangha Pritvipalh
Ambassade de France à New Delhi,
S.E.M. Claude Blanchemaison,
ambassadeur de France à New-Delhi
M. François Xavier Reymond, premier
secrétaire

INDONESIE
TOTAL Balikpapan, M. Ananda Idris
et Mme Ilha Sutrisno
M. et Mme Didier Millet

IRLANDE
Aer Lingus
Office National du Tourisme Irlandais
Capt. David Courtney, Irish Rescue
Helicopters
M. David Hayes, Westair Aviation Ltd

ISLANDE
MM. Bergur Gislasson et Gisli
Guestsson, Icephoto
Thyrluthjonustan Helicopters
M. Peter Samwell
Office National du Tourisme à Paris

ITALIE
Ambassade de France à Rome,
M. Michel Benard, service de presse
Heli Frioula, MM. Greco Gianfranco,
Fanzin Stefano et Godicio Pierino

JAPON
Eu Japan Festival, MM. Shuji Kogi
et Robert Delpire
Masako Sakata, IPJ
NHK TV
Japan Broadcasting Corp.

JORDANIE
Mme Sharaf, MM. Anis Mouasher,
Khaled Irani et Khaldoun Kiwan, Royal
Society for Conservation of Nature
Royal Airforces
M. Riad Sawalha, Royal Jordanian
Regency Palace Hotel

KAZAKHSTAN
S.E. M. Nourlan Danenov, ambassadeur
du Kazakhstan à Paris
S.E. M. Alain Richard, ambassadeur de
France à Almaty, et Mme Josette Floch
Professeur René Letolle
Heli Asia Air et son pilote M. Anouar

KENYA
Universal Safari Tours de Nairobi,
M. Patrix Duffar
Transsafari, M. Irvin Rozental
KOWEIT
Kuwait Centre for Research & Studies,
Pr Abdullah Al Ghunaim, Dr Youssef
Kuwait National Commission for
Unesco, Sulaiman Al Onaizi
Délégation du Koweit auprès de
l'Unesco, S.E. Dr Al Salem,
et M. Al Baghly

Kuwait Airforces, Squadron 32,
Major Hussein Al-Mane,
Capt. Emad Al-Momen
Kuwait Airways, M. Al Nafisy

MADAGASCAR
MM. Riaz Barday et Normand Dicaire,
pilote, Aéromarine
Sonja et Thierry Ranarivelo, M. Yersin
Racerlyn, pilote,
Madagascar Hélicoptère
M. Jeff Guidez et Lisbeth

MALAISIE
le Club Med de Cherating

MALDIVES
le Club Med de Faru

MALI
TSO, Rallye Dakar, M. Hubert Auriol
MM. Daniel Legrand, Arpèges Conseil
et Daniel Bouet, pilote du Cessna

MAROC
Gendarmerie Royale Marocaine
Général El Kadiri et Colonel Hamid
Laanigri
M. François de Grossouvre

MAURITANIE
TSO, Rallye Paris-Dakar, M. Hubert
Auriol
MM. Daniel Legrand, Arpèges Conseil
et Daniel Bouet, pilote
M. Sidi Ould Kleib

MEXIQUE
les Club Med de Cancun, Sonora Bay,
Huatulco et Ixtapa

NAMIBIE
Ministry of Fisheries
Mission Française de Coopération,
M. Jean-Pierre Lahaye, Mme Nicole
Weill, M. Laurent Billet et Jean Paul
Namibian Tourist Friend, M. Almut
Steinmester

NEPAL
Ambassade du Népal à Paris
Terres d'Aventure, M. Patrick Oudin
Great Himalayan Adventures, M. Ashok
Basnyet
Royal Nepal Airways, M. JB Rana
Mandala Trekking, M. Jérôme Edou
Bhuda Air
Maison de la Chine, Mmes Patricia
Tartour-Jonathan, directrice, Colette
Vaquier et Fabienne Leriche
Mmes Marina Tymen et Miranda Ford,
Cathay Pacific

NIGER
TSO, Rallye Paris-Dakar, M. Hubert
Auriol
MM. Daniel Legrand, Arpèges Conseil
et Daniel Bouet, pilote du cessna

NORVEGE
Airlift A.S., MM. Ted Juliussen, pilote,
Henry Hogi, Arvid Auganaes et Nils
Myklebust

OMAN
S.M. le Sultan Quabous ben Saïd al-Saïd
Ministère de la Défense, M. John Miller
Villa d'Alésia, M. William Perkins et
Mme Isabelle de Larrocha

OUZBEKISTAN (pas survolé)
Ambassade d'Ouzbékistan à Paris,
S.E.M. Mamagonov, ambassadeur
et M. Djoura Dekhanov,
premier secrétaire
S.E.M. Jean Claude Richard,
ambassadeur de France en Ouzbékistan,
et M. Jean Pierre Messiant,
premier secrétaire
M. René Cagnat et Natacha
M. Vincent Fourniau et M. Bruno
Chauvel, Institut Français d'Études
sur l'Asie Centrale (IFEAC)

PAYS-BAS
Paris Match
M. Franck Arrestier, pilote

PEROU
Dr Maria Reiche et Ana Maria
Cogorno-Reiche
Ministerio de Relaciones Exteriores,
M. Juan Manuel Tirado
Policía Nacional del Perú
Faucett Airline, Mme Cecilia Raffo et
M. Alfredo Barnechea
M. Eduardo Corrales, Aero Condor

PHILIPPINES
Filipino Airforces
« Seven Days in the Philippines » par
les Editions Millet, Mme Jill Laidlaw

PORTUGAL
le Club Med de Da Balaia

ROYAUME-UNI
Angleterre : Aeromega et Mike Burns,
pilote
M. David Linley
M. Philippe Achache
Environment Agency, MM. Bob
Davidson et David Palmer
Press Office of Buckingham Palace
Ecosse : Mme Paula O'Farrel et M. Doug
Allsop de TOTAL OIL MARINE à
Aberdeen
Iain GRINDLAY et Rod de Lothian
Helicopters Ltd à Edimbourg

RUSSIE
M. Yuri Vorobiov, Vice-ministre
et M. Brachnikov, Emerkom
M. Nicolaï Alexiy Timochenko,
Emerkom au Kamtchatka
M. Valery Blatov, délégation de la
Russie auprès de l'Unesco

SAINT-VINCENT & LES GRENADINES
M. Paul Gravel, SVG Air
Mme Jeanette Cadet, The Mustique
Company
M. David Linley
M. Ali Medjahed, boulanger
M. Alain Fanchette

SENEGAL
TSO, Rallye Paris-Dakar, M. Hubert
Auriol
MM. Daniel Legrand, Arpèges Conseil
et Daniel Bouet, pilote
les Club Med des Almadies et Cap
Skirring

SOMALILAND
S.A.R. Sheikh Saud Al-Thani du Qatar
MM. Majdi Bustami, E. A. Paulson et
Osama, bureau de S.A.R. le Sheikh
Saud Al-Thani
M. Fred Viljoen, pilote
M. Rachid J. Hussein, Unesco-Peer
Hargeisa, Somaliland
M. Nureldin Satti, Unesco-Peer,
Nairobi, Kenya
Mme Shadia Clot, correspondante
du Sheikh en France
Waheed, agence de voyages Al Sadd,
Qatar
Cécile et Karl, Emirates Airlines, Paris

THAÏLANDE
Royal Forest Department, MM. Viroj
Pimanrojnagool, Pramote Kasemsap,
Tawee Nootong, Amon Achapet
NTC Intergroup Ltd, M. Ruhn Phiama
Mme Pascale Baret, Thaï Airways
Office National du Tourisme
Thaïlandais, Mme Juthaporn
Rerngronasa et Watcharee,
MM. Lucien Blacher, Satit Nilwong
et Busatit Palacheewa
Fujifilm Bangkok, M. Supoj
Club Med de Phuket

TUNISIE
M. le Président de la République Zine
Abdine Ben Ali
Présidence de la République,

M. Abdelwahad Abdallah et M. Haj Ali
Armée de l'air, Base de Laouina,
Colonel Mustafa Hermi
Ambassade de Tunisie à Paris,
S.E.M. Bousnina, ambassadeur
et M. Mohamed Fendri
Office National du Tourisme Tunisien,
MM. Raouf Jomni
et Mamoud Khaznadar
Editions Cérès, MM. Mohamed
et Karim Ben Smail
Hotel The Residence,
M. Jean-Pierre Auriol
Basma-Hôtel Club Paladien,
M. Laurent Chauvin
Centre Météo de Tunis,
M. Mohammed Allouche

TURQUIE
Turkish Airlines, M. Bulent Demirçi et
Mme Nasan Erol
Mach'Air Helicopters, MM. Ali Izmet
Öztürk et Seçal Sahin,
Mme Karatas Gulsah
General Aviation, MM. Vedat Seyhan
et Faruk, pilote
les Club Med de Bodrum, Kusadasi,
Palmiye, Kemer, Foça

UKRAINE
M. Alexandre Demianyuk, Secrétaire
général Unesco
M. A. V. Grebenyuk, directeur
de l'administration de la zone
d'exclusion de Tchernobyl
Mme Rima Kiselitza, attachée à
Chornobylinterinform

VENEZUELA
Centro de Estudios y Desarrollo,
M. Nelson Prato Barbosa
Hoteles Intercontinental
Ultramar Express
Lagoven
Imparques
ICARO, M. Luis Gonzales

Nous remercions également les
entreprises qui nous ont permis
de travailler grâce à des commandes
ou des échanges :

AEROSPATIALE, MM. Patrice Kreis,
Roger Benguigui et Cotinaud
AOM, Mmes Françoise Dubois-
Siegmund et Felicia Boisne-Noc,
M. Christophe Cachera
CANON, Service Pro, MM. Jean-Pierre
Colly, Guy d'Assonville, Jean-Claude
Brouard, Philippe Joachim, Raphaël
Rimoux, Bernard Thomas, et bien sûr
M. Daniel Quint et Mme Annie Rémy
qui nous ont si souvent aidés
tout au long du projet
CLUB MED, M. Philippe Bourguignon,
M. Henri de Bodinat, Mme Sylvie
Bourgeois, M. Preben Vestdam,
M. Christian Thévenet
CRIE, courrier express mondial,
M. Jérôme Lepert et toute son équipe.
DIA SERVICES, M. Bernard Crepin
FONDATION TOTAL, M. Yves le Goff et
son assistante Mme Nathalie Guillerme
JANJAC, MM. Jacques et Olivier Bigot,
Jean-François Bardy et Michel Viard
KONICA, M. Dominique Brugière
METEO FRANCE, M. Foidart,
Mme Marie-Claire Rullière, M. Alain
Mazoyer et tous les prévisionnistes
RUSH LABO, MM. Denis Cuisy, Philippe
Ioli, Christian Barreteau
et tous nos amis du labo
WORLD ECONOMIC FORUM de Davos,
Dr Klaus Schwab, Mme Maryse Zwick
et Mme Agnès Stüder

Équipe de « La Terre vue du Ciel », agence Altitude :
Assistants photo : Franck Charel et Françoise Jacquot, qui ont suivi tout le projet
et tous ceux qui se sont succédé au cours de ces années de vol :
Tristan Carné, Christophe Daguet, Stefan Christiansen, Pierre Cornevin, Olivier Jardon,
Marc Lavaud, Franck Lechenet, Olivier Looren, Antonio López Palazuelo.
Bureau de coordination :
Coordination de la production : Hélène de Bonis
Coordination de l'édition : Françoise Le Roch'
Coordination des expositions : Catherine Arthus-Bertrand
Chargés de production : Antoine Verdet, Catherine Quilichini,
Gloria-Céleste Raad pour la Russie, Zhu Xiao Lin pour la Chine
Rédaction : Danielle Laruelle, Judith Klein, Hugues Demeude et PRODIG, laboratoire de géographie,
Mmes Marie-Françoise Courel et Lydie Goeldner, M. Frédéric Bertrand
Documentation iconographique : Isabelle Lechenet, Florence Frutoso, Claire Portaluppi

Je souhaite également évoquer ici ma reconnaissance à Hervé de La Martinière, mon ami,
et à toute l'équipe qui a travaillé sur ce livre, en particulier Benoit Nacci, le directeur artistique,
qui m'a gentiment supporté, Carole Daprey, Marianne Lassandro, Christel Durantin
Amaëlle Génot, Marie-Hélène Lafin, Jeanne Castoriano.
Enfin, je remercie Quadrilaser et son équipe pour la photogravure,
Kapp-Lahure-Jombart pour l'impression et la SIRC pour la reliure.

ENVIRONS DE MAR DEL PLATA,
province de Buenos Aires, Argentine

Toutes les photos de cet ouvrage ont été réalisées
sur film Fuji VELVIA (50 ASA).
Yann Arthus-Bertrand a travaillé principalement
avec des boîtiers CANON EOS 1N et des objectifs CANON série L.
Quelques photos ont été réalisées avec un PENTAX 645N et le panoramique FUJI GX 617.

Les photographies aériennes de Yann Arthus-Bertrand
sont diffusées par l'agence Altitude,
30, rue des Favorites - 75015 Paris - France.
e-mail : altitude@club-internet.fr
www.yannarthusbertrand.com

Achevé d'imprimer sur les presses de
Kapp-Lahure-Jombart à Évreux
Photogravure Quadrilaser, Ormes
Dépôt légal : septembre 1999
ISBN : 2-7324-2523-0
Imprimé en France

THE COMPANION TO WINE